행복한 시지푸스의 사색

하이데거 존재론과 예술철학

국립중앙도서관 출판시도서목록(CIP)

행복한 시지푸스의 사색 :
하이데거 존재론과 예술철학 / 김동훈 지음.
-- 서울 : 마티, 2012
p.304 ; 152×220mm.

ISBN 978-89-92053-66-2 93160 : ₩18000

철학(사상)[哲學]

165.84-KDC5
193-DDC21
CIP2012004341

행복한 시지푸스의 사색

하이데거 존재론과 예술철학

김동훈 지음

마티

그림 1 티치아노, 〈시지푸스〉, 1548~49,
캔버스에 유화, 237×216cm, 마드리드 프라도 박물관 소장

서문

1980년대 초반 학술세미나 준비를 하던 교회 후배들을 도와준다는
명목으로 바르트, 틸리히, 불트만 등 세계적인 신학자들에 관한 책들을
읽게 되면서 그들에게 지대한 영향을 끼친 철학자로 하이데거를 처음
만났다. 하지만 당시에 그의 말은 전혀 이해할 수 없는 외계의 언어였다.
1980년대 후반 신학대학원 재학시절 성서해석학 서적을 한 권
번역하면서 공교롭게도 하이데거와 비트겐슈타인이 성서해석학에 미친
영향을 다룬 부분을 맡았다. 이때는 철학 수업도 여기저기 청강하러
다니고 철학 원전을 한글 번역본으로나마 이리저리 들춰보기도 했던
터라 한번 도전해보고 싶은 욕심이 생겼다. 하이데거 소개서와 몇 달간
씨름하며 어쭙잖은 번역이나마 겨우 끝냈지만, 여전히 하이데거는
다가서기에 너무나 힘들고 높은 산이었다. 몇 년이 지나 1990년대 초반
활발하게 소개되기 시작하던 포스트모더니즘의 원조로 등장한 그를
다시 만났다. 하지만 반독재 민주화 투쟁에 공감하고 예술의 혁명적
성격을 강조하는 사회주의 리얼리즘에 젖어 있던 그 시절의 나에게
포스트모더니즘은 민중에 대한 배신이자 무책임한 도피의 철학이었다.
자연스레 그의 사상에도 거부감이 들었고, 언젠가는 반드시 모순을
찾아내어 논파해야겠다는 다짐을 하기도 했다. 물론 아직 원전을 통해
직접 그 사상을 마주할 실력도 용기도 없었기에 그에 대한 분노는 그저
가슴속 혈기로 남아 있었다.

그러던 중 독일 유학을 떠났고, 유학하던 대학 철학과에
개설된『존재와 시간』강의를 만났다. 한국에서 신학자들이 읽은
하이데거, 프랑스 철학자들이 읽은 하이데거 등 파편적으로만 이해하던
하이데거의 사상과 정면으로 대면할 기회가 온 셈이었다. 이해가 가지

않는 부분을 읽고 또 읽어가면서 이 책에서 그가 도대체 무슨 이야기를 하고 있는지, 과연 그 이야기에 동의할 수 있을지 끊임없이 고민하며 붙들고 늘어졌다. 이렇게 6개월이 넘도록 씨름하자 드디어 그의 철학이 조금씩 이해되기 시작했다. 그러면서 내가 의도하고 예상했던 것과는 정반대의 일들이 일어나기 시작했다. 거부감이나 반발심이 커져가기는커녕 오히려 그의 사상을 이해하면 할수록, 철학적 사유가 주는 행복이라는 것을 난생 처음 느낄 수 있었다. 그 기쁨은 이해와 함께 점점 커져갔다. 그의 사유는 어둠 속의 한줄기 빛이 되었다. 한국사회의 모순, 철학과 신학이 던진 의문과 풀리지 않던 고민 등, 그동안 설명할 수 없어 가슴 먹먹했던 수많은 것들을 이해하고 해명할 수 있는 실마리가 되어주었다. 결국 그의 사상은 나의 박사논문 주제가 되었고 그와의 오랜 철학적 동행은 그때 시작되어 지금까지 여전히 진행 중이다.

　　　이 책에 실린 글들은 이러한 사상적 동행의 작은 결과물로, 하이데거가 낸 길을 따라 '철학이란 무엇이며 예술이란 무엇인가?'라는 물음에 한 사람의 철학도로서 진지하게 대답해보려 했다. 물론 사상적 동행이라는 말이 다른 이의 사상을 문자 그대로 추종하는 것을 뜻하지 않기에 나 자신이 세상과 마주하며 사유하고 고민했던 내용들도 글 속에 함께 담으려 했다. 여러 해를 거쳐 논문의 형태로 학술지에 게재했던 글을 다듬기도 했고, 이 책을 위해 새롭게 쓴 글도 있다. 하지만 이 책은 독자들이 으레 짐작하듯 서론에서 결론에 이르는 수미일관한 체계를 지니고 있지도, 하이데거 존재론과 예술철학의 모든 내용을 다루고 있지도 않다. 어쩌면 애초부터 그것은 불가능한 일이었으리라. 아직 완간이 되지 않았음에도 80권이 훌쩍 넘게 출간된 독일어판 하이데거 전집의 방대한 내용을 모두 살펴보기도 쉽지 않지만, 하이데거 사상의 심오한 내용을 짧은 지면 안에 모두 담아내기가 너무나 어렵기 때문이다. 게다가 하이데거 자신도 어느 때인가부터 『숲길』에서처럼 하나의 일관된 체계로 묶기 어려운 글들을 모아 하나의 책으로 엮어내지 않았던가. 그는 서구 근대철학의 이성적 체계를 거부하고 끊임없이 그 한계와 폐해를 지적했다. 모든 것을 자신의 틀 안에 가두려 했던 근대적 이성의 억압과 그로 인해 나타난 모순과 부조리를 고발하고자 했던 그였기에, 하나의 책 안에서 전체를 체계적으로 다루고 완성된 결론에 이르는 것은 자신이 비판했던 바로 그 사유에 다시 굴복하는 것이라 생각했을 것이다.

그렇다고 이 책이 전혀 동떨어진 주제를 다룬 여러 글을 그저 모아놓기만 한 것은 아니다. 분명하고 일관된 문제의식을 바탕으로 고민하고 씨름했던 결과물들을 유기적으로 엮어보려 했다. 「존재와 진리의 변증법」에서는 여전히 많은 이들이 어렵다고 토로하는 하이데거의 근본적 관심사인 존재론의 문제가 무엇인지를 다루었다. 이어 「지나치며 넘어가는 철학함」에서는 존재론의 문제가 그의 철학적 방법론과 맺고 있는 연관관계를 밝히는 데 지면을 할애했다. 본문에서 자세히 다루겠지만, 방법론은 단순히 연구의 도구로 사용되는 외적인 틀에 불과한 것이 아니라 철학적 사유 그 자체의 모습이다. 그리고 그것은 끊임없이 기존 철학의 한계를 넘어가는 초월의 방법론이다. 이러한 하이데거의 존재론적 사유는 후기로 가면서 예술철학과 본질적인 연관관계를 맺는데, 이는 20세기 철학의 패러다임이 형이상학·인식론에서 미학으로 전환하는 데에 결정적인 기여를 했다. 이런 문맥에서 「행복한 시지푸스와 마지막 삶의 그리움」은

하이데거 예술철학의 핵심을 개괄적으로 다룬다. 「불안, 권태 그리고
숭고」, 「숭고와 키치의 변증법」은 그의 미학사상의 근본 범주로
숭고와 키치라는 두 개념을 제시한다. 숭고와 키치는 미학적 범주로만
이해되는 것이 보통이다. 하지만 이 책은 이 두 개념을 존재론적 범주로
해석하며 변증법적 상호작용을 주고받는 것으로 파악한다. 마지막 장인
「공간-마련과 깃들임의 사유」는 이러한 연구결과를 오늘날 심각한
사회문제로 떠오르고 있는 도시 공간의 문제, 특히 노숙인의 주거권
문제와 관련하여 구체적으로 적용해보려는 시도를 담고 있다.
　　　　아직은 사유의 깊이와 폭이 부족하지만 이 작은 시작을
발판 삼아 존재의 깊은 심연으로, 세계의 본질에 대한 지난한 탐구의
여정으로 조금씩 더 나아가고자 한다.

이 책이 나오기까지 여러 지인들의 도움이 있었다. 우선 힘들 때마다
용기를 불어넣어주고 든든한 후원군이 되어준 아내에게 무엇보다
고마운 마음을 전한다. 인문학의 위기라는 요즘에도 소신 있게 좋은
인문학 책들을 꾸준히 발간하고 있고 이 책의 출판도 흔쾌히 허락해
준 도서출판 마티의 정희경 사장님, 글을 꼼꼼하게 읽고 교정·교열해
준 편집팀과 책을 멋지게 디자인해 준 땡스북스 스튜디오에게도 깊이
감사드린다.

약어표

이 책에서 두 번 이상 인용한 책은 맨 처음 인용할 때는 원제목과 약어를 함께 표기하고 그 다음부터는
약어로만 표시하였다. 다만 무엇을 가리키는지가 명백하여 특별히 설명할 필요가 없을 것으로 생각되는
경우에는 생략하였다.

AI: Umberto Eco, Die Struktur des schlechten Geschmacks in: *Apokalyptiker und Integrierte – Zur kritischen Kritik der Massenkultur*, Fischer, 1989(1986); 『스누피에게도 철학은 있다』, 새물결, 2005

AM: Martin Heidegger, *Aristoteles, Metaphysik θ 1-3: von Wesen und Wirklichkeit der Kraft*, Gesamt Ausgabe (이하 GA) 33, Vittorio Kolstermann, 1981

AT: Œuvres de Descartes, publiées par Charles Adam & Paul Tannery, 1902

ÄT: Theodor W. Adorno, *Ästhetische Theorie* in: Gesammelte Schriften Band 7, Wissenschaftliche Buchgesellschaft, 1998(1997); 『미학이론』, 문학과 지성사, 1997

BPh: Martin Heidegger, *Beiträge zur Philosophie*, GA 65, Vittorio Klostermann, 1989

BWD: Martin Heidegger, *Bauen Wohnen Denken* in: VA; 「건축함 거주함 사유함」, 『강연과 논문』, 이학사, 2008

D: Martin Heidegger, Das Ding in: VA; 「사물」, 『강연과 논문』, 이학사, 2008

DI: Aristotle, *De Interpretatione*

DM: 1) René Descartes, *Discours de la méthode* in: Œuvres philosophiques de Descartes, Presses Mécaniques, 1838; 2) René Descartes, *Discours de la Méthode* in: AT Tome 6; 『방법서설: 정신지도를 위한 규칙들』, 문예출판사, 1997

DS: Jean Luc Nancy (ed.), *Du Sublime*, Belin, 1998; 『숭고에 대하여』, 문학과 지성사, 2005

EM: Martin Heidegger, *Einführung in die Metaphysik*, GA 40, Vittorio Klostermann, 1983(1953)

FD: Martin Heidegger, *Die Frage nach dem Ding*, Ga 41, Vittorio Klostermann, 1984(1962).

FV: *Die Fragmente der Vorsokratiker*, Edited by Hermann Diels Vol. 2, Weidmannsche Buchhandlung, 1922; 『소크라테스 이전 철학자들의 단편선집』, 아카넷, 2005

GMWEE: Martin Heidegger, *Die Grundbegriffeder Metaphysik*: Welt-Endlichkeit-Einsamkeit; 『형이상학의 근본개념들』, 까치글방, 2001

GP: Martin Heidegger, *Grundfragen der Philosophie*, GA 45, Vittorio Klostermann, 1984

GPh: Martin Heidegger, *Grundprobleme der Phänomenologie*, GA 24, Vittorio Klostermann, 1975, 『형이상학의 근본문제들』, 문예출판사, 1994

H: Martin Heidegger, *Heraklit*, GA 55, Vittorio Klostermann, 1979

HHI: M. Heidegger, *Hölderlins Hymne Der Ister*, GA 53, Vittorio Klostermann, 1984; 『횔덜린의 송가〈이스터〉』, 동문선, 2005

HW: Martin Heidegger, *Holzwege*, Vittorio Klostermann, 1980(1950); 『숲길』, 나남출판, 2008

ID: Martin Heidegger, *Identität und Differenz*, GA 11, Neske, 1978(1957); 『동일성과 차이』, 민음사, 2000

Iliad: Homer, Iliad, traus. by Theodor Alois Buckley, 1960; 『일리아스』, 숲, 2007

KPM: Martin Heidegger, *Kant und das Problem der Metaphysik*, GA 3, Vittorio Klostermann, 1973(1929); 『칸트와 형이상학의 문제』, 한길사, 2001

KR: Martin Heidegger, *Die Kunst und der Raum*, Vittorio Klostermann, 2007

KrV: Immanuel Kant, *Kritik der reinen Vernunft*; 『순수이성비판』, 아카넷, 2006

KU: Immanuel Kant, *Kritik der Urteilskraft*; 『판단력 비판』, 아카넷, 2009

LAS: Jeam-François Lyotard, *Leçon sur l, Analytigue du Sublime*, Galilée, 1991; 『칸트의 숭고미에 대하여』, 현대미학사, 2000

MN: Martin Heidegger, *Metaphysik und Nihilismus*, GA 67, Vittorio Klostermann, 1999

MP: Aristotle, *Metaphysica*; 『형이상학』, 이제이북스, 2007

MPPh: René Descartes, *Meditationes de Prima Philosophia*, AT 7, 1904; 『성찰』, 문예출판, 1997

MS: Albert Camus, *Le Mythe de Sisyphe*, Les Éditions Gallimard, 1942; 『시지프의 신화』, 범우사, 1989

MVM: Paolo Virno, *Miracle, virtuosité et déjà vu: Trois essais sur l'idée de ≪monde≫*, traduit de l'italien par Michel Valensi, L'Éclat, 1996

P: Martin Heidegger, *Parmenides*, GA Band 54, Vittorio Klostermann, 1982

PhAA: Martin Heidegger, *Phänomenologie der Anschauung und des Ausdruckes: Theorie der philosophischen Begriffsbildung*, GA 59, Vittorio Kolstermann, 1993

PPh: René Descartes, *Principia Philosophiae*, AT 8, 1905; 『철학의 원리』, 아카넷, 2012

Principia: Isaac Newton, *Newton's Principia*, Macmillan & Co., 1871

QDV: St. Thomas Aquinas, *Quaestiones Disputatae de Veritate*, Opera Omnia tomus XXII, 1970

RDI: René Descartes, *Regulae ad Directionem Ingenii* in: Œuvres philosophiques de Descartes, Presses Mécaniques, 1838;『방법서설, 정신지도를 위한 규칙들』, 문예출판사, 1997

S: Martin Heidegger, *Sophistes*, GA 19, Vittorio Klostermann, 1992

SG: Martin Heidegger, *Der Satz vom Grund*, Neske, Pfullingen, 1971(1957)

SZ: Martin Heidegger, *Sein und Zeit*, Max Niemeyer, 1976(1927);『존재와 시간』, 까치글방, 1998

TPhT: W. J. Richardson, *Heidegger : Through Phenomenology to Thought*, Nijhoff, 1963

US: Martin Heidegger, *Unterwegs zur Sprache*, GA 12, Vittorio Klostermann, 1985 (Neske, 1959);『언어로의 도상에서』, 나남출판, 2012

VA: Martin Heidegger, *Vorträge und Aufsätze*, GA 7, Neske, 1978(1954);『강연과 논문』, 이학사, 2008

WL: G. W. F. Hegel, *Wissenschaft der Logik* I, II, Werke in 20 Bänden Band 5, 6, Suhrkamp, 1986;『대논리학 1, 2, 3』, 지학사, 1983

WzM: Friedrich Nietzsche, *Wille zur Macht. Versuch einer Umwertung aller Werte*, 1901;『권력에의 의지』, 청하, 1988

ZSD: Martin Heidegger, *Zur Sache des Denkens*, GA 14, Max Niemeyer, 1976(1969);『사유의 사태로』, 길, 2008

도판소개

이 책에 소개된 회화나 조각 작품들에 대한 간략한 설명을 '작가 이름, 작품명, 제작연도, 소재 및
제작방식, 크기(조각 작품의 경우에는 생략하였음), 소장 기관 혹은 개인'을 기준으로 제시하였다.
사진의 경우에는 간략한 설명만을 첨부하였다.

그림 1 티치아노, 〈시지푸스〉, 1548-1549, 캔버스에 유화, 237×216cm, 마드리드 프라도
박물관 소장

그림 2 프란츠 폰 슈투크, 〈시지푸스〉, 1920, 캔버스 위에 유화, 103×89cm, 뮌헨 리탈러 화랑
소장

그림 3 파울 클레, 〈죽음과 불〉, 1940, 종이 위에 유화, 46×44cm, 베른 미술관 소장

그림 4 오토 딕스, 〈전쟁 제단화〉, 목판 위에 유화, 1929-1932, 가운데 그림 204×204cm, 양
측면 그림 각 가가 204×102cm, 기저판 60×204cm, 드레스덴 노이에 마이스터 화랑
소장

그림 5 빈센트 반 고흐, 〈추수하는 농부와 태양이 있는 밀밭〉, 1889, 캔버스에 유화,
59×72cm, 암스테르담 반 고흐 박물관 소장

그림 6 빈센트 반 고흐, 〈구두 정물화〉, 1886, 캔버스에 유화, 37.5×45.5cm, 암스테르담 반
고흐 박물관 소장

그림 7 파울 클레, 〈한 창문에서 성녀가〉, 1940, 수채물감, 붉은 분필과 하얀 분필로 마분지
위 종이에, 29×21cm, 베른 파울클레 센터 소장

그림 8 에두아르도 칠리다, 〈하이데거에게 표하는 경의〉, 1994, 프랑크푸르트

그림 9 소비에트 시절 메이데이 혹은 10월 혁명 기념행사에 참여한 군중들의 모습(사진)

그림 10 에두아르도 칠리다, 〈대화를 통한 관용〉, 1993, 뮌스터 베스트팔렌 평화광장

일러두기

1. 인용문에는 나와 있지 않지만 앞뒤 문맥에 따라 인용문 전체를 쉽게 이해하는 데 필요하다고 생각되는 내용을 [ ] 안에 적어 두었다.

2. 괄호 안에 다시 괄호를 삽입하게 될 경우 큰 괄호는 ( ), 그 안에 삽입되는 작은 괄호로는 { }를 사용하였다.

3. 한글번역본이나 국내 저자의 저서는 『 』, 논문은 「 」 안에 제목을 적었으며, 외국어 원서의 경우에는 이탤릭체로, 외국어 논문의 경우에는 별다른 표시 없이 제목을 그대로 적었다.

4. 회화나 조각 등의 예술작품 제목은 〈 〉 안에 적었다.

5. 인용되는 책을 소개할 때 국내 도서, 해외 도서를 막론하고 일괄적으로 발행지를 생략하였다.

6. 해외 서적의 내용을 인용하는 경우 고전 그리스어나 라틴어의 경우에는 원문 내용을 각주에 적어 넣었고, 영어, 독일어, 불어와 같은 현대어의 경우에는 생략하였다.

7. 인용되는 본문 중 인용자가 강조하고 싶은 내용은 굵은 글씨로, 원래 본문 자체에 이탤릭체나 겹꺾쇠묶음을 통하여 강조되어 있던 내용은 그대로 표시했다.

8. 인용된 모든 문장은 특별한 언급이 없는 한 저자가 직접 번역한 것이다. 한글판이 있는 경우에는 독자들이 참조할 수 있도록 해당 인용문의 한글판 쪽수를 병기했다.

서문 004

약어표 / 도판 소개 / 일러두기 008

1.

행복한 시지푸스에 대하여 018

시지푸스의 형벌 020

지혜와 교활함의 이중성 021

시지푸스 앞에 펼쳐진 부조리와 모순 024

섬뜩한 자유와 무의미한 향락으로의 도피 025

바위의 변신: 고통의 근원에서 행복의 근원으로 027

행복한 시지푸스 마르틴 하이데거 030

2.

**존재와 진리의 변증법:
죽음을 향한 존재** 032

왜 하이데거인가? 034

지혜를 묻는 학문 036

파르메니데스냐, 헤라클레이토스냐? 039

제일철학으로서의 존재론 042

사태와 인식의 일치로서의 진리 047

은폐되어 있지 않음으로서의 진리 052

존재-신론의 한계 058

근대철학의 주체 개념에 대한 비판 063

다시 존재의 의미로 073

존재에 대해 다른 방식으로 말하기 075

인간현존재 분석론으로서의 기초존재론 079

손안에 있음과 탈존으로서의 실존 082

불안과 염려 084

죽음을 향한 존재 092

3. 지나치며 넘어가는 철학함   102

오늘날 하이데거가 갖는 의미   104

과학에 대한 과학적 방법의 승리!?   106

현상학적 해체   113

해석학적 순환   119

형이상학의 극복, 넘어감과 지나침   124

형이상학의 극복   125

넘겨—놓음으로서의 번역   131

지나친 해석   134

넘어가며 지나치는 용기와 결단의 철학   138

4. 행복한 시지푸스와 마지막 삶의 그리움   140

하이데거의 출발점: 돌고 또 돌고?   145

현상학적 해체를 통한 사물의 사물성에 대한 논의   150

고흐의 구두   155

예술을 통해 드러나는 진리의 일회성   156

작품과 진리   161

작품이란 무엇인가?   163

5.
불안과 권태, 그리고 숭고: 168
하이데거 사유의 내밀한 빈터에서

숭고의 유행?   170

예술의 종언   172

불안과 권태: 하이데거 존재론에서의 숭고   175

불안과 숭고   176

권태와 숭고   183

칸트의 숭고와 하이데거 숭고의 차이점   189

하이데거 예술철학과 숭고   192

진리와 비−진리   194

대지와 세계의 투쟁   196

새로운 방식으로 말하기   196

하이데거 숭고개념의 예술 철학적 의의   197

6.
키치 개념에 대한 존재론적 고찰: 202
키치와 숭고의 변증법을 중심으로

키치에 대한 상반된 태도들   204

키치 인간과 키치의 현상학   208

존재론적 키치 개념의 필요성   210

『참을 수 없는 존재의 가벼움』에 나타난 존재론적 키치 개념   212

보편적 감성에 뿌리박은 감정의 독재   215

키치와 숭고의 변증법: 인간 실존의 본질적 모순   220

동반현존재와 평균적 일상성   226

'사람들', 그리고 키치   230

불안을 향한 용기와 '사람들'로의 도피   235

7. 공간—마련과 깃들임의 사유: 242
하이데거 사유를 통해 본 도시 공간의 의미

공간 개념의 근대적 의미와 그 문제들 244

예술과 공간 246

세계 내부적 존재자들의 공간성과 구역 개념 251

인간현존재의 공간성: 거리—없앰과 방향잡음 256

인간현존재와 공간 마련 260

깃들임의 의미 263

도시 공간의 의미 266

박탈된 주거권과 그 회복조건 271

공원이 주소가 될 수 있을까? 272

불안을 통한 주거권의 회복 274

참고문헌 287

찾아보기 293

1.　행복한 시지푸스에 대하여

"나는 시지푸스를 산기슭에 남겨둔다!

우리는 언제나 그의 무거운 짐을 발견한다.

그러나 시지푸스는 신들을 부정하고

바위를 들어 올리는 고귀한 성실을 가르쳐 준다.

〔…〕

산꼭대기를 향한 투쟁,

그 자체가 인간의 마음을 가득 채우기에 족한 것이다.

행복한 시지푸스를 상상하지 않으면 안 된다."

(Albert Camus, *Le Mythe de Sisyphe*, Gallimard, 1942, p. 168; A. 카뮈 지음, 이정림 옮김, 『시지프의 신화』, 범우사, 1989(1977), 146쪽 이하)

그림 2 프란츠 폰 슈투크, 〈시지푸스〉, 1920,
캔버스 위에 유화, 103×89cm, 뮌헨 리탈러 화랑 소장

시지푸스의 형벌

많은 이들의 고대 그리스 신화 해석에 따르면, 코린트의 왕이었던
시지푸스는 살아있을 때 온갖 나쁜 일이란 나쁜 일은 도맡아 했던
천하의 악인이었다. 너무나 당연하게도 죽은 뒤 그에게는 무서운
형벌이 기다리고 있었다. 그에게 내려진 벌은 커다란 바위를
산꼭대기까지 굴려 올리는 일이었다. 비 오듯 땀을 흘리면서 온 힘을
다해 경사진 산허리를 오르며 바위를 밀어 올려야 한다. 극한의 고통을
참아가며 이제 꼭대기에 거의 다 왔다. 이 모든 수고와 고통의 끝이
보인다. 그러나 그것은 착각이었다. 꼭대기에 이르자 바위는 저 밑
산자락으로 굴러 떨어지고 만다. 자, 이제 어떻게 해야 할까? 만일
형벌이 아니라면 아쉽기는 해도 그저 꼭대기의 산들바람을 느끼며
낮잠이나 즐기면 될 일이다. 하지만 그럴 수는 없다. 허탈한 마음을
달래며 저 아래 보이는 바위를 향해 무거운 발걸음을 돌려야 한다.
이제 산자락이다. 잠시 쉴 틈도 없이 다시 처음부터 시작한다. 육중하게
버티고 있는 바위를 있는 힘을 다해 밀어 올리는 시지푸스!

　　　　이 신화를 사람들은 무의미하게 반복되는 인간의 삶에 대한
비유로 해석하곤 한다. 사람들은 자신이 세운 목표에 도달하기 위해
무진 애를 쓰며 살아간다. 그 목표를 달성하고 나면 세상은 장밋빛으로
바뀌고 온통 행복으로 가득 찬 삶이 이루어지리라는 희망을 품고서.
하지만 목표가 달성되면 대부분의 사람들은 거기에 만족하지 못하고
또 다른 목표를 세우고는 다시 힘든 과정을 밟아간다. 이렇게 끝없이
반복되는 것이 우리네 인생이다. "헛되고 헛되며 헛되고 헛되니 모든
것이 헛되도다. 해 아래에서 수고하는 모든 수고가 사람에게 무엇이
유익한가?"[1] 게다가 더욱 끔찍한 것은 이런 험난한 과정의 마지막에

우리를 기다리고 있는 것이 우리 자신의 소멸, 죽음이라는 사실이다.
이토록 불행한 일이 또 있을까? 아무리 도달하려 애써도 도달할 수
없는 행복을 찾아 헤매다 결국에는 소멸되어버리고 마는 것이 인간의
숙명이라면 우리가 세상을 살아가면서 찾을 수 있는 의미나 가치가
도대체 존재하기라도 하는 것일까? 프랑스의 소설가이자 철학자 알베르
카뮈는 '그럴 수 있다'고 대답한다. 심지어 그는 행복한 시지푸스를
상상하지 않으면 안 된다고 주장한다.[2] 물론 이 말은 그저 상상하는 데
그치라는 말이 아니라 실제로 행복해질 수 있다는 뜻으로 해석되어야
한다. 그런데 이렇게 해석할 수 있는 근거는 어디에 있을까?

지혜와 교활함의 이중성

만일 시지푸스가 악인이기만 했다면 그가 받는 천형은 당연한 것이다.
그가 행복해질 수 있다고, 행복해져야 한다고 말할 수도 없다. 그런데
고대 그리스의 관련 문헌들에서 시지푸스를 묘사하는 장면들을
살펴보면 꼭 그렇지만은 않다는 것을 발견하게 된다. 일반적으로는
호메로스의 『일리아스』에 등장하는 시지푸스의 사람됨에 대한 묘사를
"사람들 중에서 가장 교활한 사람"[3]으로 번역한다. 하지만 카뮈는
시지푸스가 세상 사람들 중에서 가장 현명하고 사려 깊은 (le plus sage et
le plus prudent des mortels)[4] 사람이었다고 주장한다. 어떻게 이런 상반된

1 구약성서 전도서 1장 2, 3절.

2 Albert Camus, *Le Mythe de Sisyphe* (이하 MS), Les Éditions Gallimard, 1942,
 p.168; 『시지프의 신화』, 147쪽.

3 E. g. Homer, *Iliad* (이하 Iliad), trans. by Theodore Alois Buckley, 1860, p.
 110; 『일리아스』, 173쪽

4 MS, p. 163; 『시지프의 신화』, 142쪽

해석이 나올 수 있었을까? 『일리아스』 원문을 살펴보면 시지푸스의
품성을 나타내는 단어로 "케르디스토스(κέρδιστος)"⁵라는 형용사가
사용되고 있다. 이 말은 케르달레오스(κερδαλέος)라는 형용사의 최상급
형태다. 케르달레오스는 '이익을 가져다주는, 유용한' 등의 뜻을 갖지만
'이익만을 추구하는, 교활한'이라는 뜻도 지닌다. 시지푸스의 사람됨을
묘사하는 데 사용된 단어 자체가 이처럼 긍정적인 면과 부정적인 면을
함께 내포하고 있기에 두 가지 해석이 다 가능했던 것이다.

고대 그리스 시인 테오그니스도 시지푸스의 사람
됨됨이를 가리키면서 보통의 경우 '교활함, 꾀가 많음'을 뜻하는
폴뤼프로쉬네(πολυφροσύνη)라는 말을 사용하고 있다.⁶ 그런데 이 단어는
'많은, 풍부한'이라는 뜻을 지닌 형용사 폴뤼스(πολῦς)와 '사유하다,
숙고하다, 통찰력을 지니다'라는 뜻을 지닌 프로네오(φρονέω)라는
동사에서 유래한 합성어다. 두 단어의 뜻을 그대로 살려 해석할 경우
이 말은 '생각이 많음, 통찰력이 뛰어남'이라는 뜻을 지닐 수 있다.
게다가 프로네오의 명사형인 프로네시스(φρόνησις)는 아리스토텔레스가
덕스러운 인간이 되기 위해 필요하면서도 충분한 조건으로 꼽았던 바로
그 실천적 지혜를 가리키는 말이 아니던가! 그렇다면 폴뤼프로쉬네도 '
교활함'과 '지혜가 많음'이라는 두 가지 의미 중 어떤 것으로도 해석될
수 있다.

이외에도 고대 언어들에는 지혜와 교활함이 얽히고설키어
떼려야 뗄 수 없는 관계를 지니고 있음을 보여주는 단어들의 예가
여럿 있다. 성서에서 뱀을 묘사할 때 사용된 단어도 그 중 하나다.
보통의 경우 사람들은 뱀을 매우 교활한 짐승이라 여긴다. 구약성서
창세기에서도 뱀을 "여호와 하나님이 지으신 들짐승 중에 가장

간교하다"[7]고 묘사한다. 그런데 이때 간교하다는 의미로 사용된 히브리어 아룸(עָרוּם)은 앞서 언급한 그리스어 단어들과 마찬가지로 교활하다는 뜻과 통찰력이 있다는 뜻을 동시에 지니고 있다. 잠언의 다음과 같은 구절들에서는 이 단어가 지혜롭다는 뜻으로 사용된다. "아비의 훈계를 업신여기는 자는 미련한 자요 경계를 받는 자는 슬기를 얻을(יַעְרִם)자니라." (잠언 15장 5절) "거만한 자를 때리라 그리하면 어리석은 자도 지혜를 얻으리라(יַעְרִם)." (잠언 19장 25절)[8]

　　　　뱀을 지혜의 상징으로 여기는 경우도 있다. 신약성서에서 예수가 제자들에게 "뱀 같이 지혜로우라"[9]고 말하는 장면이 그 대표적인 예다. 그런데 이때 지혜롭다는 뜻으로 사용된 그리스어 프로니모스 (φρόνιμος)에도 ─ 폴뤼프로쉬네에 대한 위의 설명에서 어렵지 않게 짐작할 수 있듯 ─ 원래는 '교활한'이라는 뜻이 함께 담겨 있었을 것이다. 뱀 안에 두 가지 성품이 공존하는 것처럼 말이다. 이렇듯 오랜 옛날부터 사람들은 지혜로움과 교활함이 서로 매우 가까운 성품이라 여겼으며, 사람의 됨됨이를 묘사할 때도 이 두 가지를 자주 혼동해서 생각했다. 그래서 어떤 이에게는 지혜로운 행위가 다른 이에게는 교활한 행위로 비춰질 수 있었고, 한 사람의 성품도 어떤 이에게는 지혜로운데 다른 이에게는 교활할 수 있었다. 시지푸스가

5　Iliad, Book VI, 153.

6　Theognis, Elegiae, 712.

7　창세기 3장 1절.

8　יַעְרִם은 '간교하게 만들다, 지혜롭게 하다'는 상반되는 뜻을 동시에 지닌 עָרַם 동사의 미래 3인칭 단수 형태다.

9　마태복음 10장 16절.

세상에서 가장 교활한 악인으로 비춰지기도 하고 가장 지혜로운
사람으로 여겨지기도 했던 것도 이 때문이다.

시지푸스 앞에 펼쳐진 부조리와 모순

시지푸스라는 하나의 인격 안에 천하의 악인과 사려 깊은 현인이
이렇듯 공존한다는 것은 무슨 의미일까? 카뮈는 이것이 시지푸스뿐만
아니라 인간 본연의, 심지어는 이 세계 자체의 모습이라고 설파한다.
인간의 내면에는 선과 악이 뒤엉켜 있어서 자로 잰 듯 뚜렷하게 이
둘을 구분해내기란 쉽지 않다. 시지푸스는 그것이 아주 분명하게
드러난 경우다. 인간사회도 마찬가지다. 기록되어 전해지는 인류의
역사 중에 단 한 세기도 커다란 전쟁 없이 지나간 적이 없었다. 전쟁
없이 평화로워 보이는 시대라 하더라도 정직하고 의로운 사람들보다는
불의와 악행을 저지르는 자들이 더 성공하는 것이 우리가 실제로
마주하는 인간 사회의 현실이다. 우주나 자연에도 선과 악이, 긍정적인
모습과 부정적인 모습이 언제나 뒤섞여 공존하고 있다. 어떤 경우에는
목가적이거나 황홀할 정도로 아름답지만, 그렇다고 우주나 자연이
언제나 인간에게 우호적인 것은 아니다. 지진과 기근, 폭풍우는
자연이 우리에게 얼마나 끔찍한 재앙을 가져다줄 수 있는지 분명하게
보여준다.

이렇듯 세상은—적어도 인간 편에서 보면—상반되는 두
가지 모습으로 가득 차 있다. 그렇기에 인간이 살아가며 접하게 되는
모든 일에도 선과 악이 뒤엉켜 있을 수밖에 없다. 분명한 의미를 찾을
수도, 선과 악을 구별할 수도 없는 무의미와 부조리 속에 내던져져 있는
것이다. 이러한 부조리의 가장 극단적인 형태로 카뮈는 신이 존재하지

않는 세상을, 그러한 세상에서 스스로 신이어야 하지만 유한한
존재자에 불과한 인간이 처한 상황을 제시한다. 신이 존재하고 인간이
신을 믿고 의지해 살아간다면 모든 것에 각각 의미가 부여되고 우리는
그 의미를 받아들이기만 하면 된다. 그러한 의미에 맞춰 행동하는 것이
옳다고 믿을 수 있다면 세상은 조화로워 보일 것이다. 하지만 신이
존재하지 않는다면 세상은 온통 무의미와 부조리로 가득찰 것이다.

섬뜩한 자유와 무의미한 향락으로의 도피

그런데 신이 존재하지 않는 세상이 인간에게 주는 전혀 다른 긍정적인
측면이 존재한다. 그것은 바로 인간의 자유다. "신이 없다면 내가
신이야. […] 신이 있다면 모든 것이 신의 의지이고 나는 그의 의지에서
벗어날 수 없어. 없다면 모든 것이 나의 의지이고 난 자의지(自意志)를
천명해야 할 의무가 있어."[10] 하지만 이 자유는 섬뜩하다. "내 신성의
자질은—자의지야! 이것이야말로 내가 주요한 지점에서 불복종과
나의 새롭고 섬뜩한 자유를 보여줄 수 있는 유일한 수단이야. 왜냐하면
자유는 매우 섬뜩한 거니까."[11] 이 새로운 자유는 왜 섬뜩한 것일까?
이전에 믿고 있던 신이, 이전의 도덕이 내게 제공해주었던 안락함과
익숙함이 사라져버리고 나면 우리는 낯설고 전혀 새로운 무언가를
맞닥뜨리게 될 것이다. 스스로 신이 된 인간은 전에는 전혀 예상하지도
못했던 미지의 심연을 향하여 뛰어들어야 한다. 자신의 결단과 행동의
결과에 대한 모든 책임을 스스로 져야 하는 채로. 그러기에 그 결단은

10　표도르 미하일로비치 도스토예프스키 지음, 김연경 옮김, 『악령(하)』(이하 『악령(하)』),
　　열린책들, 2008(2000), 953쪽.
11　『악령(하)』, 957쪽.

언제나 섬뜩하고 고통스러울 수밖에 없다.

　　　더욱 고통스러운 것은 그것을 매번 매순간 처음부터 다시 시작해야 한다는 사실이다. 이것이 카뮈가 제시하는 시지푸스 신화의 현대적 해석이다. 컨베이어 벨트 앞에서 무의미한 반복 작업을 해야 하는 공장 노동자들의 삶은 카뮈가 그리는 시지푸스와 다르지 않다. 그들의 삶은 시지푸스처럼 저주받은 삶이다. 자신이 좋아하지도, 풍요를 가져다주지도 않는 일을 죽어라고 반복하면서도 거기서 절대로 빠져나올 수가 없다. 그렇다고 일을 하지 않으면 그나마 배고픔과 추위에서 보호해 주던 가정과 집에서 쫓겨나 거리에서 은신처를 구해야 한다. 그래도 이 운명을 의식하지 않고 그저 일하고 먹고 마실 때면 그들은 자신들의 엄청난 불행을 느끼지 못한다. "시지푸스의 신화가 비극적이라면 그것은 그 주인공이 [자신의 운명을] 의식한다는 사실 때문이다. 발걸음을 옮길 때마다 희망이 그를 받쳐준다면 그가 무슨 고통을 느끼겠는가? 오늘날 노동자는 사는 동안 매일 똑같은 일을 한다. 이 또한 [시지푸스의 형벌] 못지않게 부조리하다. 하지만 그가 비극적 인물이 되는 때는 오직 그가 [자신의 처지를] 인식하는 드문 순간들뿐이다."12 바로 이런 의미에서 그는 시지푸스를 "신들의 프롤레타리아"13라 부른다.

　　　좀 더 확대해보면, 생계를 위해 단조롭고 무의미한 일상을 반복하는 모든 이들의 권태로운 삶이 바로 현대판 시지푸스의 형벌이다. 더욱 끔찍한 것은 스스로 결단해서 그렇게 살아야 한다는 사실이다. 그래서 사람들은 의식적으로든 무의식적으로든 그에 대해 생각하지 않으려고 오락거리를 찾아 헤맨다. 이것이 오늘날 엄청나게 성장하고 있는 향락산업, 오락산업의 진정한 의미다. 스스로 자신의 삶에 의미를 부여하고 그에 따라 삶을 영위해 가야 하는 운명에 대한 끊임없는 책임회피요 무의미한 향락으로의 도피인 것이다.

이렇게 향락으로 도피하지 않고 삶의 진정한 의미를 찾으려면 선택에 대한 책임은 전적으로 인간 자신이 지고, 선택의 근거 또한 스스로 찾아내야 한다. 신이나 기존의 도덕, 사회규범, 법의 권위에 기대지 않고 전적으로 자신의 판단에 근거하여 행동하며 그 결과에 대한 무한책임을 져야 하기에 인간은 너무나 고통스러운 결단에 내몰린다. 그것도 매순간! 이 끔찍한 고통에서 회피할 길이 하나 있기는 하다. 외부의 규범과 권위에 자신을 내맡기는 일이다. 대부분의 경우 이럴 때 타자는 내게 거부할 수 없는 권위로 다가온다. 상당히 많은 경우에는 그 권위 자체가 너무나 매혹적이기도 하다. 훌륭하고 멋진 사람들이 그것이 옳다고, 그렇게 하면 아무 문제도 없다고 TV 나 인터넷에서 내게 말한다. 그런 말에 힘입어 행동하면 나는 책임을 지지 않아도 된다. 문제는 그렇게 타자의 규율에 나를 내맡겨도 삶이 편해지거나 풍요로워지기는커녕 더욱 고통스럽고 무의미할 경우다. 오늘날 수많은 사람들이 이런 상황에 놓여 있다.

바위의 변신: 고통의 근원에서 행복의 근원으로

어떻게 시지푸스는 이런 절망적 상황에서 빠져나와 행복해질 수 있을까? 카뮈는 시지푸스가 행복하기 위해 중요한 순간은 끝없이 바위를 밀어 올릴 때가 아니라 산꼭대기에서 내려올 때라고 말한다.

12 MS, p. 165f; 『시지프의 신화』, 144쪽.
13 MS, p. 166; 같은 곳.

"시지푸스는 [⋯] 자신이 얼마나 비참한 상황에 빠져 있는지 속속들이 알고 있다. [산꼭대기에서] 내려오면서 그는 바로 그 상황에 대해 생각한다. [이를 통해 얻게 된] 깨달음으로 인해 그의 고통이 동시에 승리의 완성이게 될 것이 틀림없다."[14] 도대체 어떻게 고통이 승리로 바뀔 수 있다는 것일까? 소포클레스의 비극『콜로누스의 오이디푸스』첫 장면에 나오는 오이디푸스의 말을 통해 실마리를 찾아보자. 오이디푸스는 자신이 친아버지를 죽인 살인자이며 친어머니와 결혼하여 아이들까지 낳고 살았다는 사실을 알게 되고는 자신의 두 눈을 후벼 파 스스로 장님이 된 뒤 방랑의 세월을 떠났었다. 테베의 왕으로 누릴 수 있는 모든 부귀영화를 다 버린 그는 이제 지치고 늙고 가난한 나그네에 불과했다. 그런 그가 콜로누스라는 그리스의 한 마을 어귀에 그의 딸 안티고네와 함께 도착했을 때 이렇게 말한다. "나는 작은 것을 원하지만 그것보다 더 작은 것만 주어지네. 하지만 난 만족한다네. 오랜 세월 내가 겪은 숱한 고난과 고상한 나의 영혼이 자족함을 가르쳐주었으니까."[15]

자족하는 법을 배움으로써 우리는 우리가 처한 고통스러운 상황에서 빠져나올 수 있다. 이러한 자족은 오이디푸스의 말처럼 자신이 처한 고통스러운 상황을 직시하고 그 고난을 오랜 세월 동안 감내하면서 거기서 나름의 교훈을 얻는 데서 시작된다. 그 교훈은 누구에게나 해당되는 보편적 성격을 띠는 것이 아니라, 오직 나 자신에게만 해당된다. 그러기에 적어도 내 삶에서 내가 원하는 것에 대해서는 다른 어느 누구보다 더 잘 알 수 있다. 시지푸스처럼 모든 인간에게는 각자가 밀어 올려야 할 인생의 무게가 있다. 다른 사람이 얼마간 도움을 줄 수는 있겠지만 궁극적으로 그 무게를 버텨내야 하는 사람은 자기 자신이다. 이런 의미에서 고통은 행복의 전제조건이다.

그래서 카뮈는 이렇게 말한다. "어둠이 없으면 빛도 없다. 그러니 밤을 인정해야 한다."[16] 물론 그렇다고 해서 내게 주어진 삶을 그대로 받아들이라는 말은 아니다. 카뮈는 오히려 과감하게 기존의 질서와 부조리한 일상에 대해, 내게 주어진 삶 자체에 저항하라고 요구한다. 그것을 그는 "형이상학적 저항(le révolté métaphysique)"[17]이라 불렀다. 행복한 시지푸스는 저항하는 인간인 것이다. 저항을 통해서 시지푸스는 자신이 매일 들어 올려야 하는 바위가 무엇이어야 하는가를 스스로 결정할 수 있게 된다. 바위가 온전히 나의 것이 되어 행복의 근원이 되려면, 그것은 전적으로 내가 선택한 것이고 사랑하는 것이어야 한다. 내가 바위로 인해 겪게 되는 모든 고통과 좌절을 감내하는 것은 바로 이 때문이다.

자신의 삶을 속속들이 들여다보고 그 고통의 세월을 고결한 정신을 통해서 인생의 지혜로 바꾸어야만 한다. 그러면 부나 명예, 권력과는 상관없이 정말로 자신을 행복하게 하는 것이 무엇인지 알 수 있다. 이제는 바위가 온전히 자신의 것이 된다. 남이 억지로 지워주지 않고 자신이 기꺼이 지겠다고 선택한 짐인 것이다. "시지푸스의 모든 소리 없는 기쁨이 거기 있다. 그의 운명도, 그의 바위도 자신의 것이다."[18] 이제 고통의 근원이던 바위가 기쁨의 근원으로 바뀐다.

<hr>

14 Ibid; 같은 곳.

15 "σμικρὸν μὲν ἐξαιτοῦντα, τοῦ σμικροῦ δ᾽ἔτι / μεῖον φέροντα; καὶ τόδ᾽ἐξακροῦν ἐμοί· /στέργειν γὰρ αἱ πάθαι με χώ χρόνος ξυνὼν / μακρὸς διδάσκει καὶ τὸ γενναῖον τρίτον" (Sophoclis Tragoediae, 1901, p. 161. 5-8.)

16 MS, p. 167f; 『시지프의 신화』, 145쪽.

17 Albert Camus, *L'homme révolté*, Galimard, 1957(1951), p. 39.

18 MS, p. 167; 『시지프의 신화』, 145쪽.

그렇다면 그 무게를 버티고 밀어 올리는 순간이 진정 행복하지 않겠는가? 그 과정이 끊임없이 반복된다는 사실은 오히려 더욱 큰 즐거움의 원천이 되지 않겠는가?

행복한 시지푸스 마르틴 하이데거

독일의 철학자 마르틴 하이데거의 글을 읽다보면 자신의 전 존재를 걸고 바위를 밀어 올리는 행복한 시지푸스의 모습이 어른거린다. 그는 세계의 부조리와 모순을 직시하면서도 진정한 존재의 의미와 진리를 찾아 끝없이 분투하는 영혼이었다. 그런 그가 죽음을 회피하지 않고 마주하는 용기, 지금 당장 죽는다 해도 떳떳할 수 있도록 매일 매순간 결단하고 행동하는 용기를 가지라고 우리에게 외친다. 카뮈도 자신이 추구하는 사상의 선구자 중 한 사람으로 하이데거를 들고 있다.[19] 이 책에 실린 글들은 여러 방면에서 하이데거 사상이 지닌 이러한 면모를 살펴보려는 시도의 결과물이다. 그와 함께 사유의 모험을 감행하다보면 만나게 되는 행복한 시지푸스의 모습이 여기저기 때로는 명시적으로, 때로는 암묵적으로 글 속에 담겨 있다. 어떨 땐 기존 철학의 가르침들을 지나치며 넘어가는 초월의 철학자로, 다른 때는 일상의 편안함이 주는 유혹에 취해 세상 사람들이 내 삶의 의미를 규정하도록 내버려두는 타협을 거부하는 용감한 투사로.

그렇다고 존경하는 위인을 묘사하려 할 때 흔히 많이 범하는 실수처럼 그를 신격화하고 우상화하려는 것은 아니다. 앞서 계속 살펴보았지만 시지푸스의 내면에는 선과 악이, 의미와 무의미가 끝없이 교차한다. 하이데거도 그러한 시지푸스적 운명에서 한 발짝도 벗어날 수 없었다. 그러기에 이 책에 실린 글들은 하이데거의 내면에,

더 나아가 모든 인간의 내면에 담긴 모순과 부조리를 그대로 인정하는 데서 출발하고 있다는 사실을 분명히 밝히고 싶다. 하지만 영혼에 깊은 울림을 가져다준 그의 사상에 흠뻑 취해 느꼈던 감동, 엄청난 정신적 긴장과 인내를 요구하는 그의 사상을 이해해 나가는 과정에서 겪었던 끝없는 좌절 속에서도 언제나 나를 이끌어주었던 진리의 빛을 부정할 수는 없다. 그것이 내가 여전히 하이데거를 공부하는 이유이고 앞으로도 이 사실은 변하지 않을 것이다.

---

19 MS, p. 38ff: 『시지프의 신화』, 44쪽 이하.

2. 존재와 진리의 변증법: 죽음을 향한 존재

"그는 중얼거렸다.

'죽음아 나는 너를 두려워하지 않는다.'

그러자 갑자기 그는 자유를 느꼈다.

자유롭다는 것은 무엇을 뜻하는가?

죽음을 두려워하지 않는 사람은 자유롭다.

야나로스 신부는 만족을 느끼며 자기 수염을

쓰다듬었다.

그는 깊이 생각에 잠겼다.

'죽음으로부터의 자유보다 더 큰 기쁨이 있을까?'

'아니.'

그는 계속 외쳤다. '아니야!'"

(니코스 카잔차키스 지음, 안정효 옮김, 『전쟁과 신부(神父)』, 열린책들, 2008, 85쪽)
(Nikos Kazantzakis, *The Fratricides*, Simon and Schuster, 1964, p. 62.)

그림 3 파울 클레, 〈죽음과 불〉, 1940,
종이 위에 유화, 46×44cm, 베른 미술관 소장

왜 하이데거인가?

하이데거라는 이름을 듣게 되면 사람들이 떠올리게 되는 몇 가지
사실이 있다. 하나는 그가 사르트르, 라캉, 푸코, 데리다, 메를로퐁티,
레비나스, 들뢰즈, 리오타 등 수많은 현대철학자들에게 지대한 영향을
끼친 위대한 철학자라는 사실이다. 그의 책『존재와 시간』은 20세기에
저술된 철학서 중에서 가장 위대한 책 중 하나로 꼽힌다. 후대에 미친
영향력 면에서 이에 비견될 만한 책으로는 영미 분석철학계에서
20세기 가장 위대한 철학자로 추앙받는 비트겐슈타인의 주저
『논리철학논고』(*Tractatus Logico-philosophicus*) 정도일 것이다. 이 책에서
나중에 다뤄지겠지만 하이데거는 현대철학의 패러다임을 인식론에서
예술철학으로 변화시키는 데 결정적인 역할을 하기도 했다. 현대철학에
대해 논하면서 그의 이름을 빼놓을 수 없는 이유가 여기에 있다.

　　　　다른 한편, 나치 정권 시절 프라이부르크 대학 총장직을
1년 남짓 맡은 데다 2차 세계대전이 끝날 때까지 나치 당원으로
남아 있었다는 사실 때문에 하이데거는 나치 철학자, 전체주의
철학자라는 의심으로부터 자유롭지 못하다. 빅토르 파리아스(Victor
Farías) 같은 이는 하이데거 철학 자체가 곧 나치즘 철학이라고까지
주장한다.[1] 어떤 이들은 그렇게까지는 아니라 하더라도 나치 전력은
그가 사상적으로 커다란 결함을 지니고 있었다는 증거라고 생각한다.
하이데거를 옹호하는 이들에게도 이것은 매우 설명하기 힘든 문제다.
대부분의 경우 이들은 그가 나치 정권에 참여한 것은 판단착오였으며
프라이부르크 대학 총장직을 1년 만에 사임한 것은 자신이 잘못
판단했다는 사실을 깨달았기 때문인데, 그럼에도 나치 독일이 전쟁에서
패할 때까지 그가 나치 당적을 버리지 않았던 것은 그로 인해 닥쳐올

고난과 박해를 두려워했기 때문이라고 주장한다. 그는 정치적으로 실수를 범했지만 곧 수정하였으며, 두려움을 극복하지 못하는 인간적인 약점을 지니고는 있었지만 그것과 그의 철학의 핵심내용은 별개로 생각해야 한다는 입장이다.

그런데 한 발짝 물러나 생각해보면 참 이상한 일이다. 만일 그의 철학이 진정으로 나치즘에 근거한, 심지어는 나치즘을 근거지울 수 있는 정도로 전체주의적인 내용을 갖고 있다면 2차 세계대전이 끝난 후 적국이었던 프랑스의 철학자들, 그것도 좌파 철학자들이었던 푸코, 데리다 같은 사람들이 하이데거에 그토록 열광했던 현상을 어떻게 설명해야 할까? 누가 보아도 알 수 있을 정도로 그의 사상이 파시즘의 형태와 내용을 드러내 보이고 있다면 왜 파리아스 같은 이들은 그것을 증명하기 위해 온갖 열정을 쏟아 부어야만 했을까?

이런 물음은 비단 하이데거 철학에만 해당되지는 않는다. 나치 정권이 자신들의 주장을 뒷받침하기 위해 마구잡이로 인용했던 니체의 철학을 보라. 20세기와 21세기 서구 현대철학의 흐름 속에서 니체의 영향을 빼고 이야기할 수 있는 것이 과연 얼마나 되겠는가! 헤겔은 또 어떤가? 그의 철학에서 가장 중요한 범주 중 하나인 총체성 개념을 빌미로 얼마나 많은 사람들이 그를 파시즘 철학자라고 폄하했던가! 하지만 헤겔 철학은 여전히 엄청난 중요성을 지닌 채 우리 앞에 놓여 있다. 그렇기에 어떤 철학자의 사상이든 제대로 평가하기 위해서는 단순한 정치 전력이나 그가 자주 사용한 개념이나 펼쳤던

---

1   Cf. Victor Farías, *Heidegger and Nazism*, Temple University Press, 1991. (*Heidegger et le nazisme*, Verdier, 1987)

주장들을 단편적으로 살펴보는 것으로는 턱없이 부족하고, 그의 사상을
총체적인 시각에서 깊이 있게 살펴보아야만 한다. 하이데거의 경우도
마찬가지다. 우리가 하이데거 철학을 주의 깊게 살펴보려는 이유가
여기에 있다.

지혜를 묻는 학문

하이데거가 가장 위대한 현대철학자 중 한사람으로 인정받고 수많은
철학자들에게 영향을 미치게 된 데에는 몇 가지 이유가 있다. 우선
하이데거는 철학의 근본 물음인 존재의 문제를 철저하게 파헤친 몇
안 되는, 아니 거의 유일한 철학자다. 그만큼 철저하게 존재에 관한
물음을 던진 철학자는 그 이전에는 아무도 없었다, 적어도 자신의
주장에 따르자면. 존재의 문제가 그의 철학적 사유에 왜 그토록
중요했던 것일까? 이 문제에 대답하려면 우선 철학이란 무엇인가 하는
물음으로부터 시작할 필요가 있다.

원래 서양에서 철학을 뜻하는 단어(영어 philosophy, 불어
philosophie, 독일어 Philosophie, 이탈리아어와 스페인어 filosofia 등)는 그리스어의
필로소피아(φιλοσοφία)에서 유래했다. 로마인들은 이것을 그대로
음역하여 philosophia라고 썼다. 이 말은 애호, 사랑을 뜻하는 필로스
(φίλος)와 지혜를 뜻하는 소피아(σοφία)의 합성어로, 말뜻 그대로
해석하면 지혜에 대한 사랑이라는 의미를 지닌다. 이때 지혜는
단순한 지식과 달리 실제로 삶에서 부딪히는 문제를 해결하는 능력을
가리켰다. 지혜를 갖기 위해 지식이 필요한 경우가 있기는 하지만
그렇다고 해서 필수조건은 아니다. 많이 배우지 못했어도 지혜로웠던
사람들을 우리는 너무나 많이 알고 있다. 오늘날에도 이 둘을 혼동하는

경우가 많기는 하지만 말이다. 어쨌든 세상을 제대로 잘 살아가려면 지혜가 필요하다. 물론 지식의 습득도 어느 정도는 필요하다. 하지만 그것이 지혜를 얻기 위해 갖춰야 하는 첫째 조건은 아니다. 학교에서 1등을 도맡아 하던 사람이라 해서 사회에서도 언제나 지혜로운 삶을 영위하는 것은 아니다. 똑똑한 머리로 온갖 불의와 부정을 저지르며 어리석고 파렴치한 삶을 사는 사람들을 우리는 얼마나 많이 보았는가. 그렇다면 지혜는 어떻게 얻을 수 있을까? 필로소피아의 말뜻을 따르자면, 그것을 사랑함으로써 얻을 수 있을 것이다. 하지만 사랑한다고 해서 바로 지혜를 얻을 수는 없지 않은가? 그렇다. 하지만 분명한 것은 사랑하지 않으면 절대로 지혜는 얻을 수 없다는 사실이다. 문제는 어떻게 사랑하느냐 하는 것이다.

소크라테스는 지혜를 얻으려면 겸손해야 한다고 말한다. '너 자신을 알라'는 그의 유명한 말은 원래는 아폴로 신전에 들어가는 문 위에 새겨져 있던 말이다.[2] 신전에 들어가기 전, 위대한 신에 비하면 초라하기 짝이 없는 자신을 깨달아 알라는 뜻이었으리라. 진리에 대한 깨달음도 이와 크게 다르지 않다. 영원하고 위대한 신의 진리에 대해서 자신이 너무나 모르고 있음을 깨닫고 겸허히 자신의 무지를 인정하는 데서 진정한 진리 추구의 과정이 비로소 시작될 수 있다는 말이리라. 그러므로 자신이 무언가를 알고 있다고 교만하게 생각하는 순간 이미 진리에 도달할 수 있는 가능성은 원천적으로 봉쇄된다.

하지만 과연 그럴까? 적어도 어느 정도는 객관적 지식을

---

2 Cf. *Pausanias, Pausaniae Graeciae Descriptio*, Tomus 3, 1829, Carolus Tauchnitius, Lib X, Cap. XXIV, p. 321.

획득해 두어야 구체적인 경우 문제 해결의 실마리를 찾을 수 있는 것이
아닐까? 그렇다. 문제가 되고 있는 사태에 대한 지식이 전혀 없을 경우
그 문제를 해결할 방도를 찾기가 매우 어렵다. 그렇다면 소크라테스의
말은 모르고 있음을 아는 데서 멈추라는 뜻이 아니어야 한다. '무엇을
모르고 있고, 어디까지 알고 있는가'를 정확하게 파악하고 거기서부터
출발해야 한다는 뜻이다.

반면 소피스트들은 자신이 알고 있는 지식으로 사람들에게
세상을 살아나갈 수 있는 지혜를 가르칠 수 있다고 믿었다. 그래서
그들을 지칭하는 단어 속에 이미 지혜를 뜻하는 소피아라는 말이 들어
있다. 그렇다면 그들은 철학의 원래 의미인 지혜에 대한 사랑으로부터
시작해서 실제로 지혜를 터득한 사람들이었을까? 소크라테스에
따르면 그들은 분명 지식을 소유하고는 있었다. 어떻게 하면 토론에서
상대방보다 그럴듯한 논증을 펼칠 수 있는가에 대한 지식이었다.
하지만 그것으로는 충분하지 않다고 소크라테스는 말한다. 그렇다면
무엇이 더 있어야 하는가? 그것은 언제나 지켜져야 할 삶의 원칙이나
언제 어디서나 누구든지 항상 발견할 수 있는 참된 진리다.

소피스트들은 그런 것은 없다고 가르쳤다. 그때그때의
상황에 따라 진리는 달라질 수 있고 원칙도 그때그때 변할 수 있다는
것이다. "인간은 만물의 척도"[3]라는 프로타고라스의 유명한 말이 이에
해당한다. 물론 여기서 말하는 인간을 보편적 인간으로 볼 것인가,
개별적 인간으로 볼 것인가에 따라 이 말의 해석이 달라지기는 한다.
전자의 경우에는 모든 만물에 기준을 부여하는 것은 보편적인 인간성과
그에 입각한 목적이나 가치일 것이다. 후자의 경우에는 다른 인간들을
포함한 모든 만물은 각각의 인간이 부여하는 가치에 따라 평가되게

된다. 이렇게 되면 이 세상에 존재하는 인간의 숫자만큼 만물의 척도가 존재하게 된다. 하지만 어떤 경우든 만물이 인간에 의해 규정된다는 내용에는 변함이 없다. 따라서 만물의 의미와 가치는 그 자체로 존재하기보다는 인간에 의해 좌우된다.

이에 대해 소크라테스나 그의 제자였던 플라톤은 분명하게 거부의사를 밝히고 있다. 특히 플라톤은 만물의 척도는 인간이 아니라 이데아라고 주장한다. 지금은 허황된 이상이라고 폄하되기도 하는 그의 이데아는 원래는 이렇듯 그 자체로 존재하는 보편적 진리에 대한 겸손하면서도 열렬한 추구에서 나온 것이다. 고정불변하면서 영원히 존재하는 진리나 원칙이 무엇이며 어떻게 거기에 도달할 수 있는가가 소크라테스와 플라톤의 문제의식이었다.

파르메니데스냐, 헤라클레이토스냐?

이러한 진리나 원칙은 어디서 발견할 수 있을까? 그들보다 앞선 시기에 이와 관련하여 매우 중요한 주장을 펼쳤던 파르메니데스의 말에 귀를 기울여보자. "있는 것은 있고 없을 수 없으며 없는 것은 없고 있을 수 없다."[4] 이 말은 너무나 당연한 동어반복 같지만 자세히 들여다보면 그렇게 당연한 말이 아니다. 오늘 있던 것이 내일 없을 수 있다. 사람은 죽으면 육신이 썩어 사라지고 만다. 낙엽은 떨어지고 나면 흙으로

---

3 "πάντων χρημάτων μέτρον ἐστιν ἄνθρωπος." (Die Fragmente der Vorsokratiker (이하 FV), Edited by Hermann Diels Vol. 2, Weidmannsche Buchhandlung, 1922, p. 228.)

4 "ἡ μὲν ὅπως ἔστιν τε καὶ ὡς οὐκ ἔστι μὴ εἶναι […] ἡ δ᾽ ὡς οὐκ ἔστιν τε καὶ ὡς χρεών ἐστι μὴ εἶναι." (FV, p. 132; 『소크라테스 이전 철학자들의 단편 선집』, 275쪽.

변한다. 과연 그것들이 아직도 존재한다고 말할 수 있을까? 하지만 파르메니데스는 이러한 변화는 허상이라고 주장했다. 우리 눈에 보이는 이런 변화, 있음에서 없음으로의 변화는 진리가 아니라는 것이다.

실제로 우리는 오늘날 자연과학에서도 이러한 이론의 흔적을 쉽게 찾아볼 수 있다. 근대 물리학에서 그것은 질량 불변의 법칙으로 나타났다. 겉으로 보기에는 물이 얼음이 되거나 수증기가 되어 변화하는 것 같지만 원자의 차원에서는 언제나 같은 질량으로 존재한다는 것이다. 그것은 데카르트의 저 유명한 밀랍에 관한 가상적 사유실험에서도 분명하게 드러난다. 밀랍은 처음에는 일정한 색을 지닌 말랑말랑한 고체로 존재한다. 거기에 열을 가하면 점점 흐물흐물해지다가 색이 변하고 나중에는 액체가 되었다가 결국에는 기체가 되어 사라진다. 데카르트는 눈에 보이는 색채나 손에 느껴지는 촉감이 먼저 변하기 때문에 그러한 것들은 물질적인 존재자의 본질적 특성이 될 수 없다고 주장한다. 이런 단계를 따라가다 보면 마지막에 가서는 밀랍이 액체가 되거나 심지어는 기체가 되어 우리 눈앞에서 사라져 버리게 된다. 하지만 그렇게 되더라도 밀랍의 질량은 변하지 않으며, 그 질량은 우리의 감각이나 상상력을 통해서가 아니라 오직 오성을 통해서만 알 수 있다고 그는 주장한다.[5]

어떻게 그렇다고 확신할 수 있었을까? 그것은 여전히 과학자들의 머릿속에 남아 있던 파르메니데스의 명제 때문이었다. 현대 과학에서도 이것은 여전히 절대적인 전제로 남아 있다. 물론 뉴턴 물리학에서 주장한 질량불변의 법칙이 현대과학에서는 그대로 적용되기 어렵다. 빛은 한편으로는 파동으로만 설명될 수 있는가 하면 다른 한편으로는 입자로만 설명될 수 있는 부분이 있다. 이 둘을 어떻게 조화롭게 설명할 수 있을 것인가? 다른 예를 들어보자. 절대로 쪼갤 수 없다던 원자핵이 분열하고 거기서 엄청난 에너지가 발생한다는 사실을 독일의 물리학자 오펜하이머가 발견했을 때 사람들은 경악했다. 원자가 쪼개진다면 어떻게 물체의 질량을 측정할 수 있단 말인가? 가장 근본적인 질량의 단위가 되어주어야 할 원자가 쪼개진다면, 그리고 그 와중에 엄청난 에너지가 발생한 뒤에 측정한 원자의 질량이 그 이전의 질량과 차이가 난다면 도대체 나머지 질량은 어디로 갔다는 말인가? 다른 어딘가에 여전히 입자의 형태로 존재할 것인가, 아니면 사라져 버리는 것일까? 이 문제에 대해 사람들은 여전히 파르메니데스의 견해를 따르기를 선택했다. 다만 에너지라는 새로운 변수를 통해서 에너지와 질량의 관계를 측정하면 궁극적으로는 이 우주 속에서 존재하는 것들의 총합은 변하지 않는다는 식으로 말이다. 아인슈타인의 유명한 정식 $E = mc^2$이 그 대표적인 예라 할 수 있다.

하지만 과연 그렇기만 할까? 파르메니데스가 살던 고대 그리스에서도 이미 반대의 견해를 지닌 사람이 있었다. 그는 모든 것은 변화의 과정 속에 있으며 변하지 않는 것은 아무 것도 없다고 가르쳤다. 있는 것이 없어질 수도 있고, 없는 것이 다시 생길 수도 있는 것이다. 사람은 절대로 같은 물에 두 번 들어갈 수 없다.[6] 모든 것은 서로 투쟁하고 있다. 사랑과 미움의 상호작용을 통해 세상은 생성과 소멸의

---

5 Cf. René Descartes, *Meditationes de prima philosophia* (이하 MPPh) in:
Œuvres de Descartes, publiées par Charles Adam & Paul Tannery (이하 AT),
Tome 7, 1904, p. 31; 『성찰』, 52쪽.

6 "ποταμοῖσι τοῖσιν αὐτοῖσιν ἐμβαίνουσιν ἕτερα καὶ ἕτερα ὕδατα ἐπιρρεῖ." (같은
강에 들어가는 사람들에게는 그때그때 다른 물이 흘러든다.; FV, p. 64;
『소크라테스 이전 철학자들의 단편 선집』, 243쪽)

과정을 끝없이 반복한다.

어찌 보면 그의 생각도 근대 과학의 성립에 기여했을
수 있다. 생성과 소멸의 과정은 겉으로 보이는 과정이고 이러한
과정에서는 그의 견해가 정당화될 수 있지만 궁극적인 차원에서는
파르메니데스의 말이 맞는다는 식으로 말이다. 하지만 문제는 그렇게
단순하지 않다. 이 둘은 서로 모순되기 때문에 궁극적으로는 하나만
맞고 다른 하나는 틀릴 수밖에 없다. 적어도 형식 논리로는 그렇다.
이 문제를 안고 끊임없이 고민하면서 해답을 찾아 헤맸던 것이 바로
서구 철학의 역사이고, 이 둘 사이에 존재하는 수많은 문제영역들을
찾아내어 그것들을 최초로 체계적으로 분석하고 그 해결책을 모색한
이가 바로 플라톤이다.

제일철학으로서의 존재론

그러기에 존재의 문제는 매우 중요할 수밖에 없다. 하지만 존재의
문제는 이것만으로 끝나지 않는다. 이 문제를 더욱 깊이 파고든 이가
바로 플라톤의 제자였던 아리스토텔레스다. 그는 이 세상의 모든
사물을 들여다보면 언제 어디서나 발견하게 되는 유일무이한 보편적
속성이 바로 존재임을 밝혀내었다. "존재는 모든 것에 대하여 가장
보편적으로 말해진다. [⋯] 존재 그 자체에 대한 인식은 보편적이다."[7]
따라서 이 세상의 모든 것에 해당되는 보편타당한 진리를 발견하려면
바로 이 속성으로부터 연구를 시작해야 한다고 주장했다. 모든 것에
예외 없이 부여되는 이 속성, 즉 존재의 성질을 어떻게 파악하느냐에
따라 만물을 어떻게 설명하느냐가 궁극적으로 결정된다고 생각했던
것이다. 존재를 제대로 해명하는 것이 바로 온 우주를 근원적으로

설명하고자 하는 학문의 가장 중요한 과제가 된다고 그가 생각했던 이유가 여기에 있다. 그것이 바로 그가 말하는 제일철학(πρώτη φιλοσοφία, prima philosophia)이다. "철학은 자신에게 해당되는 개별적인 속성을 갖는 각각의 존재자들에 관하여 연구하는 것이 아니라, 이러한 개개의 존재자들 각각을 존재 그 자체와 관련하여 고찰하는 학문이다."[8] 앞에서 우리는 지혜를 얻기 위해서 가장 먼저 자신의 무지를 깨달아야 한다고 말했다. 이제 지혜를 얻기 위해 궁극적으로 도달해야 할 목적지가 어디인가가 밝혀졌다. 그것은 바로 모든 것에 보편적으로 담겨 있는 속성인 존재의 의미에 대한 해명이다.

　　이 말을 좀 더 알기 쉽게 풀이해보자. 존재하는 모든 것들의 궁극적 근거가 무엇인가를 두고 보통 크게 두 가지 견해가 대립한다. 하나는 유물론이고 다른 하나는 유심론이다. 유물론은 존재의 궁극적 근원이 물질이며 다른 모든 것, 즉 인간의 정신이나 제도, 문화 등은 그로부터 파생되어 나온 것에 불과하다고 주장한다. 따라서 온 우주의 보편적 원리를 알려면 물질의 존재법칙을 규명해야 한다. 유심론은 신이든 인간의 정신이든 정신이 궁극적인 존재자라고 주장한다. 이 입장에 따르면 보편적 진리에 도달하기 위해서는 정신의

7　"τὸ γὰρ ὂν [⋯] καθόλου κατηγορεῖται μάλιστα πάντυων [⋯] ἐστιν ἡ τοῦ φιλόσοφου ἐπιστήμη τοῦ ὄντος ᾗ ὂν καθόλου [⋯]" (Aristotle, Metaphysica (이하 MP), ι 2, 1053 b 20f.; κ 3, 1060 b 31f; 『형이상학』, 419, 456쪽)

8　"ἡ δὲ φιλοσοφία περὶ τῶν ἐν μέρει μέν, ᾗ τούτων ἑκάστῳ τί συμβέβηκεν, οὐ σκοπεῖ, περὶ τὸ ὂν δ'ᾗ ὂν τῶν τοιούτων ἕκαστον θεωρεῖ." (MP, κ 4, 1061 b 25–27; 같은 책. 459쪽 이하) 수학이나 자연학 등 다른 학문과 구별되는, 존재자 그 자체에 대한 인식, 보편적인 근거에 대한 학문으로서 제일철학이 갖는 의미에 대해서는 MP, κ 4, 1061 a 28–b 33; (같은 책 458쪽 이하)을 참조하라.

본질 규명이 가장 중요한 과제다. 물론 이 둘의 절충안도 존재한다. 궁극적인 존재의 근원은 둘이다. 물질과 정신 모두 영원히 존재하지만 서로 결합되었다가 분리되는 이합집산의 과정이 끊임없이 반복된다는 것이다. 이 중 무엇을 채택하느냐에 따라 세계와 삶의 의미에 대한 해석이 달라진다.

　　　　예컨대, 유물론의 가장 발전된 형태 중 하나는 카를 마르크스의 유물론적 세계관이다. 또 다른 형태는 자본주의적 세계관이다. 물론 지향하는 바가 다르기는 하지만 이 두 세계관의 근저에는 우주의 궁극적인 근원은 물질이라는 믿음이 깊이 자리하고 있다. 이 중 어떤 견해를 선택하느냐에 따라 인생의 의미는 다르게 해석된다. 마르크스의 경우 생산력과 생산관계의 발전에 따라 발생한 노동의 소외와 그로 인한 인간의 소외를 극복하는 사회주의 혁명 완수에 삶의 궁극적 의미가 있는 반면, 자본주의적 세계관은 끊임없는 확대재생산을 통한 이윤의 극대화에 인생의 의미가 좌우된다.

　　　　이러한 세계관에 대해 수많은 사람들이 문제를 제기해왔고 지금도 여전히 그렇다. 마르크스주의에 대해 어떤 사람들은 다음과 같은 물음을 던지곤 한다. 과연 물리적 해방만으로 인간이 진정 행복해질 수 있는가? 이에 대해 마르크스주의자들은 혁명과 과학적 사회주의 사회의 실현은 단순히 물리적 해방에 불과한 것이 아니라 인간의 궁극적 자유의 실현이라 주장한다. 다른 한편 자본주의에 대해 사람들은 자본주의적 이윤추구의 비인간성, 비도덕성을 지적한다. 이런 비판에 대해 자본주의를 옹호하는 이들은 이윤추구는 인간의 본성이라 주장하는 한편, 순수한 박애적 동기에 따른 자선의 실천(빌 게이츠, 워렌 버핏을 보라!)을 통해 지나친 이윤추구로 인해 발생하는 소득과 계급의 양극화 문제를 완화시킬 수 있다고 주장한다.

　　　　물론 이러한 보완책은 손쉽게 앞서 말한 절충적 태도와 연결된다. 전적으로 유물론적인 사고방식만으로는 이 모든 것을 정당화하기가 쉽지 않기 때문이다. 물질이 어떻게 복잡한 상부구조, 즉 정신과 그 산물들에 영향을 미치는지를 그럴듯하게 설명해내는 것이 마르크스와 그 추종자들에게 던져진 중요한 과제라면, 자본주의를 신봉하는 이들에게는 이윤이 곧 모든 가치의 척도가 됨으로써 발생하는 불평등과 그로 인해 발생하는 사회불안 요인을 어떻게 줄일 것인가가 중요한 과제로 남는다.

　　　　정신을 궁극적 근원으로 설명하는 관념론의 경우에도 사정은 마찬가지다. 엄연히 우리 앞에 존재하는 무생물, 심지어 무기물을 어떻게 설명할 수 있는가 하는 물음이 유심론자들을 끝없이 괴롭혀 왔다. 성서에서 말하는 것처럼 순수하게 정신적인 존재자가 말씀만으로 무에서 유를 창조했다고 설명한다고 해도, 만일 정신과 물질이 전혀 다른 성질을 지닌다면 물질이 어떻게 생겨났는지 해명하기가 쉽지 않다. 여기서도 절충적 태도가 나타난다. 고대 그리스인들처럼 원래 존재하던 물질의 혼돈상태에 순수한 정신으로 존재하는 신이 질서를 부여했다고 설명하는 방식이다. 우주를 뜻하는 서양 언어(영어, 스페인어, 프랑스어 cosmos, 독일어 Kosmos, 이탈리아어 cosmo) 가 모두 질서를 뜻하는 그리스어 코스모스(κόσμος)에서 유래한 이유가 여기에 있다. 하지만 이런 절충적 태도를 취한다고 해서 모든 것이 다 해결되지는 않는다. 물질과 정신이 공통점이 전혀 없는 완전히 이질적인 존재자라면 (그렇기 때문에 원리가 둘인 것이다!) 둘이 상호작용을 주고받는 것처럼 보이는 수많은 현상들을 어떻게 설명할 것인가가

여전히 문제로 남기 때문이다. 어쨌든 궁극적인 존재의 근원에
대해 어떻게 설명하느냐에 따라 삶에서 의미 있고 가치 있는 것이
무엇인가에 대한 선택도 달라지는 것은 분명하다. 그러기에 수많은
학자들이 오랫동안 존재의 궁극적 근거, 혹은 궁극적 존재자를
밝혀내는 데 심혈을 기울여 왔던 것이다.

　　　　그런데 하이데거는 여기서 한 걸음 더 나아간다. 바로
여기에 하이데거 사상의 위대함이 있다. 그는 이러한 선택 이전의 문제,
즉 도대체 '존재한다는 것 자체의 의미가 무엇인가'라는 물음을 던졌다.
만일 우리가 정신적인 것이든 물질적인 것이든 존재한다고 말한다면
거기에는 분명 어떤 의미가 있을 것이다. 이 의미가 먼저 해명되어야만
존재하는 모든 것에 대한 진정한 설명의 가능성이 열릴 수 있다. 하지만
이는 그리 만만한 일이 아니다. 우선 우리가 있다고 말하는 많은 것들은
그 있음의 성격이 서로 너무나 다르다. 예를 들어, 대한민국은 분명히
이 지구상에 존재한다. 하지만 어떻게 존재하는가? 물리적으로, 아니면
정신적으로? 이 물음에 대답하기가 쉽지 않다는 것을 바로 느낄 수
있을 것이다. 사법제도의 경우는 어떤가? 사랑은? 참새는? 바위는?
분명한 것은 지금 든 몇 가지 예만 보아도 세상에 존재하는 것들의
존재방식에는 너무나 많은 차이들이 존재한다는 사실이다. 이것을
아리스토텔레스는 다음과 같을 말로 정식화하였다. "존재는 한 가지가
아니라 여러 가지 방식으로 말해진다."9 하지만 이렇게 존재가 여러
가지 방식으로 말해진다고 선언함으로써 모든 문제가 해결되는 것은
절대로 아니다. 하이데거는 바로 이 지점을 물고 늘어진다. 존재한다는
것의 의미가 무엇인지 제대로 해명되어야만 온 세상의 모든 것들을
제대로 설명할 수 있는 토대가 놓일 수 있기 때문이다.

사태와 인식의 일치로서의 진리

하이데거의 사상이 현대철학자들에게 그토록 많은 영향을 미칠
수 있었던 또 하나의 이유는 그가 진리 개념을 전통적인 철학과는
확연하게 다른 관점에서 파악하고 그것과 존재 개념의 깊은 연관관계를
끊임없이 파헤치려 시도했기 때문이다. 1차 세계대전이라는 전대미문의
엄청난 살육 전쟁이 일어난 지 얼마 되지 않았음에도 여전히 온 유럽이
또 다른 전쟁의 예감 앞에서 불안에 떨던 시절, 하이데거는 이 모든
문제의 시발점이 바로 존재에 대한 물음을 제대로 묻지 못했고, 그로
인해 존재의 문제를 아예 망각해 버린 데 있다고 주장하고 나섰다.
고대 그리스 철학에서 존재의 의미가 규정 가능한, 동일화 가능한 진리
개념과 결합되면서 이미 이러한 파국이 예견되었었다는 것이다.

이러한 결합의 대표적인 예로 그는 아리스토텔레스가
『해석에 관하여』에서 제시한 진리 개념을 든다. 아리스토텔레스는
기록된 언어, 발화된 언어, 우리 머릿속의 인식, 그리고 실제 사태의
관계를 다음과 같이 서술하고 있다. "소리를 통해 말해진 것은
마음속에서 경험한 것의 상징이며 글로 써진 것은 소리를 통해
말해진 것의 상징이다. 모든 사람이 동일한 문자를 사용하지 않는
것과 마찬가지로, 모든 사람이 같은 소리 언어를 사용하지도 않는다.
하지만 이것들이 상징하는 마음 속 경험은 모든 이들에게 동일하다.
마찬가지로 마음속 경험은 [현실] 사태의 모상인데, 이것은 모두에게
완전히 동일하다."[10]

---

9   "τὸ δ'ὃν πολλαχῶς καὶ οὐ καθ'ἕνα λέγεται τρόπον." (MP, κ 3, 1060 b 32f; 같은
    책, 456쪽)

여기서 모상으로 번역된 그리스어 호모이오마타(ὁμοιώματα)는 '동일하게 만들다, 비슷하게 만들다, 비교하다'라는 뜻을 지닌 호모이오오 (ὁμοιόω)라는 동사에서 파생되었다. 그렇다면 글로 쓰거나 발화되는 문장, 인간의 내면에서 일어나는 심리현상(인식)의 가장 중요한 판단기준은 뜻하는 바와 지칭하는 대상의 일치 여부일 것이다. 실제로 아리스토텔레스는 현실의 사태와 우리 내면의 인식, 발화된 명제의 내용이 일치하는가 여부가 참과 거짓의 구별기준이라고 주장한다. "모든 문장이 명제는 아니고 그 안에 참과 거짓이 [확인될 수 있도록] 존재하는 문장[만]이 명제다. [···] 예를 들어 기도(祈禱)는 문장이지만 그 안에는 참도 거짓도 존재하지 않는다."[11] 이렇게 아리스토텔레스는 진리의 본질적 속성을 실제 사태와 우리 머릿속에 발생한 인식, 그것이 발화되거나 기록되어 나타난 명제 사이의 일치로 인식하였다. 후세 사람들이 이를 호모이오시스(ὁμοίωσις), 즉 동일화라 명명하였고 이러한 진리관은 중세를 거쳐 근대철학에까지 많은 영향을 미쳤다.[12] 특히 중세에는 사태와 인식의 일치(adaequatio intellectus ad rem)라는 진리규정이 모든 존재자들의 존재를 규정하는 데까지 이르렀다.

이 과정에서 중세신학과 철학을 집대성한 토마스 아퀴나스는 절대적인 영향력을 행사했다. 『진리에 관한 제 문제해설』 (*Quaestiones Disputatae de Veritate*)에서 그는 이 문제를 집중적으로 다루고 있다. 우선 그는 '존재하는 그것이 곧 진리'라는 아우구스티누스의 주장에서 논의를 시작한다. "아우구스티누스는 『고백록』에서 말하기를 '존재하는 것은 참되다'고 하였다. 그런데 존재하는 것은 존재자 외에는 아무것도 아니다. 그러므로 참되다는 것은 존재한다는 것과 전적으로 동일한 의미를 갖는다."[13] 아퀴나스는 이러한 진리 개념을 존재 개념

자체로부터 시작하여 비판한다. "우리에게 가장 잘 알려져 있고, 모든
개념들을 분석하면 우리의 지성이 마지막에 도달하게 되는 것이
바로 존재(ens)다."[14] 존재 너머로는 더 이상 거슬러 올라갈 수 없다.
존재로부터 우리의 철학적 성찰이 시작될 수밖에 없는 것이다. 반면에
인간의 오성 속에서 발견되는 다른 모든 개념들은 존재에 더해짐으로써
얻어진다.[15] 진리 개념도 마찬가지다. 그리고 그것은 정신의 인식

10 "Ἔστι μὲν οὖν τὰ ἐν τῇ φωνῇ τῶν ἐν τῇ ψυχῇ παθημάτων σύμβολα, καὶ τὰ
    γραφόμενα τῶν ἐν τῇ φωνῇ. καὶ ὥσπερ οὐδὲ γράμματα πᾶσι τὰ αὐτά, οὐδὲ φωναὶ αἱ
    αὐταί· ὧν μέντοι ταῦτασημεῖα πρώτως, ταὐτὰ πᾶσι παθήματα τῆς ψυχῆς, καὶ ὧν
    ταῦτα ὁμοιώματα, πράγματα ἤδη ταὐτά." (Aristotle, *De Interpretatione* (이하
    DI), 16 a 3-8)

11 "ἀποφαντικὸς δὲ οὐ πᾶς, ἀλλ᾽ ἐν ᾧ τὸ ἀληθεύειν ἢ ψεύδεσθαι ὑπάρχει· [⋯] οἷον ἡ
    εὐχὴ λόγος μέν, ἀλλ᾽ οὔτ᾽ ἀληθὴς οὔτε ψευδής." (DI, 17 a 2-5)

12 하이데거는 아리스토텔레스의 진리관을 이렇게 해석하는 데 대해 한편으로는
    긍정하면서도 다른 한편으로는 부정하는 이중적인 태도를 보인다.
    아리스토텔레스의 진리 개념이 일치 혹은 동일화였으며 그것이 진리의 원래
    본질을 은폐하는 길을 열었다는 데는 인정하지만, 그것이 오늘날 말하는 사태와
    인식의 일치를 가리키는 것만은 아니었다는 것이다. 그는 심지어 플라톤과
    아리스토텔레스에게서 뒤에 다룰 은폐되어 있지 않음으로서의 진리 개념이 여전히
    발견된다고 주장한다. Cf. Martin Heidegger, *Sein und Zeit* (이하 SZ), Max
    Niemeyer, 1976(1927), p. 214f; 『존재와 시간』, 290쪽; Martin Heidegger,
    Grundfragen der Philosophie (이하 GP), GA 45, Vittorio Klostermann, 1984,
    p. 15, 117f, 121f.

13 "Augustinus in libro Soliloquiorum dicit quod 《verum est id quod est》; sed id
    quod est nihil est nisi ens; ergo verum siginificat omnino idem quod ens." (St.
    Thomas Aquinas, *Quaestiones Disputatae de Veritate* {이하 QDV}, Opera
    Omnia tomus XXII, 1970, p. 3.)

14 "illud autem quod primo intellectus concipit quasi notissimum et in quod
    conceptiones omnes resolvit est ens." (QDV, p. 5.)

15 Cf. Ibid. "omnes aliae conceptiones intellectus accipiantur ex additione ad ens."
    (인간 오성의 다른 모든 개념들은 존재에 더해짐으로써 얻어진다.)

과정에서 나타난다. 인식활동은 진리를 존재에 덧붙이고 그 결과로 참된 인식이 나타난다. "존재자를 정신과 비교하는 것은 존재자를 정신과 조화시키기 위해서다. 바로 이러한 조화를 사람들은 정신과 사태의 일치라고 부른다. [⋯] 따라서 이것은 존재에 진리를 덧붙이는 행위다. [⋯] 인식이란 일종의 진리 활동이다."[16]

이런 주장들은 얼핏 듣기에는 이해하기 매우 어려운 말이기에 부연설명이 필요하다. 아퀴나스가 존재(자)를 가리키는 데 사용하는 엔스(ens)라는 단어는 '있다, ⋯이다'를 뜻하는 에세(esse) 동사의 현재분사형이다. 말뜻 그대로 옮기면 '존재하고 있는' 정도의 의미를 지닌다. 이것이 사물을 가리키는 데 쓰이면 '존재하고 있는 것' 사태 혹은 행위에 쓰이면 '존재하고 있음'이란 의미를 지닌다. 그런데 하나의 단어가 두 가지 다른 의미를 갖게 되면서 많은 문제가 발생하게 되었다. 그때그때 둘 중의 어느 것으로 해석할 것인가도 골칫거리이지만 더욱 궁극적인 문제는 이 두 가지 의미 사이의 관계를 어떻게 설정하느냐는 것이었다. 고대 그리스어의 경우에도 사정은 마찬가지다. 철학 논의에서 존재를 가리키는 데 주로 사용되었던 말은 있음을 가리키는 동사원형인 에이나이(εἶναι)가 아니라 라틴어에서와 마찬가지로 현재분사형인 온(ὄν)이었다. 하이데거는 이런 현상이 고대나 중세철학자들이 존재의미의 궁극적 해명을 최고의 존재자로부터 설명하려고 했기에 일어났다고 주장한다. 존재 의미의 해명 없이 궁극적인 존재자를 찾아내어 그것으로부터 다른 모든 존재자들을 설명하려 했기 때문이라는 것이다. 이것이 어떤 파괴적인 결과를 낳았는가를 입증해보이는 것이 하이데거 사유의 가장 중요한 과제 중 하나였다.

어쨌든 존재라는 속성은 앞서 보았듯 어떤 것에서든 발견되는 가장
보편적인 속성이다. 이보다 더 보편적인 속성이 존재하지 않기에 더
거슬러 올라갈 수도 없다. 이 세상에 존재하는 수많은 것들은 바로
이러한 존재의 속성에 다른 속성들이 더해짐으로써 설명될 수 있다.
예를 들어 돌은 존재의 속성에 단단함과 무거움, 무생물 등의 속성이
더해진다. 생물에는 탄생과 성장, 죽음 등의 속성이 더해진다. 하지만
선함이라든가 진리라든가 하는 개념은 이렇게 설명하기가 쉽지 않다.
앞서 예로 든 돌이나 생물과 같은 존재자들은 감각기관을 통하여
확인한 정보들을 이성을 통하여 정리해냄으로써 설명할 수 있지만
선함이나 진리는 그렇게 할 수 없다. 이것들을 감각을 통하여 직접
확인할 수는 없기 때문이다.

그러면 무엇으로 이들을 설명할 수 있을까? 아퀴나스에
따르면 선함은 욕구능력(vis appetitiva)과, 진리는 인식능력(vis cognitiva)
과 관련이 있다. 좋은 것, 선한 것은 우리가 원하는 무언가이다. 따라서
선함은 존재에 욕구의 속성이 더해짐으로써 설명된다. 진리의 경우에는
어떤가? 아퀴나스에게 진리는 정신이 갖고 있는 인식의 내용이 실제
사태의 내용과 일치하는 것을 뜻한다. 내 머릿속에 '비가 온다'는
생각이 있다. 어떤 경우 그것은 착각일 수도 있다. 상상으로 비가 오는
거리를 그려볼 수도 있으니까 말이다. 하지만 실제로도 밖에 비가 오고

---

16   QDV, p. 6. "comparatio entis ad intellectum est ut ens intellectui concordet,
quae quidem condordia **adaequatio intellectus et rei** dicitur […] Hoc est ergo
quod addit verum super ens […] cognitio est quidam veritatis effectus." (강조는
인용자의 것임.) 앞서 이 정식을 '인식과 사태의 일치'라고 번역한 것은 정신이
사태와 일치되는 것이 인식 행위를 통해서 가능함을 고려하여 그렇게 한 것이다.

있다면 나의 생각은 거짓이 아니고 참이다. 진리가 발생하는 순간은 우리의 정신이 인식한 내용이 실제 사태와 일치하는 바로 그 때이다. 아퀴나스의 다음과 같은 말은 바로 이런 의미에서 이해되어야 한다. "인간의 영혼 속에는 인식능력과 욕구능력이 존재한다. 선함이라는 단어는 존재와 욕구의 일치를 나타내고 […] 진리라는 단어는 존재와 정신의 일치를 나타낸다."[17]

은폐되어 있지 않음으로서의 진리

이렇게 진리를 인식과 사태의 일치로 파악하게 되면 진리는 인식의 내용이나 그 내용을 나타내는 명제와 밀접한 관련을 맺게 된다. 반면 아리스토텔레스에서도 보았듯 기도나 소원, 분노나 외로움 등은 진리와는 아무 상관이 없는 현상이 된다. 하지만 과연 그럴까? 앞서 인용한 아우구스티누스의 말에 따르면 존재하는 것은 모두 진리와 관련이 있었다. 기도나 분노 등도 모두 존재하는 것이 아닌가? 그렇다면 이것들도 진리와 관계가 있어야 하지 않을까? 하이데거가 더 근원적인 진리에 눈길을 돌려야 한다고 주장하는 이유이다.

아리스토텔레스도 철학을 "진리에 관한 학문"[18]이라 부르는 것이 옳다고 말한 바 있다. 그가 존재자 그 자체에 관한 학문을 철학으로 규정하였기에 그에게 진리는 존재자 그 자체, 더 나아가서는 존재 자체와 밀접한 관련이 있다고 추측해볼 수 있다. 하지만 하이데거에게 아리스토텔레스의 진리론은 이중적인 의미를 지닌다. 한편으로는 인식과 사태의 일치로서의 명제적 진리론을 펼치면서, 다른 한편으론 이제 우리가 살펴보려고 하는 더욱 근원적인 진리 개념을 여전히 붙잡고 있었다는 것이다. 하이데거는 이러한 더 근원적인 진리 개념을 소크라테스 이전 철학자들이었던 파르메니데스와 헤라클레이토스에게서 찾는다. 여기서 이 두 사람의 철학자와 플라톤, 아리스토텔레스 간의 관계가 정반대로 바뀌게 된다. 플라톤과 아리스토텔레스는 파르메니데스와 헤라클레이토스가 제시한 근원적인 문제들을 해결하려 부단히 노력하여 나름대로의 체계를 세워 설명을 시도하였고 그 결과 이천년이 넘게 서양철학의 근본적인 문제의식과 사유대상, 방법론을 지배해왔다. 하지만 하이데거는 이들이 근원적인 존재의 진리에 다가가기는커녕 오히려 더욱 멀어지게 해놓았고, 그래서 플라톤과 아리스토텔레스 이후의 서구 철학사 전체는 존재망각의 역사라고 주장한다.

그렇다면 그가 보다 근원적인 문제의식을 통해 존재와 진리의 문제에 접근할 수 있게 해주었던 파르메니데스와 헤라클레이토스의 사유는 어떤 것이었을까? 그것을 하이데거는 다음과 같은 헤라클레이토스의 단편에서 발견할 수 있다고 주장한다. "로고스는 영원히 존재하지만 사람들은 그것을 이해하지 못한다. 듣기 전에도 이해 못하고 듣고 나서도 처음에는 이해하지 못한다. 모든 일이 이 로고스에 따라 일어나지만 사람들은 마치 그것을 모르는 것처럼 행동한다. 내가 제시한 말이나 행위들을 따라해 보면서도 말이다. 하지만 나는 이것들 각각을 그 본성에 따라 설명하였고 그것들이

<hr>

17   QDV, p. 5. "in anima autem est vis cognitiva et appetitiva; convenientiam ergo entis ad appetitum exprimit hoc nomen bonum [···] convenientiam vero entis ad intellectum exprimit hoc nomen verum."

18   MP, 993 b 19f; 『형이상학』, 98쪽. "ὀρθῶς δ᾽ἔχει καὶ τὸ καλεῖσθαι τὴν φιλοσοφίαν ἐπιστήμην περὶτῆς ἀληθείας."; 『존재와 시간』, 288쪽에서 재인용.

어떻게 존재하고 있는지 보여주었다. 하지만 다른 사람들에게는 그들이 깨어 있는 상태에서 하는 일들이 **감추어져** 있다. 자면서 하는 일들을 [깨고 나면] **잊어버리는** 것처럼."[19]

원래 로고스(λόγος)는 '말, 이성(理性)' 등을 뜻하는 그리스어다. 여기서는 온 우주의 운행원리나 그 원리의 집행자를 가리킨다. 신약성서 요한복음 1장 첫머리에 나오는 "태초에 말씀이 계시니라"는 구절에서 말씀으로 번역된 그리스어도 바로 로고스다. 태초에 하나님이 말씀으로 천지를 창조했다는 구약성서의 서술에서도 볼 수 있듯 사람들은 아주 오랜 옛날부터 언어가 우주나 삶의 운행원리와 관련하여 지니는 본질적 의미에 주목했고 그것이 언어사용에서도 실제로 드러나 있었던 것이다. 우리가 일상적으로 사용하는 언어의 이면에 담겨 있는 이러한 의미를 드러내고 파악하는 일이 무엇보다 중요한 철학의 과제였음은 더 말할 필요가 없을 것이다. 하지만 우리는 매일 언어를 사용하면서 실제로 이런 생각들을 하지는 않는다. 아니, 오히려 그것에 대해서 전혀 모르고 있다고 해도 과언이 아니다. 사람들은 그것을 잊고 있으며 (ἐπιλανθάνονται), 그것은 사람들에게 은폐되어 있는 (λανθάνει) 것이다.

여기서 하이데거가 주목하는 것은 바로 은폐되어 있다, 감추어져 있다는 뜻을 지닌 란타노(λανθάνω)라는 동사다. 에피란타노 (ἐπιλανθάνω)도 '다시 은폐되다'라는 의미에서 잊는다는 뜻을 지닌다.[20] 공교롭게도 이 말은 진리를 뜻하는 그리스어 알레테이아(ἀλήθεια) 안에도 담겨 있다. 그리스어로 감추어져 있음, 망각을 뜻하는 레테(λήθη)가 바로 란타노에서 파생되었기 때문이다. 고대 그리스인들이 진리라는 말을 처음 만들어낼 때 부정을 뜻하는 접두어 알파(α)를 붙여 망각되지 않고,

감추어져 있지 않은 채로 드러남이라는 뜻을 담아냈던 것이다. 이것이
인식과 대상의 일치로서의 진리보다 훨씬 근원적인 진리개념이며
일치로서의 진리 개념은 여기서 파생된 것일 뿐이라고 하이데거는
주장한다.

이것을 더욱 분명하게 보여주기 위해 하이데거는 하나의
예를 든다. 어떤 사람이 벽을 등진 채 이렇게 말한다. '벽에 그림이
비스듬히 걸려 있다.' 이 말이 사실인지 확인하려면 이 사람은 뒤로
돌아 벽에 걸린 그림을 보면 된다. 하이데거는 이때 그 사람이 확인하고
증명하려는 것이 무엇인가를 문제 삼는다. 그것은 표상이 아니다.
심리적 과정, 즉 내 인식주관 앞에 무언가를 가져오는 행위로서의
표상행위는 물론이고 표상된 대상, 즉 내 인식주관 앞에 나타난
무언가를 가리키는 의미에서도 표상이 아니라는 것이다. 그 사람이
확인하고자 했던 것은 그 앞에 존재하고 있는 실제 벽과 그 위에
비스듬히 걸려 있는 그림이다. 앞에 인용된 말은 벽에 그림이 비스듬히
걸려 있음을 발견하거나 발견할 것을 예견하고 한 말인 것이다.

이렇게 파악할 경우 인식행위와 그에 근거한 발화행위는
근본적으로 무언가를 발견하며 있음이라는 특징을 지닌다. 또 이때

---

19 FV, p. 61f 『소크라테스 이전 철학자들의 단편 선집』, 221쪽, SZ, p. 219 『존재와
시간』, 296쪽에서 재인용. "τοῦ δὲ λόγου τοῦδ' ἐόντος ἀεὶ ἀξύνετοι γίγνονται
ἄνθρωποι καὶ πρόσθεν ἢ ἀκοῦσαι καὶ ἀκούσαντες τὸ πρῶτον· γιγνόμενον γὰρ
πάντωνν κατὰ τὸν λόγον τόνδε ἀπείροισιν ἐοίκασι, πειρώμενοι καὶ ἐπέων καὶ
ἔργων τοιούτων, ὁκοίων ἐγὼ διηγεῦμαι διαιρέων ἕκαστον κατὰ φύσιν καὶ φράζων
ὅκως ἔχει. τοὺς δὲ ἄλλους ἀνθρώπους λανθάνει ὁκόσα ἐγερθέντες ποιοῦσιν,
ὅκωσπερ ὁκόσα εὕδοντες ἐπιλανθάνονται." (강조는 인용자의 것임)

20 SZ, p. 219; 같은 곳.

발견되는 존재자(앞의 예에서는 벽에 비스듬히 걸려 있는 그림)는 발견되어
있음이라는 특징을 지니게 된다. 발견하며 있음은 인간현존재의
존재방식이며, 발견되어 있음은 세계내적 존재자의 존재방식인 것이다.
그런데 이렇게 발견되려면 이 존재자는 먼저 스스로를 그 자체로
드러내야만 한다. "그 진술이 참이라는 말은 그것이 존재자를 그 자체로
발견함을 뜻한다."[21]

　　　　하이데거는 여기서 멈추지 않고 이러한 발견을 가능하게
해주는 더욱 근원적인 진리 개념에 주목한다. "세계내적 존재자의
발견되어 있음은 세계의 열어 밝혀져 있음에 근거하고 있다."[22]
인간에게 드러나 있는 의미지평의 총체로서의 세계 안에서 만나게 되는
존재자들은 이미 세계가 인간에게 열어 젖혀져 드러나 있음을 전제로
해서만 발견하거나 발견될 수 있다. 그러기에 하이데거는 '세계의
열어 밝혀져 있음'을 말하면서 동시에 '인간현존재의 열어 밝혀져
있음'에 대해 말하고 있는 것이다. "현존재가 본질적으로 자신의 열어
밝혀져 있음으로 존재하고, 열어 밝혀진 채로 열어 밝히고 발견하는
한 현존재는 본질적으로 '참'이다. 현존재는 '진리 안에' 존재한다."[23]
이것이 하이데거가 말하는 가장 근원적인 진리 개념의 의미다. 바로
여기에서 진리와 인간현존재의 존재 사이의 본질적인 상호연관관계가
드러난다. "진리의 존재는 현존재와 근원적인 관계를 맺고 있다."[24]

　　　　그런데 하이데거에 따르면 인간의 본질적인 존재방식은
실존이며 실존의 특징은 미래를 향하여 자신을 기획투사하는 데 있다.
여기서 기획투사란 미래에 대한 청사진을 정해놓고 그것에 맞추어
자신의 삶을 만들어나간다는 뜻을 지닌다. 인간은 살아 있는 한 언제나
자신의 미래를 설계하며 자신이 원하는 미래를 위해 자신을 던지게

되어 있는 존재자다. 만일 누군가가 실의에 빠져 미래를 포기하고 미래를 위해 아무 것도 하지 않는다 하더라도 그것조차 인간이기에 가능하다. 인간은 미래를 향해 열려 있는 가능성을 지닌 채 그에 대해 긍정적으로든 부정적으로든 결단할 수 있는 존재자인 것이다. 이런 미래의 모습도 전혀 미지의 것으로 감추어져 있지 않고 우리에게 미래의 가능성으로 열어 밝혀져 있기에 실존의 진리가 존재한다고 말할 수 있다. "현존재가 그 안에서 존재가능으로서 존재할 수 있는 가장 근원적이고 가장 본래적이기까지 한 열어 밝혀져 있음은 실존의 진리다."[25]

　　　　물론 인간의 존재방식에는 실존뿐만이 아니라 세계 안에 던져져 있음도 속한다. 인간은 자신의 의지와는 상관없이 이미 세계 안에서 살아가도록 내던져진 존재인 것이다. 나는 부모를 선택할 수도, 내가 태어날 나라를 정할 수도 없다. 상당히 많은 경우 일정한 나이가 되기 전에는 내가 만나게 되는 사람들, 내가 살게 될 동네도 정할 수 없다. 물론 나이가 들고 자신의 삶을 스스로 선택해서 살 수 있으면, 일방적으로 주어져 있는 환경에서 벗어날 가능성이 점점 더 커지기는 하겠지만, 그렇다고 해서 내가 내 주위를 전부 마음대로 정해서 살 수 있는 것은 아니다. 그러므로 인간 현존재의 열어 밝혀져 있음으로서의 진리는 그가 세계 안에 내던져져 존재하면서 지금 곁에 존재하고 있는

21　SZ, p. 218; 같은 책, 295쪽.

22　SZ, p. 220; 같은 책, 297쪽.

23　SZ, p. 221; 같은 책, 298쪽.

24　SZ, p. 230; 같은 책, 309쪽.

25　SZ, p. 221; 같은 책, 299쪽.

다른 존재자들과 갖게 되는 관계와도 밀접한 관련이 있다. 이렇게
과거, 현재 그리고 미래가 어우러져 인간현존재의 열어 밝혀져 있음이
구성되는 것이다.

그렇기에 앞서 지적한 것처럼 기도나 소원, 분노나 외로움
등도 진리와 전혀 상관없는 현상이 될 수 없다. 아니, 오히려 이러한
것들에는 인간현존재의 과거, 현재, 미래가 총체적으로 반영되어 있다.
따라서 이것들은 인간현존재의 열어 밝혀져 있음, 즉 진리와 밀접한
관련을 맺고 있을 수밖에 없다. 이렇게 해명된 진리 개념은 인식과 대상
혹은 사태의 일치라는 규정만으로는 도저히 나타낼 수 없다. 또 세계와
인간의 삶 속에 담겨 있는 복잡한 의미연관을 드러내는 데 일치로서의
진리 개념보다 훨씬 더 적합하다.

존재-신론의 한계

서양철학의 흐름 속에서 대륙의 합리론 전통을 따르는 사람들에게는
변화무쌍하고 덧없는 현상계를 넘어서서 언제나, 심지어는 우리
인간이 모두 사라지고 난 다음에도 영원히 존재할 무언가가 매우
중요한 역할을 해 왔다. 기독교가 온 세상을 지배하고 있던 중세 서양
사회에서는 이러한 역할을 한 것이 바로 신이었기에 신이 곧 진리라는
등식이 성립할 수 있었다. 예수는 이렇게 주장하였다. "내가 곧 길이요
진리요 생명이다."[26] 칸트가 등장하여 적어도 철학의 영역에서 신에
대한 사유를 추방하기 전에는 아무도 여기서 완전히 벗어나지 못했다.
"나는 생각한다. 고로 나는 존재한다"(je pense, donc je suis; ego sum, ego existo,
ego cogito, ergo sum)[27]는 명제를 통해 사유하는 주체를 철학의 출발점으로
삼음으로써 근대철학의 주춧돌을 놓았던 데카르트도 결국에는 다시

신으로 돌아갔다. 그는 방법론적 회의를 통하여 발견하게 된, 학문의 흔들림 없는 토대(fundamentum inconcussum)인 생각하는 나(res cogitans)로부터 시작하여 근원학문인 제일철학의 틀을 세우려 했다.[28] 그런데 그는 사유하는 주체 자체 안에서 발견하게 되는 신의 개념을 통해 신의 존재를 증명하는 중세의 존재론적 신존재증명을 되풀이하고는 그것을 근거로 결국 인간 정신의 존재는 궁극적으로는 신의 존재에 종속되어 있다는 중세 철학의 주장으로 회귀해버린다. 제1실체는 신이요, 인간의 정신은 거기서 파생되어 나온, 피조물로서의 제2실체에 불과하다는 것이다. 중세 스콜라 철학에서 유래한 정의에 따르면 실체(substantia)는 다른 것에 좌우되지 않고 스스로 존재하는 존재자, 스스로 자신의 근거가 되는 존재자(causa sui)였다. "실체라는 말은 다름이 아니라 존재하기 위해 다른 어떤 존재자도 필요로 하지 않는 존재자를 뜻한다."[29] 하지만 인간의 정신은 피조물에 불과하기 때문에 스스로 자신의 근거가 될 수 없다. 이렇듯 데카르트는 모든 것의 마지막 근거로서 전제되는 신의 개념에서 아직 벗어나지 못했다. 그 이후에도 서구철학은 완전히 신의 그늘을 벗어나지 못했다.

26 요한복음 14장 6절.

27 Cf. René Descartes, Discours de la Méthode (이하 DM), AT 6, 1902, p. 32;
    『방법서설, 정신지도를 위한 규칙들』, 186쪽; MPPh, AT 7, 1904, p. 25;
    『성찰』, 43쪽. René Descartes, Principia Philosphiae (이하 PPh) in:
    AT 8, 1905, p. 7; 『철학의 원리』, 12쪽.

28 그의 가장 중요한 철학적 저술 중 하나인 『성찰』의 원제목은 "제일철학에 대한
    성찰"(Meditationes de prima philosophia)이다.

29 "Per substantiam nihil aliud intelligere possumus, quàm rem quæ ita existit, ut
    nullâ aliâ re indigeat ad existendum." (PPh, p. 24; 『철학의 원리』, 43쪽)

이러한 신에 대한 사변적 철학에 종말을 가한 것은 바로 칸트였다. 신의 존재는 인간의 이성으로 증명할 수 없다는 그의 논증을 통해 이제 사람들은 더 이상 신을 논리적으로 증명하려는 시도를 하지 않게 되었다. 그러면서 신의 자리를 대신한 것이 바로 데카르트의 사유하는 실체 개념에 내재해 있던 가능성을 비약적으로 발전시킨 선험적 자아, 초월론적 자아의 개념이었다. 이제 신이 있던 자리에 사유하는 주체가 들어섰다. 하지만 여기에는 매우 중요한 문제가 잠복해 있었다. 우리가 일상에서 접하는 실제의 인간은 신을 대체할 만큼 완전하지도 않을 뿐더러 언제나 변화무쌍한데다 결국에는 죽어 이 세상에서 사라지고 만다. 이런 유한하고 불완전한 존재자가 신의 자리를 대신하게 되면 우리의 모든 신념이나 가치관의 근거 또한 사라지게 되고 말 것이 아닌가?『카라마조프가의 형제들』의 주인공 중 하나인 이반이 "신이 없다면 모든 게 가능해!"라고 외치게 했던 것도 바로 이런 생각이었다.[30] 신이 사라진 세상은 언제나 상대적이며, 영원하고 불변하는 것은 이 세상에 더 이상 존재하지 않게 된 것이다. 이런 문제를 해결하기 위해 칸트는 과거의 신처럼 난공불락의 요새를 선험적 자아의 둘레에 쌓아놓으려 했다. 바로 그것이 인간 인식의 근본 규정을 제공하는 순수오성 개념, 즉 범주를 통해서는 선험적 자아를 규정할 수 없다는 주장이었다. 범주는 감각적 경험을 통해 얻게 되는 정보들을 분석과 종합의 과정을 통해 분류하고 정리하는 역할을 할 뿐 경험 이전에 존재하는, 심지어는 범주 자체를 가능하게 하는 선험적 자아를 규정할 수는 없다는 것이다.

　　　　칸트는 이렇듯 그 구체적인 내용을 규정할 수 없다는 의미에서 초월론적 주체를 x라고 표기했다.[31] 물론 그는 초월론적

주체뿐만이 아니라 물 자체도 x로 표기했다.[32] 이로써 경험 이전에
존재하면서 인식 자체를 가능하게 해주는 것들은 우리가 경험을 통해
규정할 수 없는 것이 되었다. 그런데 바로 이것이 과거 신이 지니고
있던 지위와 똑같았던 것이다. 서양 중세 사람들에게 신은 인간적
인식의 틀로는 규정할 수 없는 속성을 지니고 있었다. 왜냐하면
전지전능하고 무소부재하며 영원무궁토록 존재하는 신을 유한한
인간의 능력으로는 완전히 알 수가 없었기 때문이다. 인간에게는
신을 그 자체로 인식할 방법이 없었다. 말하자면 신은 중세인들에게
칸트의 물 자체나 초월론적 주체처럼 규정할 수 없는 x였던 것이다.
신을 규정할 수 있는 유일한 방법은 인간의 속성을 통한 유비였다.
물론 인간의 속성과 유사한 신의 속성을 설명하면서 인간의 속성은
불완전한데 신의 속성은 완전하다는 식으로, 그 내용을 명확하게
규정하는 것이 아니라 인간의 유한한 속성을 설명하고 그와 유사한
어떤 것이기는 하지만 본질적으로 다른 속성이라고 설명하는 방식을
택했다. 이렇게 '…이 아니다'라고 식으로 신을 설명한다는 뜻에서
이러한 방법을 부정신학(theologia negativa)이라 불렀다. x로 표기되는
초월론적 주체와 물 자체도 이러한 부정신학적 방법론에서 많이
벗어나지 못했다.

30   Cf. 표도르 미하일로비치 도스토예프스키 지음, 이대우 옮김, 『까라마조프씨네
     형제들(하)』, 열린책들, 2007(2000), 1135쪽.

31   Cf. Immanuel Kant, *Kritik der reinen Vernunft* (이하 KrV), A 346 / B 404;
     임마누엘 칸트, 『순수이성비판』, 564쪽.

32   Cf. KrV, A 104; 『순수이성비판』, 324쪽.

어쨌든 중세 서구인들에게 인간은 신의 형상을 불완전하나마 자기 안에
지니고 있는 탁월한 존재자였다. 만물의 영장이니 세계의 청지기니
하는 말들이 모두 이러한 의미를 내포하고 있다. 그것은 신을 오직
순수형상으로 파악했던 고대 그리스철학과 중세철학의 연장선상에서
이해될 수 있다. 물질, 질료로부터 가능한 한 멀어져서 순수한 정신,
순수한 형상으로 나아갈 때 존재자는 더욱 완전해진다. 그 마지막
단계는 이 모든 것을 그 안에 품고 있으면서 그것들이 생성되게 하는
근원이자 창조자의 역할을 하는 일자(一者)의 개념이었다. 이러한 신의
개념은 약간의 차이가 존재하기는 하지만 플라톤과 아리스토텔레스,
신플라톤주의자 플로티누스 등 모두에게 공통적이었다. 따라서 이들의
철학은 모두 궁극적으로는 신학적 성격을 띨 수밖에 없다. 초기 기독교
사상가들은 이러한 그리스 철학의 신 개념을 빌려와 자신들의 신을
설명하는 중요한 이론적 도구로 사용하였다. 서양 중세 기독교 신학의
양대 산맥이라 할 수 있는 아우구스티누스(플라톤, 플로티누스)와 토마스
아퀴나스(아리스토텔레스)도 예외가 아니었다. 근대 철학은 이러한 신의
위치에 바로 인간의 선험적 자아를 갖다 놓았다. 그런데 바로 이 자아를
설명하는 궁극적인 방식이 이전에 신을 규정할 때 쓰던 방식으로부터
여전히 벗어나지 못하고 있었던 것이다. 그렇기 때문에 하이데거는
서구철학의 존재론을 고대로부터 오늘날에 이르기까지 모두 존재-
신론(Onto-theologie)이라고 부른다.[33] 그리고 이러한 존재신론은 결국
궁극적인 존재자를 통해 존재의 의미를 규정하려 하는 한계에서 전혀
벗어나지 못했다는 것이 하이데거의 일관된 비판이다.

근대철학의 주체 개념에 대한 비판

물론 근대철학이 중세철학과 분명히 결별하는 지점이 있다. 그것을
칸트는 코페르니쿠스적 전향이라고 불렀다. 태양이 지구의 둘레를
돈다는 믿음을 버리고 지구가 태양의 둘레를 돈다고 믿게 된
것은 인간을 둘러싸고 있던 세계의 모든 의미가 전복되는 엄청난
사건이었다. 철학에서 이와 같은 역할을 하게 된 것이 바로 인간
자신의 자아를 세계의 중심에 놓게 된 일이었다. 그 전에 세계의 중심은
인간에게 절대 타자로서 다가오는 신이었다. 따라서 인간은 언제나
자신의 바깥으로 나가야만, 그리고 거기서 진리를 발견해야만 하는
존재자였다. 그러나 인간 스스로를 세계의 중심에 놓음으로써 이제는
진리가 인간의 내면에서 발견되거나 심지어는 만들어질 수 있는 길이
열리게 되었다.

물론 이와 유사한 주장을 펼친 사람은 과거에도 있었다.
"인간이 만물의 척도"라고 말했던 프로타고라스, 진리는 인간의
내면에 존재한다고 하면서 자신의 내면으로 침잠할 것을 권했던
아우구스티누스 등이 대표적인 인물이다. 그러나 프로타고라스의 말은
그 의미가 무엇인지 파악하기가 쉽지 않다. 그야말로 단편으로 남아
있어 그 의미는 물론이고 그것을 어떻게 정당화할 수 있는지도 알 수
없다.[34] 아우구스티누스의 경우에도 그 말을 신이 아니라 내게 진리가

---

[33] 이에 대한 자세한 논의로는 Martin Heidegger, *Identität und Differenz* (이하 ID),
GA 11, Neske, 1978(1957), pp. 31–67; 『동일성과 차이』, 34–67쪽을 참조하라.

[34] 하이데거는 이 말의 의미가 무엇이며 그것이 근대 철학 이후의 선험적 주체에 의한
대상의 의미규정과는 어떻게 다른지에 대한 해명을 시도하고 있다. cf. Martin
Heidegger, *Nietzsche II* (GA 6-2), pp. 133–141.

존재한다는 의미로는 설명할 수 없다. 오히려 물질적인 것으로부터, 외면적인 것으로부터 벗어나서 영적인 것, 정신적인 것에 침잠하라는 권유의 말이라고 해석하는 편이 낫다. 그에게는 신의 절대성이나 진리에 대한 한 치의 의심도 없었을 테니까 말이다. 따라서 인간의 내면을 들여다보라는 말은 인간의 정신, 영혼에 영적으로 말을 걸어오는 신을 대면하라는 말로 해석되어야 한다.

하지만 칸트의 말은 이와는 전혀 다른 의미를 지니고 있었다. 그에게 코페르니쿠스적 전향이란 그 전에는 인간의 외부에 세계의 중심이 있었지만 이제는 인간이 세계의 중심이 되어 세상 모든 사물의 의미를 규정해야 한다는 것을 뜻했다. 과거에는 우리가 자연 속에 숨어 있는 신의 뜻을 알기 위해 많은 생각을 했다면 이제부터는 우리 안에 있는 의도와 물음에 따라 자연이 우리에게 반응하고 변형되도록 해야 한다는 것이다. 이제 인간은 신의 뜻을 알기 위해 자연을 연구하고 그 의미를 해석하는 사람이 아니라 자연에 의미를 부여하고 자신의 뜻에 따라 형태를 부여하고 변형하며 심지어는 창조하는 존재자인 것이다.

그것은 "생육하고 번성하여 땅에 충만하라"[35]는 창세기의 명령과는 전혀 다른 의미를 지니고 있다. 창세기의 경우에는 인간이 신의 대리인으로서 세계를 관리하는 청지기로서의 역할을 지니게 되지만 근대철학에서 인간은 신의 대리인이 아니라 독립된 실체로서 자신의 주관에 따라 세계를 변혁, 창조해 나가는 주체로 파악되고 있다. 이렇게 해서 근대의 주체 개념은 모든 것의 의미를 결정하는 최종 심급의 지위를 지니게 되었다.

그런데 하이데거는 바로 이 주체 개념을 자신의 전 철학적 여정을 통하여 끊임없이 공격하고 있다. 그는 우선 사람들이 중세의 어둠에서 벗어나 이성의 빛에 따라 사유하는 근대철학의 시발점이 되었다고 믿었던 데카르트의 사유하는 실체 개념이 새로운 철학의 굳건한 토대로 실제로 인정되기는 어렵다고 주장한다. "데카르트는 '나는 생각한다, 나는 존재한다'라는 명제를 통해 철학에 새롭고 확고한 하나의 토대를 놓았다고 주장한다. 하지만 그가 이렇듯 '철저하게' 새로운 출발을 한다고 하면서도 규정하지 않은 채로 남겨둔 것이 사유하는 실체의 존재방식, 더 정확하게 말하자면 '나는 존재한다(sum)' 라는 말에 담겨 있는 존재의 의미였다."[36] 하이데거는 바로 이렇게 해명되지 않은 채로 남아 있던 주체 개념의 이면을 집요하게 파고들어 그 문제점들을 계속 지적하였다.[37]

하이데거의 용어 중에서 근대철학의 주체 개념과 가장 근접한 것은 바로 인간현존재다. 『존재와 시간』은 내용 전체가 현존재 분석이라 해도 과언이 아닐 정도로 인간의 존재방식에 대한 서술로 가득 차 있다. 이 책을 근대철학의 주체 개념에 대한 비판서로 간주할 수 있을 정도다. 하지만 이 모든 논의를 여기서 다 다루기는 어렵기에 『존재와 시간』에서 직접적으로 근대의 주체 개념을 다루고 있는 논의를 중심으로 하이데거의 주체 개념 비판을 살펴보기로 하자.

앞서 말했듯 데카르트의 사유하는 주체 개념의 한계는 사유하는 주체의 존재가 갖는 의미에 대해 전혀 설명하지 않고 있다는 사실이었다. 사유 행위(cogitare)에 대해서는 어느 정도 설명하고

---

35 구약성서 창세기 1장 28절.

36 SZ, p. 24; 『존재와 시간』, 43쪽.

있지만 이마저도 불충분할 수밖에 없다. 존재의 의미가 해명되지 않은 채 사유의 의미가 제대로 설명될 수는 없기 때문이다.[38] 그렇다면 데카르트나 칸트는 주체의 존재의미에 대해 전혀 아무런 설명도 하지 않은 것일까? 데카르트의 경우에는 그렇다고 말할 수 있다. 심지어 그는 존재같이 그 자체로 명확한 개념을 구태여 설명하려고 하면 오히려 더 모호하게 만들 뿐이라고 주장한다.[39] 칸트는 어땠을까? 물론 직접적으로 주체의 존재 의미에 대해서 다루지는 않지만 그는 『순수이성비판』에서 존재론적 신존재증명을 반박하면서 존재 개념에 대해 나름의 설명을 시도하고 있다. "존재는 실재적인 술어가 아닌 것이 분명하다. 말하자면 어떤 사물의 개념에 덧붙여질 수 있는 무언가의 개념이 아닌 것이다. 그것은 오로지 어떤 사물이나 어떤 규정들 그 자체의 정립(Position)에 불과하다."[40]

어떤 사물이 그 사물이 되기 위해 필요한 규정들이 모두 모이면 바로 그 사물의 개념을 이룬다. 존재는 그러한 규정, 즉 실재적인 술어(reales Prädikat)가 아니다. 그렇기 때문에 칸트는 현실에 실제로 존재하는 100탈러의 돈과 오로지 상상 속에서만 떠올릴 수 있는 가능한 100탈러의 돈 사이에는 아무런 개념상의 차이가 존재하지 않는다는 저 유명한 주장을 펼칠 수 있었다. 존재는 사물의 개념에 무언가 내용을 더하는 것이 아니라 그것을 현실 속에 정립(setzen)함으로써 얻어진다는 것이다.[41] 바로 이 말을 통해 칸트는 존재론적 신존재증명의 핵심 논거를 반박하였다. 이 증명에서 제시하는, 우리 머릿속에 있는 신의 개념에 따르면 전지전능하고 무소부재하며 영원한 존재자인 신은 이 세상에 존재하는 모든 존재자를 그 안에 품고 있는 존재자이다. 이런 존재자가 존재하지 않으면 이 세상에 존재하고 있는 어떤 존재자도

존재하지 못하게 되기 때문에 신은 존재할 수밖에 없다. 하지만
칸트는 머릿속에 있는 개념이 바로 그 개념이 지시하는 대상이 실제로
존재한다는 근거일 수 없다고 주장한다. 상상 속의 돈과 내 수중의 돈이
다르듯 내 머릿속의 신과 실제로 존재하는 신은 다르기 때문이다.
　　그러나 하이데거는 이러한 칸트의 설명에 만족하지 않고

37　계획되었지만 집필되지 못했던 『존재와 시간』 제2부에서도 그는 데카르트의
　　사유하는 실체에 대한 현상학적 해체를 시도하려 하였으며, 칸트의 도식론
　　(Schmatismus)과 시간 개념을 다루려던 장도 칸트의 초월론적 주체(das
　　transzendentale Subjekt)에 대한 비판을 담고 있었다. Cf. SZ, p. 40; 같은 책,
　　64쪽. 그중 칸트의 도식론과 시간 개념에 대한 논의는 하이데거 전집
　　제3권에 수록된 『칸트와 형이상학의 문제』에서 다루어졌고, 주체 개념 자체에
　　대한 논의는 1927년 여름학기 마르부르크 대학 강연록인 『현상학의 근본문제들』
　　에서 집중적으로 다루어졌다. 데카르트의 주체 개념에 대한 비판은 『숲길』에
　　수록된 논문 「세계상의 시대」에서 다루어졌다. 『사물에 관한 물음』에서는 두 사람
　　모두의 주체 개념에 대해 여러 가지 관점에서 다루고 있다. Cf. Martin Heidegger,
　　Kant und das Problem der Metaphysik (이하 KPM), GA 3, Vittorio
　　Klostermann, 1973(1929); 『칸트와 형이상학의 문제』, 한길사, 2001); Martin
　　Heidegger, *Die Grundprobleme der Phänomenologie* (이하 GPh), GA 24,
　　Vittorio Klostermann, 1975, 특히 칸트의 주체 개념에 대한 비판에 대해서는
　　pp. 172-251; Martin Heidegger, Die Zeit des Weltbildes in: HW, pp. 73-110;
　　『세계상의 시대』, 『숲길』, 131-180쪽. Martin Heidegger, *Die Frage nach dem Ding*
　　(이하 FD), GA 41, Vittorio Klostermann, 1984(1962), 특히 데카르트의 주체
　　개념에 대해서는 pp. 98-108.

38　Cf. SZ, p. 46; 『존재와 시간』, 72쪽.

39　이에 대한 논의로는 이 책의 「지나치며 넘어가는 철학함」 중 '과학에 대한 과학적
　　방법의 승리'에서 이 문제에 대한 데카르트의 주장을 다룬 부분을 참조하라.

40　KrV, A 598 / B 626; 『순수이성비판』, 775쪽.

41　정립으로 번역한 독일어 setzen과 앞의 인용문에서 칸트가 사용한 단어
　　Position의 어원이 된 라틴어 ponere는 모두 '두다, 놓다'는 뜻을 갖는 동사다.
　　position이 일상적으로 위치라는 뜻을 지니게 된 것은 어딘가에 무언가를 두게
　　되면 그것이 곧 그 사물의 위치를 나타내기 때문이었다.

계속해서 다음과 같은 의문을 제기한다. 과연 그렇게 정립함으로써
얻게 되는 존재라는 개념 자체의 의미는 무엇인가? 이 문제에 대해
칸트는 아무런 답변도 하지 않았다는 것이 하이데거의 주장이다.
칸트든 데카르트든 주체 개념을 설명하기 위해 선행되어야 할 존재
개념의 해명을 소홀히 했다는 점에서 고대 이래 지속되어 왔던
존재망각에서 한 발짝도 벗어나지 못했다는 것이다. 가장 근원적인
존재 개념을 해명하지 못한다면 사유 개념에 대한 설명도 그 충분한
근거를 얻기 어렵기에 사유하는 존재자로서의 주체 개념도 역시 제대로
해명되지 못할 수밖에 없다.

다른 한편 하이데거는 이러한 문제제기에만 그치지 않고
한 발 더 나아가 데카르트와 칸트의 논의 이면에 담겨 있는 존재론적
전제들을 파헤친다. 이들을 비롯하여 근대철학, 근대자연과학에
중심적인 존재 개념은 바로 '눈앞에 있음'(Vorhandenheit)으로서의
존재라는 것이다. 눈앞에 있음은 어떤 존재자가 어떤 방식으로든 (근대
이후에는 주로 수학적·자연과학적으로) 규정될 수 있도록 존재함을 뜻한다.
이것이 가장 첨예하게 나타난 것이 모든 것을 수량화하여 나타내는
방식이다. 인간을 염색체의 DNA 염기서열에 따라 분류하고 그 모든
특성을 복제할 수 있다면 인간은 똑같은 자신과 마주하게 될 것이라고
기대하는 것이 그 한 예다. 이렇게 규정된 숫자 뒤에는 오랫동안
당연시되어 온 정신과 육체의 구분도 폐기된다. 모든 물질을 원자의
질량으로 규정하려 했던 근대의 뉴턴 물리학이든 에너지의 총합으로
규정하려 했던 현대 물리학이든 본질적으로는 동일한 철학적 토대 위에
서 있다.

하이데거는 바로 이러한 눈앞에 있음으로서의 존재 이념이

근대 주체 개념의 궁극적인 토대라고 주장한다. "드러내어 말하지는
않지만 현존재는 [언제나] 이미 눈앞에 있음의 방식으로 존재하는
존재자로 파악되고 있다."[42] "[…] 주체의 존재론적 개념은 자아가
[…] 언제나 미리 눈앞에 있음의 방식으로 존재하는 어떤 존재자로서
동일하게 지속적으로 존재한다는 특징을 보여준다."[43] 하지만 바로
이러한 생각이 인간에 대한 진정한 이해를 가로막는 원인이 되었다.
앞서 밝혔듯 인간현존재의 본질적 존재방식은 실존이며 현존재가
미래를 향하여 자신을 기획 투사하는 것이 실존의 특징이기에 실존은
수학적 · 자연과학적으로 규정될 수 없기 때문이다. 따라서 "눈앞에
있음은 […] 현존재가 아닌 존재자의 존재방식이다."[44] 근대의 주체
개념으로는 인간의 존재 의미를 제대로 드러낼 수가 없는 것이다.

데카르트가 사유하는 주체를 철학의 출발점으로 삼을 수
있었던 것은 모든 것을 다 의심하고 부정해도 더 이상 의심할 수 없는
것이 사유하는 나의 존재였기 때문이었다. 칸트도 마찬가지였다.
초월론적 자아는 우리의 인식과 경험이 가능하기 위해서 언제나
전제되어야 할 무엇이었다. "'생각하는 나'는 나의 모든 표상 행위에
수반될 수 있어야 한다."[45] 모든 사유와 행위, 학문의 출발점은 바로
'생각하는 나'였다. 이렇듯 사유하는 주체가 모든 학문과 인식의
출발점이 되어야 한다는 점에서 칸트는 데카르트 철학의 계승자였다.

42　SZ, p. 114; 『존재와 시간』, 161쪽.

43　SZ, p. 320; 같은 책, 424쪽 이하.

44　SZ, p. 115; 같은 책, 161쪽.

45　KrV, B 131f; 『순수이성비판』, 346쪽.

다른 한편 밀랍의 예에서 본 것처럼 데카르트는 물질적인 존재자에서 학문적 탐구의 대상이 될 수 있을 정도로 본질적인 속성이 되는 것은 냄새나 맛과 같은 가변적인 성질이 아니라 오성을 통해서만 얻을 수 있는 물체의 불변하는 질량, 즉 연장(extensio)뿐이라고 주장하였다. 그가 물질적인 존재자를 연장을 가진 실체(res extensa)라고 말한 것도 이 때문이다.

그런데 연장을 측정하는 틀은 폭, 넓이, 깊이를 포함하는 삼차원의 수학적 공간이다. 근대 물리학의 성립 이후 존재를 눈앞에 있음으로 규정하는 데 수학적 공간은 결정적인 영향력을 행사하였고 그로 인해 눈앞에 있음은 명확하게 제시된 유일한 존재 의미가 될 수 있었다. 사유하는 주체의 존재방식은 물질적인 존재자의 존재방식과는 다르다는 주장이 늘 제기되기는 하였지만, 과연 그 방식이 구체적으로 어떠한지는 전혀 명시적으로 설명되지 않았다. 게다가 근대자연과학과 공학의 눈부신 발전에 매혹된 사람들이 그 모범을 따라 모든 것을 탐구하고 설명하려 하면서 눈앞에 있음은 존재자의 전 영역을 설명할 수 있는 보편적 존재 개념으로 은연중에 자리 잡았다. 바로 이런 이유로 인간현존재조차도 암묵적으로 이러한 존재방식에 따라 파악되었던 것이다.

하이데거가 근대의 주체 개념을 공격한 또 다른 이유는 이 주체가 세계와는 상관없이 홀로 존재한다는 근대철학의 전제였다. 특히 칸트의 경우 초월론적 주체는 대상과 상관없이 언제나 미리 전제되어야 하는 존재자이며, 앞서 살펴봤듯이 그에 대해서는 아무것도 알 수 없는 미지의 존재자이다. 이 존재자가 사물이 여러 감각을 통하여 자신을 건드려주기(affizieren)를 기다린다는 것이다. 게다가 감각을 통해 다가오는 사물 자체에 대해서 우리는 아무 것도 알 수 없다. 단지 우리가 감각을 통하여 받아들인 정보들을 종합하여 구성해낸 대상만 알 수 있다. 우리가 세계라고 부르는 것도 결국 이렇게 구성될 수 있는 대상에 대한 모든 가능한 직관들의 총화로서만 파악된다.[46] 이러한 모든 대상들의 존재방식이 눈앞에 있음이었던 것이다.

하지만 하이데거에 따르면 "칸트는 세계라는 현상을 보지 못했다."[47] 인간은 언제나 세계 안에 존재하며 세계 안에서 만나게 되는 존재자들과 다양한 의미 연관을 맺고 있는 존재자다. 인간이 아닌 다른 존재자들은 우선적으로는 눈앞에 있음이 아니라 손안에 있음의 방식으로 존재한다. 손안에 있음이란 도구가 자신의 존재 의미를 제대로 구현하려면 인간의 손안에서 사용되어야 한다는 데 착안하여 하이데거가 고안해낸 용어다. 인간현존재는 이러한 존재자들과는 그것들을 마련하는 방식으로 관계를 맺는다. 동류 인간들과는 그들을 배려하고 돌보는 방식으로 관계를 맺는다. 손안에 있음의 방식으로 존재하든 동반현존재의 방식으로 존재하든, 이러한 존재자들은 이미 내가 그 안에 존재하고 있는 세계를 함께 구성하고 있다. 따라서 주체는 절대로 혼자서 미리 존재할 수 없다. "세계-내-존재에 대한 설명을 통해 한낱 주체만이 세계 없이 먼저 존재하지도 않고 절대로 미리 주어져 있지도 않다는 사실이 드러났다."[48]

46 Cf. KrV, A 451 / B 479; 『순수이성비판』, 661쪽.

47 SZ, p. 321; 『존재와 시간』, 426쪽.

48 SZ, p. 116; 같은 책, 163쪽.

이것을 근거로 하이데거는 주체의 사유행위 자체에 관한 칸트의 해석에 대해서도 의문을 제기한다. 그것은 사유행위가 언제나 사유의 대상과 함께 결부되어 있다는 현상학적 통찰에서 유래하였다. "자아는 '나는 생각한다'이기만 할뿐 아니라 '나는 무언가를 생각한다(Ich denke etwas)'이다."[49] 사유하는 자아는 언제나 표상과 관련을 맺고 있으며 그것이 없으면 아무 것도 아니다. 하지만 칸트는 이것을 깨닫지 못했다. 칸트에게 이 '무언가'는 물 자체가 아니라 오로지 경험적인 것일 뿐이었고, 감각을 통하여 주어진 자료들이 오성의 작용을 통하여 종합되어 구성되어져야만 인식주관 앞에 나타나는 현상(Erscheinung)일 뿐이었다. '나는 무언가를 생각한다'를 제대로 해명하기 위해서는 세계-내-존재에 대한 해명이 필요했지만 칸트는 그것을 보지 못했다는 것이다.

이러한 분석의 결과들을 근거로 하이데거는 데카르트로부터 헤겔에 이르기까지 근대철학의 모든 주체 개념이 인간 자신의 존재 의미에 대한 아무런 존재론적 근거를 제시하지 못했다고 주장한다.

"데카르트의 사유하는 실체로부터 헤겔의 정신에 이르기까지 [모든 주체 개념이] 존재론적으로 아무런 근거도 갖고 있지 못함."[50] 이렇듯 근대 철학의 중심개념인 주체 개념을 직접 공격하고 있다는 점에서 그는 근대 철학의 여러 가지 부작용을 비판하고 그것을 개선해 보려고 했던 다른 철학자들과는 근본적인 차이를 보인다. 그는 근대 철학을 넘어 현대 철학의 물꼬를 튼 가장 중요한 철학자 중 한사람이었다.

그렇다고 해서 하이데거가 눈앞에 있음의 존재방식을

전적으로 부정하고, 근대의 주체 개념이 부정적으로만 평가되어야
한다고 생각한 것은 아니었다. 실제로 근대 이후 인간이 이루어낸
엄청난 지식의 진보와, 그로 인해 인류가 누리게 되었던 풍요와 편리함
등을 무조건 나쁘게 평가할 수는 없다. 하이데거가 비판했던 것은
근대적 주체 개념과 그것의 존재론적 기반이 된 눈앞에 있음이 존재의
모든 의미를 규정하게 되면서 그것으로 설명될 수 없는 영역까지
침범해 엄청난 부작용을 낳았다는 사실이었다. 게다가 가장 중요한
인간존재의 의미는 결코 눈앞에 있음으로 해명될 수 없다. 따라서 이
모든 문제를 해결하기 위해서는 더욱 근원적인 존재의 의미로부터
출발해야만 한다는 것이다.

다시 존재의 의미로

이렇듯 모든 문제의 궁극적 근거에는 바로 존재의 의미에
대한 물음이 자리 잡고 있다. 세상의 모든 사물들에 적용되는
유일한 속성이 바로 존재이기 때문이다. 모두에게 보편타당한
진리를 찾으려면 바로 이 존재 개념으로부터 시작해야 한다.
그런데도 서구의 모든 철학자들은 이 문제를 소홀히 하였고
이러한 존재의 망각이 플라톤, 아리스토텔레스로부터 시작하여
데카르트, 칸트, 헤겔을 거쳐 서구의 철학사 전체를 관통해 왔다고
하이데거는 주장한다. 플라톤, 아리스토텔레스는 진리의 규정을
앞서 본 바와 같이 일치라고 주장함으로써 존재의 의미를 동일시

49 SZ, p. 321; 같은 책, 426쪽.
50 SZ, p. 320; 같은 책, 425쪽.

가능성, 즉 규정 가능성과 동일선상에 놓게 된다. 이것이 근대철학에 이르러서는 수학적·자연과학적 규정 가능성으로 첨예화하게 되며 이것이 참된 존재의 의미를 망각하게 만들었다는 것이다.

그렇다면 하이데거에게 참된 존재의 의미는 무엇인가? 이것을 해명하려는 야심찬 기획의 산물이 바로 그의 주저인 『존재와 시간』(1927)이다. 물론 그의 애초 기획대로 완성되지는 못했지만 출간된 내용만으로도 이 책은 20세기에 가장 커다란 반향을 불러일으킨 철학서 중 하나가 되었다. 수많은 사람들이 이 책을 접하고는 경악을 금치 못했다. 처음 읽을 때는 전혀 이해할 수 없었기 때문이었고 자꾸 곱씹고 되씹어 가면서 그 내용을 음미해 들어가 어느 정도 이해하게 되었을 때는 그 사상의 철저함과 깊이에 압도되었기 때문이다.

이러한 하이데거의 철학에 깊이 영향을 받았던 현대철학의 거장들은 셀 수 없이 많다. 물론 나중에 그로부터 벗어나 자신만의 독자적인 철학 체계를 형성하기는 했지만, 자신의 철학적 사유에 끼친 하이데거의 영향을 부인할 수 있는 현대철학자는 그리 많지 않다. 물론 하이데거를 전혀 읽지 않고 영미의 분석철학 전통 안에서 철학하는 수많은 학자들에게는 하이데거의 철학이 별다른 영향을 끼치지 못했다고 주장할 수도 있다. 하지만 그들도 하이데거의 철학으로 인해 드러난 문제의식을 피해갈 수 없었다는 점에서는 같은 자장 안에 있다고 할 수 있다. 긍정적이든 부정적이든 직접적으로 영향을 받았으며 그것을 거의 공개적으로 고백한, 세계적 명성을 얻은 수많은 철학자들의 이름을 조금만 열거해 보자면 독일에서는 가다머, 하버마스, 뢰비트, 마르쿠제, 아렌트, 슬로터다이크, 프랑스에서는 레비나스, 사르트르, 리쾨르, 메를로퐁티, 데리다, 라캉, 푸코, 리오타르, 바디우,

그 외 지역에서는 로티, 아감벤, 지젝 등을 들 수 있다. 그렇다면 이렇게 수많은 철학자들에게 엄청난 영향력을 행사했던 이 책이 우리에게 전해주는 존재의 의미란 도대체 무엇인가?

존재에 대해 다른 방식으로 말하기

하이데거는 플라톤, 아리스토텔레스 이래의 전체 서구철학사는 형이상학의 역사이며 이를 통해 진정한 존재에 대한 물음이 은폐 내지는 망각되어 왔다는 의미에서 존재망각의 역사라고 부른다. 이러한 존재망각에서 벗어나 진정한 존재의 의미를 밝히려면 존재자 그 자체를 궁극적인 탐구대상으로 삼았던 이전의 형이상학과는 달리 '어떠한 존재자가 가장 궁극적인 존재자인가?'가 아니라 '존재함 자체가 어떤 의미를 지니는가?'가 규명되어야 한다.

그렇다면 이러한 해명은 어떤 방식으로 진행되어야 할까? 우선 하이데거는 논리적 추상화를 통한 개념적 일반화의 과정을 통해서는 존재의 의미를 해명할 수 없다고 주장한다. "존재의 **보편성**은 모든 유적(類的) 보편성을 **넘어선다**."[51] 하지만 이러한 사실을 처음 발견한 사람은 그가 아니었다. 『존재와 시간』 서두에서 인정한 바와 같이 이것은 이미 고대 철학에서 발견되었던 사실이다. 아리스토텔레스는 『형이상학』에서 이렇게 주장한 바 있다. "존재는 […] 존재자들의 유(類)가 아니다"[52]

논리적 추상화를 통한 개념적 일반화의 과정은 다음과

---

51 Cf. SZ, p. 3; 『존재와 시간』, 16쪽.

52 MP, 998b 22; 『형이상학』, 124쪽 "τῶν ὄντων […] οὔτε τὸ ὂν εἶναι γένος."

같다. 어떤 개별자에게 존재하는 속성 중에서 다른 개별자들에게는
존재하지 않고 오직 그 개별자에게만 존재하는 특성을 그것으로부터
배제한다. 그렇게 되면 거기에는 다른 개별자들에게서도 발견되는
속성만이 남게 된다. 이러한 방식을 반복함으로써 어떤 개념 안에
포함되는 모든 존재자들에게 공통되는 보편적 속성을 추출해내는
것이다.

그러나 존재라는 개념은 그렇게 도출될 수 없다. 존재는
개별자와 보편자 모두에 이미 전제되어 있기 때문이다. 추상을
통해 얻어지는 보편적 개념은 적어도 추상의 과정에서 버려진
하위개념들과는 아무런 공통점도 갖지 않아야 한다. 고래와 소,
사람은 모두 포유류다. 이들이 모두 포유류로 분류되려면 물에서
사는가, 뭍에서 사는가 하는 기준은 버려져야 한다. 지느러미가
있는가, 두발로 걷는가, 네발로 걷는가도 중요하지 않다. 그런데
존재라는 개념은 모든 존재자에게 해당되는 속성이므로 버려지는
하위개념이든 공통적 속성으로 채택된 개념이든 모두에게 존재라는
개념이 공통적으로 전제되어 있다. 따라서 존재의 의미는 개별자로부터
추상적으로 일반화하는 과정으로는 얻어질 수가 없는 것이다. 다른
말로 표현하자면, 존재는 그것으로 인해 존재할 수 있게 되는 개별적
존재자를 통해서는 설명될 수 없다. 이것을 하이데거는 존재론적 차이
(ontologische Differenz)라고 불렀다.[53] 따라서 존재를 해명하기 위해서는
다른 접근방식이 필요하다. 그것이 바로 존재유비이다.

존재유비는 아리스토텔레스가 처음으로 언급한 이래
중세 철학에서도 존재를 설명하는 중요한 개념 틀로 사용되어 왔다.
아리스토텔레스는 그 예로 '건강한'이라는 형용사가 여러 가지

방식으로 사용된다는 사실을 제시하고 있다. 이 말은 신체의 어떤 상태를 가리키는 (건강한 몸) 말이지만 동시에 그러한 상태를 드러내 보여주는 의미를 갖기도 하고 (건강한 혈색), 그러한 상태가 되도록 기여한다는 (건강식품) 의미를 지니는 말이기도 하다. 이 의미들은 서로 다르지만 하나의 본래적 의미를 중심으로 다양하게 사용되어진다.[54] 존재 개념도 마찬가지다. 존재는 여러 가지 방식으로 말해지지만, 각각의 의미는 존재의 근원적 의미로부터 유비적으로 설명될 수밖에 없다. 이것이 나중에 존재론적 유비(analogia entis)라는 개념으로 정착되어 오랫동안 중세 신학에서 정설로 받아들여졌다.[55]

그런데 문제는 존재의미에 대한 유비적 설명을 가능케 하는 근원적 의미가 무엇인가 하는 것이다. 이것이 존재론이 밝혀내야 할 가장 중요한 과제다. 하이데거가 『존재와 시간』에서 존재의미에 대한 물음을 중심과제로 설정하고 있는 이유가 여기에 있다. 그런데 아리스토텔레스나 중세철학은 논리적 추상화를 통해서는 존재의 의미를 해명할 수 없다는 사실을 존재유비를 통해 밝혀내기는 했지만, 진정한 존재의 의미를 밝혀내는 데는 성공하지 못했다고 하이데거는 주장한다. 심지어 그는 존재유비가 고대와 중세철학이 직면했던 가장 어려운 문제였다고까지 주장한다.[56] 그들은 존재 자체를 설명하기보다는

---

53 Cf. GPh, p. 322; 『현상학의 근본문제들』, 324쪽.

54 이에 대한 아리스토텔레스의 논의에 대해서는 MP, 1003 a 34 – 36; 『형이상학』, 148쪽 이하를 참조하라.

55 Cf. Martin Heidegger, Aristoteles, Metaphysik 1–3: von Wesen und Wirklichkeit der Kraft (이하 AM), GA 33, Vittorio Kolstermann, 1981, p. 46, 58.

56 Cf. AM, p. 46f.

오히려 존재자의 본질을 불변하는 지속적 존재자, 즉 실체적 존재자로 규정함으로써 '궁극적 존재자'를 통한 존재의미의 해명을 추구하였고, 이로써 존재 자체의 의미를 밝히기보다는 하나의 존재자를 통해 다른 존재자들을 설명하는 수준에 머물렀다는 것이다.

존재유비에 입각하여 존재를 설명하려고 하는 이유는 논리적·규정적인 언어에 의한 일반화로는 존재의미를 해명할 수 없기 때문이다. 따라서 존재의미에 대한 규명은 그와는 다른 방식의 접근을 필요로 한다. 이 때문에 하이데거가 자신의 주장을 전개하는 방식은 전통철학의 논리 전개와는 전혀 다른 새로운 방식을 취하게 되었다. 그가 자신의 논지를 전개하는 방식은 우선 논리적 연역의 방식이 아니라 본질적 사태를 그대로 드러내 보여주는 현상학적 방식을 취하게 된다. 이러한 영역에 대해서는 우리가 통찰할 수 있을 뿐이지 논리적으로 설명할 수 없다.

그런데 이렇듯 다른 원리들을 그로부터 연역해낼 수 있는 근원적 원리나 궁극적인 존재자가 아니라면 도대체 어디에서 우리의 사유가 시작되어야 하는가? 바로 우리의 일상적 존재이해로부터다. 일상적으로 우리는 존재가 무엇인지 깊이 사유하지 않고도 이미 존재가 무엇인지 이해하고 있다. "우리는 언제나 이미 하나의 존재이해 안에서 움직이고 있다."[57] 이러한 일상적 존재이해로부터 출발하여 존재의 의미를 해명함을 통하여 존재에 대한 진정한 이해에 도달할 수 있다고 하이데거는 믿었던 것이다. 그의 스승이었던 후설도 이러한 사실을 알고 있었다. 그는 우리가 그 안에서 일상적으로 살아가고 있는— 단순한 물리적 차원이 아니라 사회적·역사적 차원까지도 포함하는— 생활세계(Lebenswelt)로부터 철학적 탐구가 시작되어야 한다고 믿었다.

지식의 경우에도 단순한 논리적 지식이 아니라 삶에 직접 결부된 지식이 더 근원적이라고 생각하였다. 하이데거는 여기서 한 걸음 더 나아가 인식만이 아니라 우리의 삶 자체가 이러한 근원적 구조를 지니고 있으며 우리의 존재이해도 이러한 구조 자체로부터 설명될 수 있다고 주장하였다.

물론 이러한 일상적 존재이해가 우리가 찾는 진정한 존재의미 그 자체를 곧바로 제시해주지는 않는다. 오히려 그것은 여러 사람들이 그 뜻을 비슷비슷하게 알고 있기는 하지만 그 의미를 명확하게 파악하고 사용하는 것은 아니며 그저 어렴풋하게 뜻을 인식하는 정도라는 의미에서 평균적이면서 애매모호한 성격을 지닌다. "이러한 평균적이고 애매모호한 존재이해는 하나의 사실이다."[58] 따라서 이러한 존재이해 자체가 곧 존재론적 진리라고 말할 수는 없다. 일상적 존재이해에는 언제나 비본질적인 내용이 섞여 있을 가능성이 있기 때문이다. 하지만 일상적 존재이해의 바로 이런 성격 때문에, 여기서 출발하여 존재의미에 대해 분명하게 의문을 제기하고 그것을 해명해야 할 필요가 생긴다. 그렇다면 이러한 존재의미 해명을 위한 구체적 고찰의 대상은 무엇이 되어야 하는가? 하이데거는 그것이 바로 인간이라는 존재자라고 주장한다.

인간현존재 분석론으로서의 기초존재론

다른 존재자들과는 본질적으로 구별되는 인간의 독특한 존재방식을

57 SZ, p. 5; 『존재와 시간』, 19쪽 이하.

58 SZ, p. 5; 같은 책, 20쪽.

나타내기 위해 하이데거는 인간현존재(menschliches Dasein)라는 용어를
사용하였다. 앞의 수식어를 빼고 그냥 현존재(Dasein)라고 주로 사용되는
이 단어에는 일상적인 언어이해에는 잘 드러나지 않는 깊은 의미가
담겨 있다. 독일어에서 da라는 말은 단순한 장소적 의미를 지닌 '거기'
라는 뜻만을 지니지는 않는다. "Gott ist da." (하나님은 존재하신다.) "Er ist
da." (그가 왔어.) 이 문장들 속에서 da는 어떤 특정한 장소를 가리키지
않는다. 그저 존재 사실 자체를 드러내주는 보조사로 사용될 뿐이다.
하지만 하이데거는 거기서 더욱 본질적인 존재론적 진리를 발견한다.
물리적 공간으로는 확정되지 않는 '거기'가 무엇인가가 존재하고
있음이 드러내 밝혀지는 열린 공간을 가리킨다는 것이다. 그것은
자기 자신과 세계의 존재의미에 대해 물음을 제기할 수 있는 유일한
존재자인 인간을 통해 열어 젖혀져 있다. "우리 자신이 각각 그러한
존재자이며 무엇보다도 물음이라는 존재가능성을 갖는 존재자를
현존재라 부르자."[59] 현존재는 따라서 존재의 의미가 밝혀질 수 있는
유일한 열린 공간이 된다.
　　　　이러한 사상은 어찌 보면 데카르트 이래로 서구 사상을
지배해 온 인간 중심적 사유, 특히 근대철학의 주체 개념과 밀접한
관련을 지니고 있는 듯이 보인다. 주체 개념을 중심으로 하는
근대철학은 신, 실체 중심의 중세 철학에서 벗어나 인간 중심의
새로운 철학체계를 관철시켰고 그 과정에서 존재론적인 무한개념,
즉 영원불멸이라든가, 영원하고 전지전능한 신의 존재 같은 개념들의
철학적 사유에 대한 무용성을 증명해내었다. 이제 철학적 고찰의
중심에는 인간, 즉 사유하는 주체가 서 있게 되었다. 인간으로부터
철학적 사유를 시작하고 무한한 신의 세계가 아니라 유한한 인간의

세계가 철학적 사유의 대상임을 밝힌 점에서 하이데거 역시 이러한 사유의 연장선상에 있다고 생각할 수도 있다.

그러나 앞서 보았듯 그는 자신의 철학이 데카르트나 칸트, 헤겔로 이어지는 근대적 사유와는 본질적으로 다르다고 주장한다. 데카르트 이래 모든 근대철학에서는 사유하는 자아의 존재의미에 대해서 더 이상 묻지 않았다는 것이다. 이러한 성향이 그 이후의 모든 근대철학자들에게도 그대로 이어져서 고대철학 이래로 전체 서구철학사를 지배해 온 존재망각을 더욱 심화시켰다는 것이 그의 주장이었다. 따라서 『존재와 시간』의 중심 주제인 현존재의 존재의미에 대한 탐구는 단순히 근대철학에 대한 비판에 그치는 것이 아니라 서구철학사 전체의 존재망각에 대한 비판과 극복의 시도이다. 그것을 하이데거는 기초존재론(Fundamentalontologie)이라 이름 붙였다. 인간현존재의 존재구조에 대한 분석을 통하여 진정한 존재론의 기초를 놓는다는 취지에서였다.[60]

그런데 왜 하필이면 현존재로부터 존재의미에 대한 물음을 시작하여야 하는가? 존재의미를 밝혀내는 데 다른 존재자들에 비해 인간을 들여다보는 것이 더 유리한 이유는 무엇인가? 그것은 현존재가 스스로 존재에 대한 물음을 제기한다는 면에서 언제나 어떠한 방식으로든 존재 자체와 관계를 맺고 있는 존재자이기 때문이다. 다른 존재자들에게서는 이러한 특성을 발견할 수 없기에 현존재로부터 존재의미에 대한 물음을 제기하는 것은 다른 존재자들로부터 물음을

---

59   SZ, p. 7; 같은 책, 22쪽.

60   Cf. GPh, p. 319; 『현상학의 근본문제들』, 321쪽.

시작하는 것에 비해 존재의미를 해명하는 데 있어서 훨씬 유리하다. 또 앞서 말한 것처럼 현존재는 언제나 일상적 존재이해를 지니고 있고 거기서부터만 존재의미에 대한 물음이 시작될 수 있다. 인간은 언제나 세계 안에 존재하면서 세계 내에서 만나게 되는 다른 모든 존재자들에 대해서도 존재이해를 가지고 있기 때문에, 다른 존재자들의 존재의미에 대한 해명도 인간현존재 분석에서 그 근거를 찾을 수밖에 없는 것이다. "따라서 다른 모든 존재론이 그로부터 비로소 생겨날 수 있는 기초존재론은 현존재의 실존적 분석론 안에서 찾아져야 한다."[61]

손안에 있음과 탈존으로서의 실존

그렇다면 이렇게 인간현존재 분석론을 통하여 해명된 존재의 의미는 무엇인가? 앞서 살펴보았듯 하이데거에 따르면 존재자는 크게 나누어 다음과 같은 세 가지 형태로 존재한다. 눈앞에 있음(Vorhandenheit) 으로, 손안에 있음(Zuhandenheit)으로, 실존(Existenz)으로. 서구의 전통적 형이상학은 모든 존재자를 오로지 눈앞에 있음의 방식을 통해서만 설명하려 하였고 그것이 진정한 존재의미를 해명하는 데 걸림돌이 되었다. 하지만 가장 궁극적인 현존재의 존재방식은 실존이며, 따라서 현존재의 실존에 대한 분석이 존재의미에 대한 탐구의 핵심이 되어야 한다. 그리고 보통의 경우 눈앞에 있음으로 분석되는 현존재 이외의 다른 존재자들의 존재방식의 본래적 의미는 손안에 있음에서 찾아져야 한다. 따라서 이러한 세 가지 존재방식의 의미는 무엇이며, 왜 실존과 손안에 있음이 눈앞에 있음보다 중요한지를 해명하는 것이 하이데거의 철학을 이해하는 데 필수적이다.

하이데거에 따르면 현존재와 그와 같은 존재방식을

지니는 동반현존재(Mitdasein), 쉽게 말하자면 동료 인간들 외에 다른
모든 존재자들이 존재하는 근본적인 방식은 손안에 있음이다. '손안에
있음'이란 일차적으로는 도구가 인간의 손안에서 그 원래 목적을
이룰 수 있다는 의미에서 이름 붙여진 개념이다. 예를 들어 망치는 그
물리적 제원이 어떠한가에 의해서가 아니라 그것이 어떠한 용도로
사용되는가에 따라 존재의미가 결정된다. 모든 존재자는 그 구체적인
내용은 다르겠지만 어떤 형태로든 이와 유사한 의미연관을 지니고 있게
마련이며 이러한 의미연관들의 총체가 곧 우리가 접하게 되는 세계를
구성한다. 현존재는 언제나 이런 세계 안에서 존재하는데, 이것을
하이데거는 현존재의 본질적인 존재방식으로 파악하고 세계내 존재
(In-der-Welt-Sein)라고 불렀다. "하나의 세계 안에 존재한다는 것이
현존재의 본질적 속성이다."[62] 여기서 세계는 물리적 존재자들의 총체가
아니라 존재자들의 의미연관의 총체이다. 따라서 현존재의 존재지평에
따라 끊임없이 변화하게 된다. 유일하게 변하지 않는 사실은 현존재가
존재하는 한 언제나 세계 내에 존재한다는 사실이다. 그러나 현존재의
존재는 세계 내에 존재한다는 것만으로는 설명될 수 없다. 왜냐하면
현존재는 자신의 존재 자체에 대해 물음을 제기하며 미래의 가능성을
향해 자신을 초월할 수 있는 존재자이기 때문이다.

---

61 SZ, p. 13;『존재와 시간』, 30쪽. 그런데 그가 분석대상으로 삼은 인간현존재는
이성적 사유의 주체가 아니라 미래를 향하여 자신을 투사하는 실존적 존재자다.
이 점에서 그의 현존재분석론은 수학적·자연과학적 이성에 기반을 둔 근대의
인간중심주의를 분명하게 벗어난다. 게다가 후기로 갈수록 미래를 향한
결단보다는 존재의 소리에 귀를 기울이고 그에 응답하는 '겸손한' 사유를
강조하면서 그의 철학은 '인간중심주의'와 더욱 확실하게 결별한다.

62 SZ, p. 13;『존재와 시간』, 29쪽.

하이데거는 바로 이런 의미에서 현존재와 동반현존재의 존재방식을
실존이라 규정한다. 이 용어를 그는 전통적인 의미에서의 실존과는
다르게 정의한다. 원래 중세철학에서 실존(existentia)은 본질(essentia)과
구별하여 현실적으로 존재하는 존재자의 존재방식을 일컫는 말이었다.
실체로서의 존재자를 궁극적인 존재자로 설정하고 그것으로부터
세상을 설명하려던 전통적인 철학에서는 언제나 이것을 본질에
뒤처지는 것이라 파악하였다. 하지만 하이데거는 이 용어를 ek-sisto(밖에
세우다)라는 라틴어 어원의 풀이를 통해 '탈존'(Ek-sistenz)이라는 의미로
재해석한다.[63] 탈존으로서의 실존은 현존재가 자신의 한계를 뛰어넘어
미래의 가능성을 향해 자신을 투사할 수 있는 존재자라는 의미를 담고
있다. 이 말이 무슨 뜻인지는 그가 현존재의 본질적 존재방식으로
파악하는 염려를 파악해야 제대로 이해할 수 있다.

불안과 염려

하이데거에 따르면 인간은 언제나 기분에 ―그것이 어떤 종류이건
간에 ―사로잡혀 있다. 어떤 기분들은 떨쳐버리기 힘들 정도로 질기고,
어떤 기분들은 찰나적으로 스쳐 지나갈 뿐이다. 기분이 어디서
오는지는 잘 알 수 없지만 우리는 언제나 이러저러한 기분들에 젖어
있다. 보통의 경우 우리는 존재의 진정한 의미를 파악하기 위해서는
깊이 침잠하여 차분하게 들여다보는 관조 행위가 필요하다고 생각한다.
그런데 오늘날 학문의 핵심이 된 이론(theory) 개념의 어원이 바로
관조를 뜻하는 그리스어(θεωρία)였다. 아리스토텔레스에 따르면 이러한
관조가 가능하기 위한 조건은 여유(ῥαστώνη)와 한가함(διαγωγή)이었다.
하이데거는 이 여유와 한가함도 수많은 기분 중 하나에 불과하다고

주장한다.[64] 따라서 다른 모든 정서를 배제하고 이러한 정서만을
중시하는 고찰방식으로는 현존재를 제대로 파악할 수 없다. 이렇게
우리가 언제나 처해 있는 상태 자체를 존재론적으로 지시하기 위해
하이데거는 처해 있음(Befindlichkeit)이라는 용어를 사용하고 그것이
"근원적인 실존범주"라고 주장한다.[65] 일상적인 언어로 풀어 말하자면
그것이 곧 기분(Stimmung)이다. 현존재는 이러한 처해 있음 안에서
자신은 물론 세계 내적 존재자들을, 세계-내-존재 자체를 발견한다.[66]
그렇다면 이 중에서도 현존재의 존재방식을 가장 근원적으로 보여줄
수 있는 근본적인 정서는 무엇일까? 하이데거는 그것이 불안이라고
주장한다. 얼핏 보기에 이 주장은 실제와는 거리가 있어 보인다. 불안은
표면적으로는 우리가 자주 경험하는 정서가 아니다. 비슷한 정서인
공포를 더 자주 경험하며 그 외에도 즐거움이나 슬픔, 고통이나 기쁨
등을 일상에서 훨씬 더 자주 경험한다. 그럼에도 불구하고 불안이
근본정서가 되는 이유는 그것이 현존재로 하여금 다른 존재자들로부터
벗어나 자기 자신에 집중할 수 있게 해주기 때문이다.

　　　　우선 불안은 공포와는 달리 구체적인 대상이 없다. "불안은
불안해 하는 대상이 무엇인지 모른다. […] 불안의 대상은 전혀 규정되어
있지 않다."[67] 불안의 대상은 어디에도 없다. 불안이 해소되고 나면

63　Cf. Martin Heidegger, Brief über den Humanismus in: Wegmarken GA 9,
　　Vittorio Klostermann, 1976, p. 343.

64　Cf. SZ, p. 138; 『존재와 시간』, 192쪽.

65　SZ, p. 134; 『같은 책』, 187쪽.

66　Cf. SZ. p. 135ff; 같은 책, 188쪽 이하.

67　SZ, p. 186; 같은 책, 254쪽.

사람들은 "그건 원래 아무것도 아니었어"[68]라고 말하곤 한다. 공포의
대상이 아직 나타나지 않은 경우에도 사람들은 그것이 나타날 경우
무엇일지 예측할 수 있다. 그러나 불안의 경우에는 예측할 수 있는 대상
자체가 존재하지 않는다. 세상에 존재하지 않는 것, '무'(無)에 대한
불안인 것이다. 그렇다고 해서 전혀 아무것도 존재하지 않는다는
뜻은 아니다. 불안은 그 안에 존재하는 개별적인 존재자들의 의미가
사라지기는 했지만 여전히 '거기'(Da)에 존재하는 세계 자체에 대한
불안이기 때문이다. 그런데 현존재의 근본적인 존재방식이 바로
세계-내-존재이기 때문에 세계 자체에 대한 불안은 곧 자기 자신의
존재 자체에 대한 불안이다. 불안은 이렇듯 현존재로 하여금 일상의
굴레에서 벗어나 '세계란 무엇인가? 나는 누구인가?'라는 근원적인
물음을 묻게 해주기에, 현존재의 가장 근원적인 정서다.

　　　　불안을 통해 우리는 현존재의 존재방식에 대한 중요한
깨달음을 얻을 수 있다. 불안은 이제까지 일상의 분주함과 걱정거리들에
파묻혀 자신에게 주목할 수 없었던 현존재로 하여금 자신의 존재의미에
대해 질문할 수 있게 해주며 자신의 본래적 존재가능성에 대해 깊이
생각하고 결단하여 구체적으로 행동할 수 있게 해준다. 불안에 휩싸여
있을 때 현존재는 일상적으로 편안함을 제공해주던 존재자들의 곁을
떠나 그 자신의 가장 고유한 존재가능성을 대면하게 되며 거기서
섬뜩함을 느끼게 된다.[69] 하지만 바로 이러한 섬뜩함을 통하여 현존재는
일상에서 벗어나 자신의 가장 고유한 존재가능성을 선택할 수도,
그러지 않을 수도 있는 자유를 획득한다. 인간의 본래적인 존재방식은
자신의 고유한 존재가능성에로 향해 있음이라는 특성을 지니고 있는
것이다. 반면 공포는 구체적인 존재자를 대상으로 삼아 이를 빌미로

자신의 본질적인 존재의미에 대한 추구를 회피하게 한다는 점에서 "세계에 빠져 있는, 비본래적이고 자기 자신에게 드러나지 않고 있는 불안"이다.[70] 공포는 본질적으로 불안에 근거하는, 불안으로부터 파생된 정서인 것이다.

불안을 통해 자신의 고유한 존재가능성과 관련을 갖게 된다고 해서 현존재가 그것을 과거의 자신과 완전히 별개로 파악하는 것은 아니다. 존재하는 한 그는 자신의 의지와는 상관없이 세계 속에 내던져진 채로 살아간다. 현존재의 가능성은 언제나 '주어진' 가능성인 것이다. 그가 언제나 미래의 가능성을 향해 자신을 던지지만 그렇다고 무턱대고 마음 내키는 대로 할 수만은 없는 이유가 여기에 있다. 다른 한편 현존재는 언제나 그때그때 세계 안에서 다른 존재자들과 더불어 존재하는 데 대개는 세상 사람들이 제시해주는 일상적 관념과 관습에 따라 살게 된다. 거기서 벗어나 스스로와 대면하기 위해 필요한 것이 바로 불안을 향한 용기다. 하이데거는 과거, 현재, 미래의 시간적 차원과 관련하여 살펴본 이와 같은 현존재의 존재방식을 다음과 같이 요약한다. "(세계 내부적으로 만나게 되는 존재자) 곁에-있음으로서 이미- (세계)-안에-[있으면서]-자기를-앞질러-있음."[71] 여기서 가장 중요한 것은 자기를-앞질러-있음이다. 살아 있는 한 인간은 언제나 미래를 향해 나아가게 마련이며 자신의 삶의 의미를 결정할 때 자신의 모습이 앞으로 어떠할 것인가가 가장 중요한 고려사항이 되기 때문이다.

68　SZ, p. 187; 같은 책, 255쪽.

69　SZ, p. 188; 같은 책, 257쪽.

70　SZ, p. 189; 같은 책, 259쪽.

71　SZ, p. 192; 같은 책, 262쪽.

아무리 지금 여기가 좋다고 해도 거기에 만족하고 머무는 것보다는 조금이라도 더 가치가 있다고 생각되는 미래를 향해 나아가는 것이 인간의 속성이다. 또 지금의 삶이 너무나 고통스럽고 비참하다 해도 미래의 희망이 있는 한 여전히 나는 가치 있는 인간일 수 있다.

불안에 대한 고찰을 통하여 드러난 이러한 인간현존재의 근본적 존재방식을 하이데거는 염려로 파악한다. 사람은 살아가면서 언제나 자신이나 타인, 그 외의 다른 모든 존재자들에게 관심을 가지고 마음을 쓰게 된다. 마음을 쓰게 되면 자연히 행동도 그에 따라 나오게 마련이다. 자신의 필요를 위해 무언가를 마련하기도 하고, 관심이 가는 대상은 배려하고 보살피기도 한다. 이러한 마련과 배려, 보살핌이 바로 하이데거가 말하는 염려다. 그런데 우리는 불안과 마찬가지로 염려도 자주 부정적인 의미로 사용한다. 독일어에서도 마찬가지다. 염려로 번역된 독일어 Sorge는 일상적으로는 대개 '근심, 걱정'을 뜻한다. 불안을 뜻하는 Angst와 동의어로 간주되는 경우도 있다. 하지만 이 말에 부정적인 의미만 있는 것은 아니다. '배려, 돌보아 줌'이라는 긍정적인 의미도 있다. 우리말에서도 마찬가지다. 마음을 쓰고 호의를 베풀어주어 고맙다는 뜻으로 우리는 종종 이렇게 말한다. "염려해 주신 덕분입니다." 둘 중 어떤 뜻이 더 근원적이고 우선적일까? 하이데거는 후자라고 주장한다. 무언가에 관심을 가지고 배려하는 마음이 있어야 그것에 대해 근심이나 걱정을 하게 되기 때문이다. 우리의 근원적인 존재방식은 마련하고 배려하고 돌보아주는, 그래서 근심하고 걱정하기도 하는 염려의 방식인 것이다.

염려는 두 가지로 구분된다. 동반현존재 이외의 모든 존재자들, 즉 손안에 있음을 그 근본적인 존재방식으로 지니는

존재자들의 경우 현존재는 그것들의 존재의미를 그대로 실현시켜 줄
것인지, 아니면 그것들의 존재의미와는 다른 형태로 존재하도록 할
것인지 선택해야 한다. 예를 들어 책꽂이용 선반이 하나 있다고 해보자.
이 선반이 자신의 존재의미를 실현하도록 해주려면 벽에 못을 박고
거기에 선반을 고정해서 그 위에 책을 올려놓을 수 있도록 해야 한다.
이렇게 해서 나는 책꽂이를 마련하게 된다. 물론 그것을 책꽂이가
아닌 다른 용도로, 예를 들어 분재용 화분받침으로 사용할 수도 있다.
이 경우 나는 책꽂이를 마련하지는 못하게 된다. 물론 그 대신 훌륭한
분재용 화분받침을 마련하였다. 어떤 경우에는 못을 잘못 박아 이
선반이 쪼개져 아예 쓸모가 없어지게 만들 수도 있다. 그런 경우에는
책꽂이든 다른 무엇이든 전혀 마련하지 못하게 될 것이다. 물론 군불
때는 아궁이의 땔감으로 사용될 수는 있을 것이다. 이것도 하나의 마련
행위일 수 있다. 처음 내가 거기에 부여했던 존재의미를 상실하기는
했지만 말이다. 하이데거가 손안에 있음의 방식으로 존재하는
존재자들과 현존재가 관계 맺는 방식을 마련(Besorgen)이라 부르는
이유가 여기에 있다.

     그런데 우리와 같은 동반현존재의 경우 이와는 다른
대면방식이 필요하다. 그는 우리와 마찬가지로 미래의 자신을 위하여
현재의 자신을 초월할 가능성을 지닌 존재자이기 때문이다. 이럴
경우 중요한 것은 그가 자신의 존재가능성에 대해 스스로 반응할 수
있도록 배려해주는 것이다. 그렇지 않을 경우에는 타인을 억압하거나
자율적이지 못하게 만들게 된다. 하이데거는 이 두 방식을 모두
아우르는 대면방식을 배려(Fürsorge)라고 불렀다.[72] 예를 들어보자.
내가 매우 아끼고 나를 무척 따르는 후배가 하나 있다. 이 후배가 나를

자신의 롤 모델로 생각한다며 자신의 진로에 대해 상담을 해왔다.
어떻게 해야 그에게 제대로 상담을 해줄 수 있을까? 나를 그렇게까지
높이 평가하고 나와 같은 삶을 살고 싶어 하니까 나처럼 살라고
말해주는 게 옳을까? 아니면 후배의 재능이나 성격, 좋아하는 일 등을
제대로 알 수 있도록 여러 방면에서 도와주어 자신에게 맞는 진로를
선택할 수 있도록 해주어야 할까? 하이데거의 답은 분명하다. 후배
자신에게 적합한 진로를 스스로 선택하도록 도와주어야 한다. 나도
나의 재능과 성격, 내가 진정 좋아하는 일이 무엇인지 스스로 찾아
그에 따라 진로를 선택했음을 보이는 것이 나를 롤 모델로 생각하는
후배에게 내가 해줄 수 있는 최선의 조언이다. 그저 나처럼 살라고
하거나 내가 생각하는 그의 성격이나 재능을 직접 말해주고 그에 따라
진로를 선택하게 하면 후배의 자율성을 빼앗게 되기 때문이다. 심지어
후배는 전혀 원하지 않는데도 내 생각을 강요하는 경우도 있을 수 있다.
그러면 후배는 자신의 자립심을 잃고 점점 더 내게 의존하게 될 것이다.

　　　　　마련이든 배려든 염려는 이렇듯 언제나 다른 존재자들과
함께 존재하면서 그(것)들과 관계 맺는 방식이다. 나는 언제나 손안에
있음의 방식으로 존재하는 존재자들, 동반현존재들과 더불어 세계
안에 존재하기 때문이다. 이것이 바로 '(세계 내부적으로 만나게 되는 존재자)
곁에-있음'의 진정한 의미다. 더불어 존재함(Mitsein)은 인간현존재의
본질적인 존재방식이다. 그것은 나의 현재뿐 아니라 과거와 미래에도
마찬가지로 적용된다. 앞에서 든 예를 다시 살펴보자. 나는 지금
책꽂이용 선반과 함께 존재하면서 일정한 관계를 맺고 있다. 하지만
내가 그것과 맺고 있는 관계는 단순히 현재의 상황만으로는 다 설명될
수 없다. 그것은 과거의 나와 밀접한 관련을 맺고 있다. 나는 독서를

무척 좋아하시는 부모님에게서 태어났고 어릴 때부터 책 읽기를
좋아했다. 내 집을 갖게 된 후 좋아하는 책을 한 권 두 권 사 모으게
된 것은 그런 이유에서다. 그러다 보니 어느새 원래 있던 서가는 이미
책으로 꽉 차게 되었다. 새로운 서가가 필요하게 된 것이다. 게다가
내 영혼을 살찌우기 위해, 더 나은 미래를 위해 나는 계속 책을 읽고
싶어 한다. 이렇듯 나 자신의 과거와 미래가 함께 고려되어야만 내가
그 선반과 맺는 관계가 제대로 설명될 수 있다. 나는 내가 선택하지
않았는데 그 안에 존재하게 된 세계 속에 내던져진 존재자다. 이미-
(세계)-안에-있음은 바로 이러한 존재방식을 가리킨다. 물론 가장
중요한 것은 과거나 현재의 내가 아니라 미래의 나다. 과거가 어떠했든,
지금 상황이 어떻든 내가 책꽂이를 마련하려는 것은 궁극적으로는
미래의 나를 위해서이기 때문이다. 그것은 내가 미래의 내 모습을
앞질러 가서 그것을 미리 선취함을 통해서 가능해진다. 이것이 '자기를-
앞질러-있음'의 진정한 의미다.

　　　　동반현존재의 경우도 마찬가지다. 내게 진로상담을 해 온
후배의 경우도 지금 당장의 상황만을 고려해서는 제대로 된 상담이
이루어지기가 어려울 수밖에 없다. 그의 과거를 잘 알아야만 그의
성격이나 재능을 정확하게 파악할 수 있고 그가 정말 좋아하는 것이
무엇인지 알 수 있기 때문이다. 물론 그러기 위해서는 나 자신의 과거가
어떠했고 지금의 나는 어떠한가가 분명하게 드러나야 한다. 하지만
무엇보다 중요한 것은 역시 그가 어떤 미래를 원하느냐 이고 나는 그와
앞으로 어떠한 관계를 맺고 싶은가, 이다. 그것은 또 내가 나 자신에게

72　Cf. SZ, p. 193; 같은 책, 263쪽.

원하는 미래와 따로 떼어 생각할 수 없는 문제이기도 하다.

　　　　물론 앞서 보았듯 현존재는 불안을 통해 이러한 개별적인
마련과 보살핌의 관계로부터 벗어나 전적으로 홀로 서게 된다. 하지만
거기에서는 그가 손안에 있음의 방식으로 존재하는 존재자들이나
동반현존재들과 맺는 관계의 총화인 세계 그 자체가 문제가 된다. 다른
존재자들과 더불어 이 세계 안에 존재함이 인간현존재의 본질적인
존재방식이기에 그것은 곧 인간현존재 자신이 문제가 된다는 것을
뜻한다. 내가 앞으로 어떻게 살아가야 하는가에 대한 결단은 곧 어떻게
다른 존재자들과 더불어 마련과 보살핌의 관계 속에서 살아가야
하는가에 대한 결단이다. 다른 말로 하자면 불안을 향한 용기를 가지고
섬뜩함을 느끼면서 불안 속에 홀로 서게 될 때 나는 세계 안에 존재하는
나의 본질적인 존재 방식인 염려 그 자체와 맞닥뜨리게 된다. 개별적인
마련과 보살핌의 관계가 아니라 마련과 보살핌의 관계 그 자체, 그것을
근본적인 속성으로 하는 나의 '세계-내-존재' 자체를 만나게 되는
것이다. 게다가 불안이 근본적으로 미래와 관련이 있는 정서인 것처럼
염려도 미래와 밀접한 관련을 맺고 있다. 불안이 인간현존재의 가장
근원적 정서인 또 하나의 이유가 여기에 있다.

죽음을 향한 존재

인간은 살아 있는 동안 다른 존재자들과 더불어 마련과 보살핌의 관계
속에서 살아가게 된다. 하이데거가 염려라 부르는 이러한 존재방식은
앞서 살펴본 바와 같이 과거, 현재, 미래의 시간적 계기를 그 안에
모두 포함한다. 그 중 가장 근원적인 것은 자기를-앞질러-있음에 담겨
있는 미래의 차원이다. 살아 있는 한 인간은 언제나 미래를 계획하고

미래를 향하여 자신을 투사하는 존재자이며 따라서 언제나 미완성의
존재자다. 인간 존재의 본질적 특징은 "지속적인 미완결성"(ständige
Unabgeschlossenheit)[73]이다. 죽음이 찾아와 삶이 완성될 때까지 이 과정은
끊이지 않고 계속된다. 그런데 아이러니컬하게도 죽음을 통한 삶의
완성은 곧 존재의 소멸을 뜻한다. 정작 존재를 완성하는 인간은 자신의
존재의 완성을 경험할 수가 없는 것이다.[74] 죽음은 누가 대신 경험해줄
수도 없다. 다른 사람을 위해 자신을 희생하여 죽음을 맞이하더라도
그것은 나의 죽음이지 타인의 죽음은 아니다. "죽음은, 그것이 '있는' 한,
각기 그때마다 본질적으로 나의 죽음이다."[75]

모든 인간에게 죽음은 두렵고 피하고 싶은 일이다.
사람들은 "죽으면 다 소용없어!"라고 말한다. 나를 그토록 기쁘게
하거나 슬프게 했던, 그래서 너무나 소중했던 모든 일들도 죽음
앞에서는 그 빛을 잃고 만다. 죽음은 내 존재의 소멸이고 더 이상
존재하지 않게 된다면 나는 기쁨이나 슬픔도 당연히 느끼지 않게 될
테니까. 천하의 모든 것을 가졌던 진시황제가 불로장생을 위해 그토록
노력했던 이유를 이해하지 못하는 사람은 아무도 없을 것이다. 하지만
우리는 죽음을 피할 수 없다. 인간은 누구나 죽게 마련이다. 게다가
살아 있는 동안에도 우리는 어쩔 수 없이 죽음과 마주하게 된다.
가족이나 친척처럼 가까운 타인이 세상을 떠나고 나면 엄청난 상실감에
고통스러워하며 슬픔에 잠긴다. 대개 이 때 자신의 죽음에 대해

---

73 SZ, p. 236; 같은 책, 318쪽 이하.

74 Ibid; 같은 곳.

75 SZ, p. 240; 같은 책, 322쪽.

처음으로 심각하게 생각하기 시작한다. 그런데 우리는 이런 생각에 그리 오래 잠겨 있지 않는다. 주위 사람들도 그렇게 하도록 우리를 격려한다. 빨리 잊고 일상의 삶으로 돌아오라고. 사랑하는 이의 죽음은 슬프지만 잊어야 하는 일인 것이다. 힘들지만 우리는 어찌해서든 슬픔을 이겨내고 우리의 일상으로 돌아온다. 그러고 나면 죽은 이를 까맣게 잊고 살아가고 있음을 문득 깨달을 때까지 아무 일도 없었던 듯 지낸다.

그런데 타인의 죽음을 경험하지도, 죽음에 대해 누군가로부터 이야기를 듣지 않았는데도 우리가 죽음을 마주하게 되는 순간이 있다. 어떻게 그런 일이 가능할까? 현존재의 근본기분인 불안을 통해서다. 불안을 통하여 접하게 되는 무(無)가 궁극적으로는 우리 존재의 소멸인 죽음을 뜻하기 때문이다. 일상의 삶에서 관계하던 모든 것으로부터 멀어지면 우리는 평소에는 전혀 하지 않던 생각에 빠진다. 삶의 종말에 대한 생각도 그 중 하나다. 그것은 몸서리쳐질 만큼 섬뜩한 경험이다. 죽음에 대해 진지하게 생각할 수 있는 기회를 불안을 향한 용기가 제공하는 것이다.[76] 그렇지 않으면 우리는 다시 일상이 주는 안락함으로 도피하게 된다. 죽음에 대해 생각할 필요가 없게 해주는 일상으로의 도피는 불안을 통해 접하게 되는 죽음의 끔찍함으로부터 우리를 보호해주는 일종의 안전막이다.

일상 속에서도 타인의 죽음을 간접적으로 경험하기는 한다. TV 뉴스는 매일 수많은 부음을 알린다. 하지만 우리는 그것을 "세계 내부적으로 발생하는 알려진 사건"[77]으로만 생각하지 우리와 직접 연관시켜 생각하지는 않는다. '사람은 확실히 언젠가는 죽게 마련이다. 그렇지만 지금은 죽음이 우리와 아무 상관이 없다. 언젠가는

우리에게도 죽음이 다가오겠지만 지금은 아니다.' 세상 사람들이
죽음에 대해 던지는 이런 말들을 듣고 흘릴 뿐 우리는 자신의 죽음에
대해 진지하게 사유하지 않는다. 이렇듯 죽음을 대면하려 하지 않고
그것에서 벗어나려 하며 항상 '남의 일'로 생각하기 때문에 죽음은
우리와는 상관없는 무엇이 된다. 사실은 바로 다음 순간에 죽음이
우리에게 찾아올 수도 있는데도 말이다. "이렇게 해서 사람들은 죽음의
확실성에 고유하게 해당되는 특징인 죽음이 어느 순간에든 가능하다는
사실을 은폐한다."[78] 우리는 이제 마음을 가라앉히고 다시 일상에
전념한다.

하지만 그렇다고 해서 정말 죽음이 극복된 것일까? 그렇지
않다. 죽음은 극복할 수 있는 대상이 아니다. 죽음을 피할 수 있는
사람은 아무도 없다. 그러면 어떻게 해야 하는가? 일상으로 도피하여
죽음을 잊고 삶에 전념하는 게 최선일까? 아니다. 하이데거에게
죽음은 오히려 그것을 향해 적극적으로 나아가야 하는 무엇이다.
죽음은 현존재의 완성을 의미하며, 죽음을 통해서만 인간은 자신의
모든 의미와 가치를 궁극적으로 실현할 수 있다. 자기 자신의 진정한
존재의미를 파악하고자 하는 현존재는 자신의 죽음에 대한 사유로부터
도피해서는 안 된다. 참다운 존재자이기 위해서는 항상 자신의 궁극적
존재가능성인 죽음을 향하여 자신을 던지는 결단과 실천이 필요하다.
이것이 하이데거가 말하는 죽음을 향한 존재(Sein zum Tode)의 진정한

76   Cf. SZ, p. 254; 같은 책, 340쪽.

77   SZ, p. 253; 같은 책, 338쪽.

78   SZ, p. 258; 같은 책, 345쪽.

의미다. 이러한 삶을 위해 우선 필요한 것은 불안을 향한 용기를 갖는
것이다. 불안을 향한 용기가 현존재로 하여금 죽음을 피하지 않고
대면하게 해주기 때문이다.

그런데 죽음을 향해 존재한다는 것은 구체적으로 어떤
의미일까? 죽음을 실현해야 할 목표로 삼아야 한다는 뜻은 아닐테니
말이다. 죽음에 대해 골똘히 생각하라는 의미도 아닐 것이다. 죽음에
대해서 계속 생각한다고 해서 여기서 문제가 되는 죽음에 대해 알 수
있는 것은 사실 아무 것도 없다. 다른 사람들이나 다른 존재자들의
죽음에 대한 관찰을 통해서 그 생물학적 특성을 알아낼 수는 있을
것이다. 어떻게 하면 삶을 좀 더 연장할 수 있는지, 고통스럽게 죽지
않을 수 있는지에 대해서도 알 수 있을 것이다. 하지만 그것은 내가
죽음을 통해 나의 삶을 어떻게 완성할 수 있는가와는 아무런 상관이
없다. "[…] 죽음에 대해 골똘히 생각한다고 죽음에게서 그 가능성의
성격을 완전히 빼앗지는 않아서 죽음을 여전히 다가오는 것으로
생각하게 되기는 하지만, 죽음을 계산하여 처리 가능한 것으로 만들려
함으로써 죽음[의 가능성으로서의 성격]을 약화시키게 된다."[79] 언제 어떻게
죽게 될지 생각하고 그 예상에 따라 이러저러한 행동을 계획하는 것도
진정한 죽음과 상관이 없기는 마찬가지다.

하이데거가 말하는 진정한 의미의 죽음을 향한 존재는
어떤 모습일까? 우선 그것은 가능성으로서의 죽음으로 미리 달려가
봄이다. 염려에 대해 살펴보면서 우리는 자기를-앞질러-있음이 인간의
가장 근원적인 존재방식이라고 말했다. 그런데 자기를 앞질러 존재하는
데는 한계가 있다. 인간은 유한한 존재자이기에 죽음을 넘어서 자기를
앞질러 갈 수는 없다. 죽음으로 미리 달려가 봄은 따라서 인간에게

주어진 가장 극단적 가능성과 마주침을 뜻한다. 극단적 가능성으로서의
죽음에 대한 생각은 우리로 하여금 다른 모든 존재자들과의 관계로부터
멀어져서 오로지 자신의 존재 의미에 대해 집중하게 만든다. 이로써
인간은 극복할 수 없는 죽음을 회피하는 것이 아니라 오히려 그것에
대해 자유로울 수 있게 된다. 그 경우에도 죽음은 언제 올지는 모르지만
분명히 언젠가는 도래할 무엇으로서 우리에게 일종의 위협으로
존재한다.[80] 이 위협을 그 자체로 느끼고 받아들일 수 있게 하는
것이 불안의 정서다. 불안의 대상은 무이고 그 궁극적인 형태가 바로
죽음이기 때문이다. "죽음을 향한 존재는 본질적으로 불안이다."[81]

　　　　　앞의 논의에서 밝힌 바와 같이 불안의 대상은 무(無)이면서
동시에 세계 내 존재 자체, 인간 현존재 자체다. 불안을 통해 죽음을
접하고 거기로 미리 달려갈 때도 세계와의 연결고리가 완전히 끊어지는
것은 아니다. 현존재에게 고유한, 마련하고 배려하는 존재방식으로서의
염려는 그 자체로 계속 문제가 되고 있다. "마련하는 ~곁에 있음과
배려하고 보살피는 ~와 함께 있음으로서 자신을 일차적으로 자신의
가장 고유한, 가능한 존재를 향하여 기획 투사하는 […] 한에서만
현존재는 본래의 자기 자신으로 존재한다."[82] 다만 일상에서 우리가
당연하다고 생각하여 그 안에 빠져 있던 사람들의 통념으로부터
자유로워질 뿐이다. "[미리 달려가 봄]은 현존재가 일상에서는 우선
사람들-자신에게 [빠져 스스로를] 상실하였음을 […] 드러내준다."[83] 이렇게

79　SZ, p. 261; 같은 책, 349쪽.

80　Cf. SZ, p. 265; 같은 책, 355쪽.

81　SZ, p. 266; 같은 곳.

82　SZ, p. 263; 같은 책, 352쪽.

83　Ibid; 같은 곳.

불안을 통하여 드러난 자신의 가장 고유한 가능성을 향하여 자신을
기획 투사하는 행위를 하이데거는 앞서 달려가 보는 결단(vorlaufende
Entschlossenheit)이라고 불렀다. 가장 근원적인 현존재의 존재방식은
바로 궁극적 가능성으로서의 죽음을 향한 존재이며, 미리 달려가
봄은 이러한 가능성을 가능성 그 자체로 열어 밝혀준다. 따라서
"결단은 미리 달려가 보는 것으로서야 비로소 현존재에게 가능한,
가장 고유한 존재를 향한 근원적 존재[방식]이 된다."[84] 죽음을
향하여 미리 달려가 보는 결단, 이것이야말로 가장 근원적인 인간
현존재의 존재 방식인 것이다.

　　　　『그리스인 조르바』로 우리에게 잘 알려진 그리스
출신 소설가 니코스 카잔차키스의 소설『전쟁과 신부』의 주인공인
야나로스 신부는 1940년대 그리스 내전 당시 정부군을 따라 전쟁에
참여한 종군 신부였다. 매일 죽음을 경험하면서도 그는 죽음에
대해 공포나 두려움을 갖지 않았다. 그는 어느 날 미리 만들어 놓은
자신의 무덤 앞에서 죽음을 두려워하지 않는 사람은 자유롭다는
놀라운 깨달음에 이르게 된다. 그렇다. 죽음을 두려워하지 않는
사람이 더 무엇을 두려워하겠는가! 자신을 짓누르는 두려움이
없다면 인간은 자신의 의지에 따라 마음껏 행동할 수 있다. 죽음에
대한 두려움으로부터의 해방은 인간이 최고의 자유를 누릴 수
있기 위해 필수불가결한 전제조건인 것이다. 하이데거는 여기서
한 걸음 더 나아간다. 단순히 죽음을 두려워하지 않는 데 머물지
않고 죽음까지도 포함해서 우리의 삶 전체가 어떠해야 하는가를
미리 생각해보고 내게 가장 합당한 삶과 죽음을 선택해야 한다는
것이다. 그가 "죽음을 향한 자유"[85]라고 부르는 것이 바로 이것이다.

사실 자세히 들여다보면 야나로스 신부도 그러한 삶을 선택했다. 그는
성직자였고 종군신부로서 정부군 병사들과 함께 하고 있었지만 산 위의
빨치산들과 깊은 연대감을 느꼈다. 게다가 자신의 아들은 좌익 민병대
대장이었다. 한 인간으로서 그는 이렇듯 대립하는 두 진영 사이에서
끝없는 갈등에 시달렸다. 그러면서도 그가 절대 잊지 않았던 한 가지는
그리스 민중에게 진정으로 필요한 것이 무엇인가 하는 물음이었다.
결국에는 자신의 아들에게 비극적으로 죽임을 당하면서도 그는 언제나
이 물음에 대해 자신이 내린 결론에 따라 행동하였다. 하이데거 식으로
말하자면 다른 존재자들과 갖게 되는 마련과 보살핌의 관계를 어떻게
하면 가장 바람직하게 만들어갈 수 있는가에 따라 행동한 것이다.
죽음도 두려워하지 않는, 죽음을 향한 자유와 용기를 지닌 채 말이다.
　　　　진정한 존재의 의미, 진정한 삶의 의미는 무엇인가?
이것은 과학적 명제를 통해 답할 수 있는 물음이 아니다. 존재와 무/
죽음, 진리와 비-진리의 변증법적 관계는 언제나 논리적 추론의
저편에 존재한다. 하지만 칸트가 말한 것처럼 인간은 언제나 저
너머의 무언가를 향해 끝없이 초월을 시도할 수밖에 없는 운명을
타고난 존재자다. "인간의 이성은 그 인식의 한 종류에 있어서 다음과
같은 특수한 운명을 지니고 있다. 이성의 본성에 따라 스스로 제기한
것이기에 거부할 수는 없지만 인간 이성의 모든 능력을 넘어서는
것이기에 [그에 대한] 해답을 찾을 수 없는 문제들 때문에 이성은
괴롭힘을 당한다."[86] 그에 따르면 이러한 인식의 종류에는 신의 존재,

84　SZ, p. 306; 같은 책, 407쪽.

85　SZ, p. 266; 같은 책, 355쪽.

86　KrV, A VII; 『순수이성비판』, 165쪽.

영혼의 불멸, 인간의 자유의지에 관한 인식이 포함된다. 어느 것 하나 무시할 수는 없지만 해답을 찾기가 거의 불가능해 보이는 문제들이다. 그럼에도 인간은 초월의 시도를 멈출 수가 없다. 우리가 추구하는 진정한 존재의 의미, 삶의 의미의 경우도 마찬가지다. 이때 필요한 것은 문제의 해답을 쉽게 찾을 수 있으리란 값싼 기대를 버린 채 죽음마저도 두려워하지 않고 끝없이 초월을 시도할 수 있는 용기와 자유로운 영혼이다. 그 끝없는 비상의 날개 짓을 멈추고 잠든 카잔차키스의 무덤에 새겨진 묘비명은 그래서 우리를 깊은 생각에 빠져들게 한다.

"나는 아무것도 바라지 않는다. 나는 아무것도 두려워하지 않는다. 나는 자유롭다."

3.   지나치며 넘어가는 철학함

"신은 죽었다. 이제 우리는 원한다. 초인이 나타나기를.

〔…〕

그대들 부류 중 더욱 많은 이들,

더욱 훌륭한 이들이 몰락해야 한다.

그대들은 더 심하고 고통스러운 일을 겪어야 하니까.

그렇게 되어야만 —

그렇게 되어야만 번개에 맞아 파멸당할 수 있을 만큼

인간이 충분히 높이 올라갈 수 있으니까."

(Friedrich Nietzsche, Also sprach Zarathustra in: Giorgio Colli / Mazzino
Montinari(ed.), Kritische Studienausgabe Band 4, de Gruyter, 1999, p. 357, 359);
『차라투스트라는 이렇게 말했다』, 책세상, 2000, 462, 465쪽 이하.

그림 4 오토 딕스, 〈전쟁 제단화〉, 목판 위에 유화, 1929-1932, 가운데 그림 204×204cm,
양 측면 그림 각각 204×102cm, 기저판 60×204cm, 드레스덴 노이에 마이스터 화랑 소장

오늘날 하이데거가 갖는 의미

한 시대의 철학은 그 시대의 근원적 물음에 답하고자 한다. 그렇다면
우리 시대의 근원적 물음은 무엇인가? 그리고 이 물음은 이전 시대의
근원적 물음과는 어떤 관계를 갖는가? 또 이런 물음에 답하기 위해
철학은 어떤 길을 택해야 하는가? 하이데거의 사유는 언제나 이런
물음들을 중심으로 전개되었다. 하지만 철학이 자연과학의 시녀쯤으로
치부되고 있고, 인문과학이 위기라는 진단 자체가 일상이 되어버린지
한참이 지난 지금 하이데거와 함께 이 시대의 근원적 문제에 대한
진지한 사유를 촉구한다면 어떤 사람들은 너무나 한가한 논의라며
비웃을지도 모른다. 그럼에도 불구하고 우리는 어떤 시인처럼 "밤새워
물어뜯어도 닿지 않는 마지막 살의 그리움"을 지닌 채 하이데거의
말에 귀를 기울이고자 한다. 도저히 풀 길 없어 보일 정도로 엉킨 우리
시대의 수많은 문제들을 해결하는 실마리를 이를 통해서 발견할 수
있다고 믿기 때문이다.

21세기 우리 시대의 화두는 세계화다. 모든 것이 이 잣대에 비추어
평가된다. 한 개인이나 기업, 관공서, 심지어는 학교까지도 이에 따른
평가와 '구조조정'을 피해가지 못한다. 이런 상황에 대해 하이데거
철학은 어떤 해결책을 제시할 수 있을까? 한마디로 말하자면 그가
우리에게 제시하는 해답은 '형이상학의 극복(Überwindung der Metaphysik)'
이다. 대부분의 사람들은 데카르트와 칸트 이래로 형이상학은 이미
과거의 유물로 전락했다고 생각하지만 사실은 그렇지 않다는 것이
하이데거의 주장이다. 그에게는 데카르트와 칸트의 철학, 심지어는
니체의 철학조차도 형이상학에 속한다. 하이데거에게 형이상학은
플라톤, 아리스토텔레스 이후 서양 철학사 전체를 관통하는 철학의

본질이며 20세기에 시작되어 21세기를 뒤흔들고 있는 세계화도—
이것을 하이데거는 태양계의 한 혹성인 지구 전체에 영향을 미친다는
의미에서 '혹성화(Planetarismus)'라는 용어로 지칭하였다— 형이상학이
관철되는 하나의 방식일 뿐이다. 우리가 알다시피 세계화의 과정은
한참 진행 중이며 아무도 거기에서 벗어날 수 없을 정도로 엄청난
영향력을 행사하고 있다. 과연 이것을 극복한다는 것이 가능한 일일까?
불과 몇 십 년 전 하이데거조차도 형이상학이 이제야 비로소 자신의
무조건적 지배력을 행사하기 시작했다고 말하고 있는데 말이다.[1]
어쨌든 분명한 것은 하이데거가 우리 시대 모든 문제의 근원으로
제시하는 형이상학은 근대 이후 21세기에 이르기까지의 시대에 국한된
것이 아니라 서구 철학 전반, 더 나아가서는 고대 그리스 이후 서구
역사의 전 과정을 관통하여 서구 사회를 지배해왔다는 사실이다.
세계화는 플라톤, 아리스토텔레스 이래로 누적되어 온 문제들이 이제
비로소 그 파괴력을 제대로 발휘하기 시작하는 현상으로 파악되어야
한다. 그러므로 지금 우리가 세계화로 인해 겪고 있는 문제들에
대해서도 단순히 현재의 상태를 피상적으로 분석하는 것만으로는
부족하고 그 뿌리까지 거슬러 올라가서 문제의 본질을 파악하고 그
역사적 진행과정을 살펴야만 제대로 된 해결책을 제시할 수 있다.
그런데 하이데거가 지적했듯[2] 형이상학으로 인해 발생한 구체적인

---

1   이에 대해서는 Martin Heidegger, Überwindung der Metaphysik in: *Vorträge und Aufsätze* (이하 VA), Neske, 1978(1954), p. 67f; 『강연과 논문』, 98쪽을 참조하라.

2   이에 대해서는 Martin Heidegger, Das Spiegel-Interview in: *Martin Heidegger im Gespräch*, Neske, 1988, p. 103ff.를 참조하라.

문제들을 철학이 직접 해결할 수는 없다. 그 근본적인 문제영역으로 들어가 문제의 근원을 밝히는 것으로, 즉 형이상학의 극복을 통하여 문제 해결에 일조할 수 있을 뿐이다. 그렇다면 하이데거가 생각하는 극복이란 도대체 무엇인가? 이러한 문제의식 하에서 하이데거의 철학적 사유의 길을 좇아 그 방법론을 고찰해보고자 한다. 하이데거 자신도 서구 형이상학의 역사 전체를 거쳐 발생한 문제의 근원을 방법론에 대한 깊은 성찰과 그를 통해 발전시킨 새로운 방법론을 통하여 찾아내고 해결하려 하고 있으니까 말이다.

과학에 대한 과학적 방법의 승리!?

방법이라는 개념의 기원이 된 그리스어 메토도스(μέθοδος)는 '함께, 뒤에'를 의미하는 전치사 메타(μετά)와 길을 뜻하는 호도스(ὁδός)의 합성어다. 따라서 진리를 발견하기 위한 사유의 길을 함께 따라간다는 뜻이다.[3] 이렇게 이해할 경우 방법은 오늘날 사람들이 쉽게 오해하는 것처럼 단순히 사유의 도구로서 외부로부터 사유의 대상에게 덧씌우는 틀이 아니라 사유의 모든 과정에 함께 스며 있는 철학함 자체의 모습이다. 그래서 어떤 방법을 선택하는가는 세상을 어떻게 바라보는가와 본질적으로 깊은 연관관계를 지닐 수밖에 없다. 따라서 사유의 방법론과 사유의 내용은 언제나 상호작용을 주고받으며 함께 변화하게 된다. 그런데 니체는 여기서 한 걸음 더 나아가 방법이 학문 자체보다 더 큰 영향력을 행사하는 것이 19세기의 특징이며 그것은 학문의 본질에 따른 필연적 귀결이라고 주장한다.

19세기의 두드러진 특징은 과학의 승리가 아니라 과학에

대한 과학적 방법의 승리다. 〔…〕 가장 가치 있는 통찰들은
가장 늦게 얻어진다. 그런데 가장 가치 있는 통찰들이란 바로
방법들이다.[4]

그러나 니체만이 이런 사실을 깨달은 것은 아니었다. 근대철학의
대가들은 누구나 할 것 없이 철학적 방법론의 중요성을 알고 있었다.
하지만 하이데거는 그들이 철학적 방법론의 중요성을 지나치게
확대해석하여 방법론을 통하여 학문의 내용이 전적으로 좌우되는
결과를 낳았다고 비판한다. 근대철학의 아버지라 불리는 데카르트는
『방법서설』(*Discours de la méthode*), 『인간 정신 지도를 위한 규칙들』(*Regulae
ad directionem ingenii*; 이하 『규칙들』) 등의 저술을 통해 진리에 도달하기
위한 방법의 중요성을 강조하고 있다. 『규칙들』에서 그는 방법이
진리의 탐구를 위해 필수라고 주장한다.[5] 그에 따르면 학문적 방법은
크게 두 가지로 나눌 수 있다. 하나는 그가 진정한 지식의 기준으로
제시한 명석함과 판명함에 도달하기 위한 절차적 방법이며, 기하학과
수리학의 원칙에 따라 사물에 대한 탐구를 진행하는 것이 그 특징이다.
데카르트는 『방법서설』 제2부에서 이러한 방법론의 원칙에 대해

---

3   Martin Heidegger, *Der Satz vom Grund* (이하 SG), Neske, 1971(1957), p. 111.

4   Friedrich Nietzsche, *Wille zur Macht* (이하 WzM), Nr. 466, 469; 『권력에의
의지』, 297쪽. Martin Heidegger, *Unterwegs zur Sprache* (이하 US), GA 12,
Vittorio Klostermann, 1985 (Neske, 1959), p. 168; 『언어로의 도상에서』,
238쪽에서 재인용.

5   René Descartes, *Regulae ad Directionem Ingenii* (이하 RDI), Regula 4;
『방법서설, 정신지도를 위한 규칙들』, 29쪽 : "Necessaria est methodus ad
veritatem investigandam."

다음과 같이 간략하게 설명하고 있다. 1) 분명히 그렇다고 인식하지 못하는 것은 어떤 것이라도 참으로 인정하지 않는다. 2) 어려운 문제가 대두될 경우 언제나 가능한 한 많은 부분으로 나누어 고찰한다. 3) 가장 간단하고 인식하기 쉬운 것으로부터 순서에 따라 사유를 진행한다. 4) 어느 것도 생략하지 않았다는 확신이 들도록 모든 것을 다 살펴보고 거명하여 다룬다.[6] 이러한 원칙들은 얼핏 보기에는 매우 효과적이며, 이를 통하여 얻어진 인식의 타당성을 절대적으로 보증해주는 것처럼 보인다. 이 원칙들은 『규칙들』에서 더욱 상세하게 논의되어 있다. 이 책에서 데카르트가 제시하고 있는 규칙들, 그중에서도 특히 규칙 8에서 우리가 살펴보고자 하는 문제가 가장 선명하게 드러난다. "우리가 고찰하고자 하는 일련의 사물들 내에서 우리의 오성으로는 충분히 이해할 수 없는 것을 접하게 되면 거기서 멈추고 더 이상의 연구를 진행하지 않음으로써 불필요한 수고를 덜어야 한다.[7] 하지만 바로 이 규칙 때문에 그는 가장 근본적 철학개념인 존재 개념을 해명하지 않고 그냥 덮어두는 우를 범하고 말았다고 하이데거는 비판한다. 『철학의 원리』(*Principiae Philosophiae*)에서 데카르트는 다음과 같이 주장한다.

> 개념들 중에는 너무나 명석한 것들이 있는데 그것들은 연구를 통해서 얻어지는 것이 아니라 그 자체로 우리에게 알려져 있으며, 그것들을 스콜라 학파 학자들처럼 정의하려 하면 오히려 더욱 모호하게 만들어버리게 된다.[8]

데카르트가 이렇듯 너무나 명석하기 때문에 그에 대해 정의하려는 노력조차 그것을 더 모호하게 만들 뿐이라고 생각했던 개념 중에는 존재 개념도 포함된다. 하이데거는 『존재와 시간』에서 이런 데카르트의 주장을 다음과 같이 비판하고 있다. "'생각하는 존재자로서 나는 존재한다(cogito sum)'는 명제로써 데카르트는 철학에 새롭고 더 확실한 토대를 제공했다고 주장한다. 하지만 그가 이토록 '철저하게' 새로운 철학을 한다고 하면서도 명확하게 규정하지 않은 채로 내버려둔 것이 바로 사유하는 존재자(res cogitans)의 존재방식, 더 정확하게 말하자면 '나는 존재한다(sum)'에 담겨 있는 존재의 의미이다."[9] 그리하여 데카르트는 존재에 대한 물음을 소홀히 다루게 되었고 그것이 플라톤, 아리스토텔레스 이래로 서구 철학을 지배해온 존재망각을 더욱 심화시키는 계기를 마련했다는 것이다. 이것을 좀 더 일반화시켜 파악하자면 다음과 같다. 자연과학적·수학적 방법론의 중요한 특징 중 하나는 관찰하고자 하는 대상의 어떤 한 측면만을 파악하기 위해 일종의 실험실과 같은 상황을 만들고 거기서 얻어지는 결과만을 참된 지식으로 받아들이는 것이다.[10] 이러한 실험실 상황에서는 모든 것을 거명하여 분석할 수 있고 모든 현상의 근거를 그 상황 안에서 설명할 수 있기 때문이다. 그런데 문제는 현실을 이렇게 자의적으로 재단하여

---

6   DM, p. 39; 방법서설, 정신지도를 위한 규칙들』, 168쪽 이하.

7   라틴어 원문은 다음과 같다. "Si in serie rerum quaerendarum aliquid occurrat, quod intellectus noster nequeat satis bene intueri, ibi sistendum est, neque caetera quae sequuntur examinanda sunt, sed a labore supervacuo est abstinendum."

8   René Descartes, *Les principes de la philosophie*, la premiere partie, principe 10 in: Œuvres philosophiques de Descartes, Presses Mécaniques, 1838, p. 290; 『철학의 원리』, 14쪽. 라틴어 원문은 다음과 같다. "Quae simplicissima sunt & per se nota, definitionibus Logicis obscuriorareddi."

9   SZ, p. 24; 『존재와 시간』, 43쪽.

분석하는 것이 과연 진정한 인식에 이르는 올바른 방법이냐 하는
것이다. 사유의 혼란을 꺼려 존재나 사유 등의 근본개념을 자의적으로
탐구대상에서 제외시키는 것은 결코 참된 지식에 이르는 길이 아니다.
오히려 자신만의 틀에 갇혀 현실을 제대로 보지 못할 위험이 크다.

　　　　　데카르트가 채택한 또다른 방법은 방법론적 회의다.
모든 학문의 흔들리지 않는 토대(fundamentum inconcussum)로서의
근본원리에 도달하기 위해 그는 기존의 선입견을 모두 의심하는 방식의
사유를 택했다. "진리를 탐구하기 위해 인생에 있어 한 번은 가능한
한 모든 것을 의심에 부치는 것이 필요하다."[11] 하지만 이에 대해서도
하이데거는 라이프니츠의 말을 빌어서 다음과 같이 비판한다.
"라이프니츠는 데카르트의 [사유]방식에 대해 다음과 같은 사실을
지적하였다. '그는 그에게 지도적 원리로 작용했던 표상의 명석함과
판명함의 본질이 어디에 있는지를 밝히지 않았다.' 라이프니츠에
따르자면 데카르트는 이 대목에서 너무 적게 회의한 셈이다."[12]
여기서 분명한 것은 라이프니츠가 데카르트의 방법론적 희의 자체를
비판하지는 않는다는 사실이다. 게다가 하이데거 자신도 이 방법을
사용하고 있다. 기존의 가치관이나 사유방식을 끊임없이 의문에 부치는
것이 하이데거 사유의 가장 기본적인 형태였음을 부정할 사람은
없을 것이다. 하이데거가 비판하는 것은 오히려 데카르트가 추구하고
있는 확실성의 사유다. 명석함과 판명함을 기준으로 하는 이 사유의
근저에는 사유하는 정신인 주체에게 학문의 절대적인 출발점의 지위를
부여하려는 의도가 깔려 있다. 따라서 확실하지 않은 것은 진리의
왕국에서 배제시키게 되며 진리로서 인식의 대상이 되는 것은 모두
자신의 테두리 안에 가두어버리게 된다. 이것이 칸트의 초월적 자아를

거쳐 헤겔의 절대정신에 이르러 완성된다는 하이데거의 진단이다.
그렇게 되면 방법은 더 이상 학문의 대상과 분리되어 고찰될 수 없고
대상 그 자체가 된다. 절대 이념에 대해 설명하려면 방법에 대해 설명할
수밖에 없다는 헤겔의 주장에서 우리는 이러한 사유의 완성된 형태를
확인하게 된다. "이제 여기서 고찰돼야만 할 것은 내용 그 자체가
아니라 바로 이 내용의 형식이라고 하는 보편적 요소, 다시 말하면
방법인 것이다. [⋯] 방법은 이제 자기 자신을 깨우치며 또 자기를
절대자로, 다시 말하면 주관적인 것이면서 동시에 객관적인 것으로
하여 바로 이 자기를 대상으로 지니는 개념일 뿐이니, 결국 여기서
방법은 개념과 그의 실재성과의 순수한 합치로서, 그리고 동시에 개념
그 자체이기도 한 실존으로서 발현되기에 이르는 것이다."[13]
물론 이들이 데카르트의 방법론에만 머물러 있었던 것은 아니다.
철학적 고찰을 시작하면서 우선 고찰의 방법에 대해 서술하는
데카르트와는 달리 칸트는 『순수이성비판』 마지막 부분에서 방법론에
대해 다루고 있으며, 헤겔도 『대논리학』 마지막 부분인 절대이념
장을 방법에 대한 논의에 할애하고 있다. 데카르트가 학문의 내용과

10 칸트가 "이성은 자연으로 하여금 자신의 물음에만 대답하게 해야 한다"(KrV,
    Vorrede zur zweiten Auflage, B XIII; 『순수이성비판』, 180쪽)고 주장했던 것도
    이러한 맥락에서 파악할 수 있을 것이다.

11 PPh, *la premiere partie*, principe 1, p. 289; 『철학의 원리』, 9쪽. 라틴어 원문은
    다음과 같다. "Veritatem inquirenti, semel in vitâ de omnibus, quantum fieri
    potest, esse dubitandum."

12 SG, p. 29.

13 G. W. F. Hegel, *Wissenschaft der Logik* (이하 WL) II, Werke in 20 Bänden,
    Band 6, Suhrkamp, 1986, p. 550f.; 『대논리학 (III)』, 412쪽.

형식을 철저하게 이분법적으로 다루었던 데 반해 이들은 이 둘을
종합적으로 파악하려는 시도를 하고 있는 것이다. 칸트에게 초월적
방법론(transzendentale Methodenlehre)은 "순수이성의 온전한 체계가
지녀야 할 형식적 조건들에 대한 규정"[14]이었다. 이것은 그가 목표로
했던 건축물인 "순수 이성과 사변 이성의 모든 인식의 총화"(Inbegriff
aller Erkenntnis der reinen und spekulativen Vernunft)에 도달하기 위해 초월적
원리론(Transzendentale Elementarlehre)에서 얻어진 재료들을 가지고
구체적으로 건축을 계획하는 작업이었다. 하지만 실질적인 내용으로
보아 초월적 방법론은 비판적 방법론으로서『순수이성비판』전체를
관통하고 있으며 그 속에는 칸트 자신이 통찰한 철학적 진리의 본질적인
내용이 담겨 있다. 물론 초월적 원리론에서 다루어진 내용들이 방법론과
동일한 맥락에서 파악되고 있지는 않다. 그런데 헤겔에 이르러서는 방법
(론)과 이론의 내용 사이의 외면적 구별 자체도 사라진다. 방법은 그
자체로 절대 이념과 동일시되며 헤겔이 추구하던 사태 그 자체(die Sache
selbst)이다. 이렇게 해서 데카르트가 의도했지만 이루지 못했던 절대적
확실성이 '주체의 확실성'으로서의 절대적 방법으로 확립되었다.

어쨌든 이렇게 절대적인 지위를 획득하게 된 방법은
이제 학문의 내용 자체를 규정하게 된다. 이렇게 해서 방법의 학문에
대한 승리가 완성된다. 학문은 이제 인간의 이성이 규정하는 방식,
즉 방법에 의해 좌우되게 된다. 이것이 니체가 말한 '과학에 대한
과학적 방법의 승리'다. 하이데거는 바로 이 지점에서 출발하여 방법을
중심으로 형이상학을 비판한다. 철학적 방법론과 내용이 본질적인
상호연관관계를 지닌다는 통찰을 넘어서 확실성의 기준 아래 모든 것을
획일화시켜버린 것이 오늘날 우리가 접하고 있는 모든 문제의 근본적인

원인이라는 것이다. 자신을 절대화하는 정신이 가져온 폐해를 끊임없이
지적했던 그는 이런 의미에서 자연과학의 방법론에 입각한 근대철학
방법론에 대한 철저한 비판을 통해 자신의 방법론을 정립한다.
그렇다면 그의 방법론은 구체적으로 어떤 모습일까? 우선 분명한
것은 그가 기존의 것에 대한 철저한 반성과 회의로서의 철학적 방법에
대해서는 자연과학적 방법과는 다르게 긍정적인 태도를 취했다는
사실이다. 이것이 그의 방법론에 어떤 영향을 미쳤는지 이제부터
살펴보기로 하자.

현상학적 해체

교수자격 취득논문의 서문 첫머리에 하이데거는 다음과 같은 헤겔의
말을 인용하고 있다. "철학의 내적본질과 관련하여서는 먼저와 나중의
구별이란 존재하지 않는다."[15] 하이데거 본인의 말을 빌려 이 생각을
표현하자면 다음과 같다. "본질적인 것에 있어서는 진보란 없고 단지
같은 것(das Selbe)의 변용이 있을 따름이다."[16] 이 인용문은 하이데거의
초기 사상에서부터 현상학적 해체의 방법이 매우 중요한 역할을
했음을 암시하고 있다. 왜냐하면 그에게 현상학적 해체란 그에 앞서

14   KrV, A 707f. / B 735f, 『순수이성비판』, 859쪽.

15   Martin Heidegger, Die *Kategorien- und Bedeutungslehre des Duns Scotus* in:
GA 1, *Frühe Schriften*, Vittorio Klostermann, 1978, p. 193. 이 인용문의 출처는
다음과 같다: G.W.F. Hegel, *Differenz des Fichte'schen und Schelling'schen
Systems der Philosophie* in: G.W.F. Hegel, *Jenaer kritische Schriften*,
Gesammelte Werke, Band 4, Felix Meiner, 1968, S. 1. 하이데거 자신이 밝힌
출처는 G.W.F. Hegel, W.W. I, p. 169이다.

16   GP, p. 54.

철학의 근원적인 문제들을 가지고 씨름한 철학자들과의 대화 및 그에
대한 비판을 뜻하기 때문이다. 하이데거에 따르면 진정한 철학적
사유를 감행하려는 사람들은 어느 시대든지 반복해서 제기되는 몇
가지 본질적인 문제를 끊임없이 대면하기 마련이다. 심지어 그에게는
이렇게 묻는 것 자체가 철학함이었다. 특히 다음과 같은 말에서 이러한
생각이 분명하게 드러나 있다. "근본적인 물음들을 물음으로써 비로소
무엇이 철학인가가 규정되어진다."[17] 또 "우리의 목표는 모색(Suchen) 그
자체이다."[18]

사실 이런 생각은 『존재와 시간』에서도 분명하게 드러난다.
이 책에서 하이데거는 미래를 향하여 자신을 던진다는 의미에서 인간
현존재의 존재방식을 실존으로 파악한다. 그리고 이러한 존재방식을
시간성의 구조를 통해 설명한다. 우선 인간은 자신의 의지와는
상관없이 태어나 세계 안에 존재한다. 이것이 과거와 관련된 인간의
존재방식인 던져져 있음(Geworfenheit)이다. 또 인간은 지금 이 순간
다른 존재자들과 더불어 존재한다. 이것이 현재와 관련된 인간의
존재방식인 곁에 있음(Sein-bei)이다. 마지막으로 인간은 살아 있는 한
언제나 자신의 미래를 설계하며 그것을 위해 끊임없이 미래를 향하여
자신을 던진다. 이것을 하이데거는 지금의 존재를 벗어나 미래를 향해
나아간다는 의미로 탈존(Ek-Sistenz)이라 부른다. 앞장에서 살펴보았듯
이전의 철학이 이러한 존재의 의미를 제대로 파악하지 못했기 때문에
존재망각에 빠졌으며, 이것이 서구 근대철학에 이르러 더욱 극대화되는
사건이 주체개념의 등장이라고 그는 주장한다. 이러한 자신의 입장을
분명하게 드러내 보이기 위해, 더 정확하게 말하자면 어떻게 그러한
입장에 도달하게 되었는지를 명확하게 나타내기 위해, 그는 칸트와

데카르트, 아리스토텔레스의 철학을 현상학적 해체의 방법을 통해서
살펴보겠다고 말한다.[19] 하지만 이 의도는 실현되지 못했다. 원래
『존재와 시간』은 2부로 기획되었고 제1부와 제2부가 각각 3장(Abschnitt)
으로 이루어질 예정이었으나 출간된 내용은 제1부 제2장까지였다.
앞서 언급한 세 철학자에 대한 현상학적 해체는 제2부에서 이루어질
예정이었다. 따라서 그가 의도했던 현상학적 해체가 구체적으로 어떻게
전개되었을지는 정확하게 알 길이 없다. 어쨌든 그가 현상학적 해체의
방법을 사용하여 살펴보려던 대상은 인간 현존재의 시간성에 관한
아리스토텔레스의 시간 개념, 칸트의 초월적 도식론과 시간론, 근대
철학의 주체 개념과 관련하여서는 데카르트의 사유하는 자아(cogito sum)
의 존재론적 기초였다. 시간과 주체 개념은 모두 하이데거 철학에서
존재의 의미를 해명하기 위해 매우 중요한 것들이었다. 따라서 이
세 연구는 그가 철학에서 가장 중요한 문제로 생각했던 존재의
의미에 관한 물음이 서구 철학의 전통 속에서 어떻게 다루어졌는가를
살펴본다는 의의를 지닌다.

    이런 의미에서 하이데거 철학의 본질적 방법론으로

---

17   GP, p. 1.

18   GP, p. 5.

19   그가 계획했던 『존재와 시간』의 차례와 거기서 현상학적 해체가 차지했던
비중에 대해서는 SZ, p. 39f; 『존재와 시간』, 63쪽 이하를 참조하라. 자크 데리다가
추구하는 해체(déconstruction)의 철학도 본질적으로는 하이데거가 주창한
현상학적 해체의 연장선상에 있다. 하지만 그는 하이데거가 이 과제를 철저하게
수행하지 못하고 망설임(hésitation)으로써 여전히 서구 전통철학의 로고스
중심주의(logo-centrisme)/음성 중심주의(phono-centrisme)를 벗어나지
못했다고 주장한다. (Cf. Jacques Derrida, De la Grammatologie, les éditions
de minuit, 1967, p. 38f.; 『그라마톨로지』, 민음사, 2010, 72쪽)

채택되고 있는 것이 바로 현상학적 해체(phänomenologische Destruktion)다. 이 방법론은 후기에 가서는 직접 거론되고 있지는 않지만 역사적 사려(geschichtliche Besinnung)라는 이름 아래 본질적으로 계속 사용되고 있다.[20] 뒤에서 살펴보겠지만, 해석학적 순환에서 중요한 출발점이 우리의 일상적인 존재이해라면, 이러한 일상적인 존재이해에 녹아들어 있는 매우 중요한 요소가 바로 서양철학 전통 속에서 오랫동안 전해져 내려온 중요한 개념들에 대한 선입견이다. 하이데거에 의하면 이 개념들은 오래 전에 위대한 철학자들이 진지하게 사유하였던 흔적들을 그 안에 담고 있지만 오랜 세월이 지나면서 그 진지한 사유의 모습들은 사라지고 통속적인 내용들만이 우리에게 전해져 오고 있다. 그래서 과거의 본질적인 경험들의 흔적이 녹아 있는 이러한 개념들을 둘러싼 통속성의 외피를 벗겨내고 진정한 사유의 속살을 드러내는 작업이 매우 중요하다. 그래야만 존재론에 있어서 진정으로 문제가 되는 것이 무엇인지가 우리 앞에 열어 젖혀진다는 것이다. 따라서 언뜻 보기에는 쓸 데 없이 먼 길을 돌아가는 것처럼 보이는 이 시도가 사실은 사태의 본질에 도달하기 위한 하이데거의 몸짓임이 분명해진다.

그렇다면 하이데거 자신은 이 방법을 어떻게 이해하고 있었는가?[21] 그에게 해체는 우선 근본적인 현상학적 방법인 환원, 해체, 구성 중 하나이다. 그런데 이 세 가지 방법은 내용적으로 상호 귀속되며 그 근거도 이러한 상호 귀속성 안에서 찾아야 한다.[22] 환원은 관찰 대상을 존재자에서 존재로 되돌리는 것이다. 비본질적인 것에서 본질적인 철학적 탐구의 대상에로 눈을 돌려야만 진정한 존재의 본질에 다가갈 수 있기 때문이다. 구성은 앞서 주어진 존재자를 그 존재와 존재의 구조에로 기획 투사하는 것(Entwerfen des vorgegebenen Seienden

auf sein Sein und dessen Strukturen)이다. 이러한 구성은『존재와 시간』
에서는 인간 현존재의 분석론과 시간성과의 관련 하에서 행해지는 인간
현존재 해석을 통해 수행되고 있다. 인간현존재의 본질적 존재방식인
실존, 염려, 죽음을 향한 존재 등의 구조를 그대로 드러내 보여주는
것이다. 우리의 관심 대상인 해체는 전통적으로 전해져 내려온,
따라서 처음에는 그냥 사용할 수밖에 없는 개념들을 그 근원까지
거슬러 올라가서 비판적으로 분해하는 것(kritischer Abbau)을 뜻한다.
원래 후설의 현상학에서 환원은 그가 도달하고자 하는 본질직관에
도달하기 위해 가장 중요한 방법론이었다. 그런데 하이데거에게서
환원은 현상학적 연구가 수행되기 위한 출발점을 제공하는 역할을 할
뿐, 연구의 구체적인 내용에 근본적 영향력을 행사하지는 않는다는
의미에서 현상학적 방법론의 중심요소에서 제외된다.[23] 이러한
중심요소에는 구성과 해체가 속하는데 이 둘은 구체적 내용면에서도

20 현상학적 해체와 역사적 사려에 대한 하이데거 자신의 논의에 대해서는 M.
Heidegger, SZ, S. 19-27; 같은 책, 38-47쪽, Martin Heidegger, *Phänomenologie
der Anschauung und des Ausdruckes: Theorie der philosophischen
Begriffsbildung* (이하 PhAA), GA 59, Vittorio Kolstermann, 1993; GP를
참조하라.

21 이 분야에 대한 연구문헌은 그리 많지 않다. 게다가 현상학적 해체를 하이데거가
말한 대로 철학적 방법으로서 고찰하는 경우는 매우 드물다. 그 이유로는 우선
하이데거 자신이 방법으로서의 현상학적 해체를 상세히 다루고 있는 그의
강의록이 1993년에야 비로소 하이데거 전집 독일어 판 제 59권으로 출간되었다는
사실을 들 수 있다. (PhAA) 하지만 그 이후로도 10여년이 지나는 동안 이에 대한
연구가 그리 활발하지 못한 것을 보면 이 방법론의 중요성에 대한 인식이 학계에
널리 퍼지지 못한 것이 그 결정적인 이유인 듯하다.

22 이에 대한 상세한 논의로는 GPh, pp. 26-32;『현상학의 근본문제들』, 42-48쪽을
참조하라.

23 GPh, p. 29; 같은 책, 45쪽 이하.

상호 귀속된다. 철학에 있어 구성은 필연적으로 해체를 전제하고
해체는 구성 자체에 속한다.[24]

그렇다면 해체는 구체적으로 어떻게 수행되는 것일까?
하이데거의 말을 따르자면 해체는 무엇보다도 "은폐된 의미계기들"[25]
의 철학적 해명을 통해서 수행된다. 따라서 철학의 근본개념들에
대한 이러한 해명은 단순히 그 개념들의 사전적 의미를 설명하는
데 그치지 않고, 은폐된 의미계기들을 드러냄을 통하여 이전에는
주목받지 못했던 철학의 근원적 문제 영역들을 드러낸다. 그런데
이러한 현상학적 해체는 선취를 열어 보이면서(vorgriffserschließend)
동시에 선취에 결부되어(vorgriffsgebunden) 있는 이중적 특성을 지닌다.
여기서 선취란 이미 우리의 일상적 존재 이해 속에 포착되어 있는
내용이나 그렇게 포착하는 우리의 인식 자체를 가리킨다.[26] 이렇듯
현상학적 해체가 이중적 성격을 갖는 것은 그것을 통하여 과거의
철학자들이 지니고 있던 '근본경험들(Grunderfahrungen)'이 드러나는
한편, 이렇게 드러난 근본경험들이 다시금 해체를 이끄는 역할을 하기
때문이다. 전통철학에서 중요했던 개념들을 살피면서 우리는 우선
과거 철학자들이 이 개념에 대해 지니고 있던 근원적 경험이 무엇인지
밝혀내게 된다. 그런데 이러한 경험으로 이끄는 역할을 하는 것은 다름
아닌 우리의 근원적 경험이다. 자신의 근원적 경험으로부터 사유를
시작하면서 과거의 철학을 살피지 않는다면 누구도 과거의 철학이
지니고 있던 근원적 경험으로 나아갈 수 없다는 것이 하이데거의
생각이다. 그런데 이러한 우리의 근원경험의 뿌리는 결국 과거의
철학자들이 지니고 있던 근원경험으로부터 벗어날 수 없다. 이로 인해
현상학적 해체는 순환적 구조를 갖게 된다. 이로써 우리는 하이데거의

사유에 있어 해체의 방법과 본질적으로 밀접한 관련을 맺는 해석학적
순환의 방법을 접하게 된다. 물론 이러한 순환은—해석학적 순환에
대한 논의에서 자세하게 밝혀지겠지만—같은 내용이 반복되는 닫힌
구조가 아니라 점차 내용이 풍부해지는 열린 구조를 지닌다.

해석학적 순환

하이데거가 이미 주저인 『존재와 시간』에서 밝히고 있듯 현상학은
근본적으로 존재의 의미를 드러내 보여준다는 의미에서 해석학이다.[27]
이러한 해석학의 근본적 방법인 해석학적 순환은 존재의 의미에 대한
물음을 제기하는 데 있어서 필수적이다. "존재의 의미에 대한 질문
속에는 '순환논리에 의한 증명'이 아니라, 질문 대상(존재)이 어떤
존재자의 존재 방식으로서의 물음에 기이하게도 '다시 또는 미리
관련되어 있다는 사실'이 놓여 있다."[28] "이러한 이해의 순환 속에서
자의적인 이해가 행해지는 것이 아니라 이 순환을 통해서 인간 현존재
자신의 실존적인 선(先)-구조가 표현된다."[29] 그러기에 하이데거에게
순환 운동은 임시변통도, 결함도 아니다. 순환 운동 속에 뛰어드는
것은 사유의 강건함을 보여주며 그 길에 머무는 것은 사유의 확고함을

---

24 GPh, p. 31; 같은 책, 47쪽.

25 PhAA, p. 29.

26 선취에 관한 하이데거 자신의 설명에 대해서는 SZ, p. 150ff; 『존재와 시간』,
    208쪽 이하를 참조하라.

27 SZ, p. 37; 같은 책, 60쪽.

28 SZ, p. 8; 같은 책, 23쪽.

29 SZ, p. 153; 같은 책, 212쪽.

보여준다고 그는 말한다.

　　　　이에 대해 좀 더 깊이 살펴보기 위해 위의 인용구에 나타난 "다시 또는 미리"라는 표현에 주목하자. 해석학적 순환이라는 것은 단순히 어떤 텍스트의 내용을 분석할 때 순환적인 논법이 적용된다는 것만을 의미하지 않는다. 하이데거에게 해석학적 순환은 인간현존재의 존재방식을 규명하고 그에 입각하여 존재의 의미를 밝히려는 시도의 방법론 그 자체이다. 해석학은 따라서 그에게는 우선적으로 텍스트의 의미가 아니라 존재의 의미를 밝혀내는 학문이다. 그 존재의 의미는 한편으로는 '다시' 다른 한편으로는 '미리' 존재자의 존재방식과 관련되어 있다는 것이 해석학적 순환의 핵심 논리이다. '미리' 관련되어 있다는 사실은 인간현존재의 존재이해라는 말로 표현되고 있다. 우리가 살아가는 일상 속에서 사람들은 존재가 무엇인지 이미 이해하고 있고 그것에 입각하여 살아가고 있다는 것이다. '다시'라는 말은 무엇을 의미할까? 그것은 인간현존재의 존재방식에 대한 물음, 즉 인간 현존재에 대한 물음에서 다시 존재의 의미에 대한 물음으로 나아가게 된다는 것을 의미한다.

　　　　좀 더 풀어서 설명하자면 우리는 일상을 살아가면서 존재에 관련된 수많은 말과 행동, 사유를 하고 있다. 그러면서 우리는 이미 그것이 무엇을 의미하는지를─수학적 · 자연과학적으로 딱 떨어지게 규정할 수는 없지만─알고 있다. 그것을 하이데거는 존재이해라고 부른다. 하지만 그렇다고 해서 우리가 존재의 진정한 의미를 항상 알고 있는가 하면 그렇지는 않다. 오히려 우리는 진정한 존재의 의미로부터 멀어져서 본래적이지 못한(uneigentlich), 자신에게 맞지 않는 삶을 살아간다. 자신의 삶에 대해 스스로 심사숙고하고 자신에게 맞는 삶의 모습을 찾아가지 않고 세상 사람들(Das Man)이 말하는 대로 산다면 이런 삶은 본래적이지 못한 삶이다. 이 본래적이지 못한 삶조차도 언제나 인간이 존재하는 근원적인 방식이라는 의미에서 인간의 본질적인 실존범주에 속하기는 하지만 말이다.

어쨌든 사람들이 비본래적인 삶에서 벗어나 '과연 내가 제대로 살고 있는가? 나는 왜 살고 있는가?' 등의 질문을 스스로 던지는 순간, 존재의 의미에 대한 물음이 다시 제기되고 한편으로는 당연히 알고 있다고 여겨지던 것이 다시 의문시되는 것이다. 이런 순환을 통해 인간의 존재에 대한 이해는 점점 더 그 깊이를 더해가고 풍부해진다. 텍스트 해석학에 있어서도 해석학적 순환은 마찬가지로 설명될 수 있다. 우리가 어떤 텍스트를 접하는 순간, 우리는 이미 그 텍스트를 해석하는 데 필요한 선지식을 지니고 있다. 이러한 선지식이 없다면 우리는 텍스트를 접하고 그것을 해석할 수 없다. 하지만 그 텍스트를 해석하고 나면 그 선지식 자체의 내용과 깊이가 더 풍부해지게 된다. 이것을 '해석학적 순환의 나선형 구조'라고 부르기도 한다.

해석학적 순환의 이러한 나선형 구조(spirale Struktur)는 하이데거의 사유를 통해 도처에서 나타나고 있다. 예를 들어 근거에 대한 명제(der Satz vom Grund)에 대해서 그는 이렇게 말하고 있다. "만일 우리에게 그렇게 하는 것이 허락된다면 잠깐 동안 머물러 생각해보자: 근거의 원칙 - 원칙의 근거(Satz des Grundes - Grund des Satzes). 여기서 무언가가 자기 자신 안에서 회전하고 있으며 자기 자신 안으로 선회하고 있다. 하지만 그것은 그리하여 폐쇄되는 것이 아니라 동시에 빗장을 벗기듯이 열어젖혀진다. 여기에 하나의 원, 뱀의 그것처럼 살아 있는 하나의 원이 존재한다. 여기서는 무언가가 자신의 마지막에서부터

(다시) 시작하고 있다. 여기에는 시작이 이미 완성인 것이다."[30] 그는 또
순환의 과정을 거쳐 내용이 더욱 풍부해진다는 측면에 대해서는
『존재와 시간』에서 다음과 같이 언급하고 있다. "이러한 이념[실존의
이념] 아래서 친밀한 일상성에 대한 예비적 분석이 수행되어 염려에
대한 최초의 개념적인 경계규정이 이루어졌다. 이 현상이 실존과 그에
속하는 현사실성(Faktizität)과 빠져 있음(Verfallen)에 대한 더 날카로운
해석(die verschärfte Fassung)을 가능케 했다."[31]

　　　　앞서 설명한 바처럼 현상학적 해체도 본질적으로
이러한 해석학적 순환과 동일한 내용과 구조를 지닌다. 현상학적
해체를 통해서 해명되는 것도 결국 인간 현존재가 존재에 대해 갖는
근본경험이며 그 과정도 순환적 구조를 지니기 때문이다. 따라서
현상학적 해체에서는 해석학적 순환의 방법이 철저하게 적용되고
있으며 이런 의미에서 해체의 과정은 바로 해석학적 순환의 과정
자체라고 말할 수 있을 것이다.[32] 이에 근거하여 하이데거는 이러한
순환이 불가피하며 "근원적으로 그리고 총체적으로 이러한 순환 속으로
뛰어들어야"[33] 한다고 주장한다.

　　　　여기서 우리는 헤겔과 하이데거 사이에 존재하는 철학적
방법론의 차이를 발견하게 된다. 주지하다시피 이 두 철학자는 모두
선형적, 연역적(linear, deduktiv) 방법이 아니라 순환적 방법을 자신의
근본적 방법론으로 채택했다. 그러나 헤겔의 방법이 폐쇄적인 형태임에
반해 하이데거의 그것은 열린 형태라는 점에서 이 둘의 방법론은
크게 다르다. 하이데거에게는 존재와 존재자 사이의 본질적인 차이,
즉 존재론적 차이(ontologische Differenz)가 무엇보다 중요하다. 따라서
존재의 의미를 파악하기 위해서는 존재자에 대한 천착으로부터

벗어나 존재 그 자체의 의미를 드러내기 위해 열려져 있고 끊임없이
확산되어가는 해석학적 순환 속으로 뛰어드는(springen) 것이 필요하다.
반면 헤겔에게는 오직 이 순환의 내부에서 움직이는 것만이 가능할 뿐
어떠한 바깥도 존재하지 않는다. 물론 절대이념으로 완성되기 전까지는
헤겔의 사유방법도 열려 있으면서 그 내용이 점점 풍부해져 가는
구조를 띠고 있다. 하지만 마지막 완성 단계인 절대이념 내에서는 오직
자기 자신 안에서의 순환만이 가능할 뿐이다.

물론 절대이념으로서의 완성 이후에 다시 자연으로
나아간다는 점에서 헤겔의 사유구조를 열린 구조로 파악할 수 있는
가능성이 전혀 없는 것은 아니다. 그는 『대논리학』의 마지막 부분에서
다음과 같이 말하고 있다. "인식의 순수이념이 여전히 주관성 속에
유폐돼 있는 한 모름지기 이 이념은 그와 같은 주관성을 지양하려는
충동인 까닭에 결국 최종적인 결과로서의 순수한 진리란 어느덧 또
하나의 다른 영역이나 다른 학문을 위한 시원이 되는 것이다. […]
말하자면 이념이 그 자신을 순수개념과 또한 그 실재성과의 절대적
통일로 정립하면서 모름지기 그 자신을 존재의 직접성 속으로 수렴하는

---

30 SG, 1971(1957), p. 31.

31 SZ, p. 314; 『존재와 시간』, 417쪽.

32 철학적 방법으로서의 현상학적 해체와 해석학적 순환이 지니고 있는 이러한
중요성은 하이데거의 후기 철학에서도 그대로 유지된다. 특히 현상학적 방법에
대한 그의 입장에 대해서는 Martin Heidegger, Vorwort zur W. J. Richardson,
Heidegger : *Through Phenomenology to Thought* (이하 TPhT), Nijhoff, 1963, p.
XV, XVII; Martin Heidegger, Mein Weg in die Phänomenologie in: *Zur Sache
des Denkens* (이하 ZSD), GA 14, Max Niemeyer, 1976(1969), p. 90; 『사유의
사태로』, 192쪽을 참조하라.

33 SZ, p. 315; 『존재와 시간』, 419쪽.

가운데 어느덧 이념은 이러한 존재의 형식 속에 깃들인 총체성, 즉 다름 아닌 자연이 된다."[34] 하지만 그렇다고 해도 그것을 하이데거의 존재론적 차이로 인해 나타나는 열린 구조와 동일시하기에는 무리가 따른다. 왜냐하면 이러한 자연에로의 나아감이라는 것도 결국에는 "그 자신의 규정 속에서 자기 자신의 위치를 고수하는"[35] (in seiner Bestimmung bei sich selbst bleibend) 가운데서 일어나는 것에 불과하기 때문이다.

형이상학의 극복, 넘어감과 지나침

실제로 하이데거의 모든 철학적 사유 속에는 위에서 살펴본 현상학적 해체와 해석학적 순환의 방법이 그대로 관철되고 있다. 그런데 그의 철학은 형이상학을 극복(über-winden)하기 위해 사유하는 존재자를 기존의 철학이 지닌 형이상학의 지평에서 새로운 사유의 지평으로 넘겨놓고(über-setzen), 과거의 철학자들의 철학을 기존 철학의 지평을 넘어 새로운 지평에서 지나치게 해석하는(über-deuten) 도약(Ab-sprung)을 통한 새로운 시작(der neue An-fang)의 형태를 띠고 있다.

여기서 눈에 띄는 것은 극복(Überwindung), 넘겨놓음/번역(Übersetzung), 지나친 해석(Überdeutung)을 가리키는 독일어 단어에 공통적으로 Über라는 전치사가 사용되고 있다는 사실이다. 헤겔에게 있어서는 절대이념의 완성 이후에는 아무런 넘어감(Übergang)도 있을 수 없다. 반면 하이데거 사유에서는 '넘어감'이 본질적 중요성을 지닌다. 그리고 이러한 '넘어감'은 연속성을 지니는 것이 아니라 차이를 뛰어넘는 도약(Ab-Sprung)이다. 그리고 이러한 도약을 통해서 새로운 철학함, 새로운 시작이 가능해진다. 하이데거에게 이러한 모든 철학적 행위는 본질적으로 상호 밀접한 연관 하에서 이루어진다. 그렇다면 이러한

'넘어감'과 '도약' '시작'의 본질은 무엇이며 이를 통해 어떻게 현상학적 해체와 해석학적 순환의 방법이 관철되고 있는지 살펴보기로 하자.

형이상학의 극복

앞에서 밝혔듯이 하이데거가 오늘날의 근본 물음에 대해 제시하는 해결책은 형이상학의 극복이다. 그런데 그도 인정하다시피 이 말은 많은 오해를 불러일으킬 소지가 있다.[36] 근대 이후, 특히 칸트 이후 사람들은 형이상학을 이미 극복된 과거의 유산으로 치부하고 있었다. 그런데 다시 형이상학을 극복해야 한다니, 이것은 명백한 시대착오적 발상이 아닌가? 하지만 앞서 언급한 바와 같이 하이데거가 극복하고자 하는 형이상학은 플라톤 이래 니체에 이르기까지 전 서구철학의 역사를 지배해 온 철학의 근본적인 형태를 가리킨다.

그렇다면 이렇게 서구철학의 전 역사를 통하여 관철되어 온 형이상학의 내용은 무엇이며, 하이데거는 이를 어떻게 극복하겠다는 것일까? 『형이상학 입문』에서 하이데거는 형이상학을 존재자 그 자체에 대한 물음(Fragen nach dem Seienden als solchem)과 연관시키고 있다.[37] 그에 따르면 플라톤에서 니체에 이르기까지 형이상학은 존재자로

---

34 WL II, p. 576; 『대논리학』(III), 441쪽.

35 Ibid; 같은 곳.

36 Martin Heidegger, Überwindung der Metaphysik in: VA, p. 67; 『강연과 논문』, 89쪽.

37 Martin Heidegger, Einführung in die Metaphysik (이하 EM), GA 40, Vittorio Klostermann, 1983(1953), p. 21. 또 Martin Heidegger, Metaphysik und Nihilismus (이하 MN), GA 67, Vittorio Klostermann, 1999, p. 57을 참조하라. 여기서도 형이상학의 근본 물음은 τί τὸ ὄν 즉 "존재자 전체(im Ganzen), 존재자 그 자체(als solches)란 무엇인가?"로 제시되고 있다.

하여금 존재할 수 있게 해주는 존재 그 자체에 대해서는 사유/기억
(gedenken)하지 않으면서 존재자에 대해서만 물음을 제기한다. 존재자는
여러 가지 형태로 존재한다. 어떤 경우에는 눈앞에 있음으로, 어떨
때는 손안에 있음으로, 어떨 때는 실존으로. 이러한 모든 존재자들을
존재자이게끔 해주는 것이 바로 존재이다. 그런데 이러한 존재는
그것으로 인해 존재할 수 있게 되는 존재자를 통해서는 설명될 수 없다.

칸트의 범주에 대한 하이데거의 다음과 같은 설명은 이러한
하이데거의 주장을 이해하는 데 도움이 된다. 하이데거는 자연을
인식하는 데 필요한 기초개념인 범주로 초월적 자아를 규정하는 것은
부적절한 일이라는 칸트의 주장이 전적으로 옳다고 인정한다.[38] 여기서
초월적 자아는 표상된 것(Vorgestelltes)을 비로소 가능하게 만드는
"표상함 자체의 형식적 구조(die formale Struktur des Vorstellens als solchen)"
다.[39] 따라서 자아는 표상을 가능하게 하는 결합함의 형식들, 즉 범주의
가능근거이자 가능조건이기도 한데,[40] 이것을 범주로 규정한다는 것은
본말이 전도된 것이라는 것이 칸트의 주장이다. 물론 칸트의 주장과
하이데거의 존재론적 차이는 근본적으로 다르다. 하이데거는 범주가
초월적 자아의 존재론적 해석에 적합하지 않다고 해서 자아, 즉 인간
현존재에 대한 존재론적 해석이 도대체 불가능한 것은 아니라고
주장한다.[41]

따라서 존재를 해명하기 위해서는 다른 접근방식이
필요하다. 하지만 기존의 형이상학은 존재자 그 자체에 대한 물음을
통해 존재를 해명하려 하였다. 이로 인해 존재에 대한 물음에 대한
진정한 해답을 찾기는커녕 아예 존재 자체에 대해 묻지도 않게 되는
결과가 초래되었다. 이것을 하이데거는 존재망각의 역사라고 부른다.

"'형이상학'은 이미 존재자의 진리, 즉 존재자로 있음(Seiendheit), [⋯]
말하자면 존재의 망각(Vergessenheit des Seins)의 역운으로 사유된다."[42]
우리가 지금 겪고 있는 세계화의 부정적인 모습이 이러한 존재망각의
결과다. 따라서 이러한 존재망각에서 벗어나는 것이 곧 형이상학의
극복이다.

그렇다면 과연 어떻게 형이상학을 극복할 수 있을까? 우선
하이데거가 말하는 극복은 단순히 형이상학의 주장을 반박하거나
형이상학을 아예 철학의 영역에서 내모는 것을 의미하지는 않는다.
"극복된 형이상학은 사라지지 않는다."[43] 또 형이상학의 극복은
"기존의 철학을 거부하는 것이 아니라, 그 처음 시작(erster Anfang)으로
뛰어듦(Einsprung)이다."[44] 그래야만 새로운 사유의 시작이 가능해지기
때문이다. 이 새로운 시작에서는 "진리가 존재(Seyn)의 진리로 그리고
존재 자체는 진리의 존재로 인식되고 근거 지워진다."[45] 그런데
하이데거는 여기서 흥미롭게도 다음과 같은 주장을 내세운다. "새로운

---

38 Cf. GPh, p. 206; 『현상학의 근본문제들』, 214쪽.

39 SZ, p. 319; 『존재와 시간』, 424쪽.

40 Cf. GPh, p. 204; 『현상학의 근본문제들』, 212쪽.

41 Cf. GPh, p. 207; 같은 책, 215쪽. 이러한 해석은 『존재와 시간』에서 자아를
   칸트와는 달리 '눈앞에 있음'으로서의 존재방식이 아니라 '실존'으로서의
   존재방식으로 존재함을 밝히고 그것을 분석함으로써 가능해졌다.

42 Martin Heidegger, Überwindung der Metaphysik in: VA, p. 67; 『강연과 논문』,
   89쪽 이하.

43 VA, p. 68; 『강연과 논문』, 90쪽.

44 Martin Heidegger, *Beiträge zur Philosophie* (이하 BPh), GA 65, Vittorio
   Klostermann, 1989, p. 504.

45 BPh, p. 185.

시작으로의 뛰어듦은 처음 시작으로의 회귀(Rückgang)이며 그 반대도 마찬가지로 성립된다."[46]

여기서 우리는 형이상학의 극복에서도 현상학적 해체와 해석학적 순환의 방법이 관철되고 있음을 알 수 있다. 하이데거에게 기존의 철학의 처음 시작으로 뛰어든다는 것은 무작정 그것으로 돌아가 문헌학적으로 해석하는 것이 아니라, 기존의 철학에 대한 비판적 해체를 의미한다. 이러한 해체를 통해서만 존재에 대한 새로운 통찰이 가능해지며 그로 인해 새로운 시작이 가능해지는 것이다. 하지만 이런 해체를 위해서는 이미 새로운 시작에 대한 통찰이 전제되어야 한다. 그렇지 않고는 과거의 철학을 그대로 답습할 뿐이지 그것으로부터 멀어져서 새로운 비전을 제시할 수는 없기 때문이다. 이렇게 처음 시작과 새로운 시작으로의 뛰어듦은 각기 서로 다른 방식으로 상대방을 가능케 한다. 따라서 이 둘의 관계는 해석학적 순환처럼 열린 구조를 지니게 된다. 처음 시작과 새로운 시작으로의 도약은 따라서 이 둘 사이에 존재하는 근본적인 차이를 전제로 한다. 이 차이는 결국 존재와 존재자 사이의 존재론적 차이를 의미한다. 왜냐하면 처음 시작이 존재자 자체에 대한 물음으로부터 비롯된 반면, 새로운 시작은 존재 자체에 대한 물음으로부터 비롯되기 때문이다.

또한 극복을 의미하는 독일어 단어 Überwindung에 담겨 있는 '넘어감'의 의미는 니체가 말하는 초인(Übermensch)의 경우처럼 단순히 하나의 존재영역에서 그와는 본질적으로 다른 또 하나의 존재 영역으로 넘어가는 것을 뜻하지 않는다. 하이데거는 니체가 주장하는 이런 식의 형이상학의 극복은 진정한 극복이 아니라고 주장한다. 니체가 말하는 플라톤주의의 전복은 "감각적인 것이 진정한 세계가

되고 초감각적인 것이 진정하지 못한 세계가 되는" 것인데, 이는
"전적으로 형이상학 내에 머무른다."[47]

그렇다면 다른 곳으로 가지 않으면서 도대체 어떻게
형이상학을 넘어갈 수 있을까? 그것은 "극복되는 것이 동시에 극복을
통하여 변화되어(verwandelt) 극복을 행하는 타자에게 맞추어 변화됨을
(anverwandelt) 통해서"[48] 가능해진다. 하이데거는 Überwindung의
Windung을 회전(Drehung)과 방향전환(Wendung)의 뜻으로 해석한다.
그렇게 되면 "넘어 돌림(Über-windung)은 더 이상 형이상학이 아닌
것으로 넘겨주는(überführt) 돌림, 즉 존재의 현전함(Wesung des Seyns)
으로서의 돌림이다."[49] 그러니까 이전에는 존재자의 진리에 대한
물음으로 제기되었던 물음들을 다시 존재 자체에 대한 물음으로 바꾸어
묻는 것이 바로 형이상학의 극복이다. 예를 들자면,『존재와 시간』에서
존재의 의미에 대한 물음을 통하여 형이상학의 존재물음이 반복되지만
더욱 근원적으로 그리고 전적으로 다르게 제기된다. 여기서도
마찬가지로 현상학적 해체와 해석학적 순환의 방법이 관철되고 있다.
결론적으로, 형이상학의 극복이 뜻하는 넘어감은 하나의 영역을 완전히
떠나 더 이상 그것과는 상관하지 않고 다른 곳으로 넘어가 버리는 것이
아니라 한편으로는 해체를 위한 회귀, 다른 한편으로는 해체를 통한
새로운 시작을 통하여, 두 개의 서로 다른 영역 사이를 넘나드는 것이다.
하지만 여기서 하나의 물음이 생겨난다. 어떻게 하이데거는 과거의

46   Ibid.

47   VA, p. 75;『강연과 논문』, 100쪽.

48   MN, p. 11.

49   MN, p. 15.

철학에서 제기된 형이상학적 물음에 내재되어 있는 근본경험이
무엇인지 안다고 말할 수 있을까? 그리고 과거의 철학자들의
근본경험을 아는 것이 형이상학을 극복하는 새로운 시작에 의해서만
가능하다고 말하는 건 결국 하이데거 자신의 관점에 입각해 전통적
철학의 내용을 자의적으로 판단하는 것이 아닌가? 실제로 많은
사람들이 끊임없이 이러한 취지의 문제제기를 해왔다. 하이데거 자신도
이 문제를 잘 알고 있었고 여러 경로를 통해서 이런 비판을 반박했다.
그중 가장 중요한 비판과 그에 대한 하이데거의 반박은 두 가지
영역, 즉 과거의 철학의 내용을 하나의 지평에서 다른 하나의 새로운
지평으로 넘겨-놓음 (über-setzen)으로서의 번역(Übersetzung)과 지나친
해석(Überdeutung)을 중심으로 이루어졌다.

물론 하이데거는 번역의 문제와 해석의 문제를 본질적인
연관성 속에서 파악한다. "우리가 번역하지 않고서 어떻게 듣는단
말인가? 또 해석하지 않고서 어떻게 번역한단 말인가? 여기에 우리의
모국어로 된 한 사상가의 금언이 있다 하더라도, 그것도 역시 해석을
필요로 할 것이다."[50] 또 모국어로 된 철학적 저술이라 하더라도 그것을
읽는 사람은 그것을 그 책이 쓰인 당시의 철학적 지평으로부터 자신의
철학적 지평으로 넘겨놓아야 (über-setzen) 한다. 이런 의미에서 번역은
해석과 본질적으로 동일하다. "모든 번역은 그 자체로 이미 하나의
해석이다. [⋯] 해석과 번역은 그 본질의 핵심에 있어서 동일한 것
(dasselbe)이다. 모국어로 된 말이나 글들도 종종 해석을 필요로 하기에,
같은 언어 내에서도 필연적으로 그리고 끊임없이 번역(Übersetzen)이
이루어진다."[51] 그러나 구체적으로는 번역과 해석의 문제가 어느 정도
구분되어 다루어지므로 여기서도 이 둘을 나누어 살펴보자.

넘겨-놓음으로서의 번역

현상학적 해체를 수행하기 위해 하이데거는 이전 철학자들의
사유 내용을 고찰하여 그로부터 이들의 철학이 지닌 형이상학적
한계를 드러내는 일을 자신의 철학적 작업의 근본방식으로
채택했다. 아낙시만드로스, 헤라클레이토스, 파르메니데스, 플라톤,
아리스토텔레스 등 그리스 고대 철학자들과 데카르트, 라이프니츠,
칸트, 헤겔, 셸링, 니체, 후설 등 근대 철학자들의 사상이 해체의 대상이
되었다. 그런데 하이데거는 자신의 고찰 대상이 된 고대 철학자들의
글을 기존의 고고문헌학자나 고대 철학 전공자들과는 전혀 다르게
해석하여 자주 이들과 마찰을 겪게 된다. 왜 이런 일이 일어났을까?
이런 마찰이 주로 그리스어 원문의 번역을 둘러싸고 일어났기에 이
문제를 먼저 살펴보기로 하자.

　　『숲길』(*Holzwege*)에 실린 자신의 논문 「아낙시만드로스의
금언」(Der Spruch des Anaximander)에서 이 금언을 어떻게 번역하고 이해할
것인가에 대해서 상세하게 논의하면서 하이데거는 그것을 제대로
이해하고 번역하려면 우선 모든 부적절한 선입견들을 버려야 한다고
주장한다. 이 선입견들은 이 금언의 내용에 대해 철학자들 사이에
일반적으로 퍼져 있는 견해를 말한다. 하지만 그는 "우리가 이 금언
속에서 말해지고 있는 것에 귀를 기울이면서 우리 자신을 그 속으로
들여놓지 않는 한"[52] 선입견을 버리는 것만으로는 충분하지 않다고

50　『사유란 무엇인가』, 224쪽. Martin Heidegger, *Was heißt Denken?*, Max
　　　Niemeyer, 1971, p. 108;

51　Martin Heidegger, Heraklit (이하 H), GA 55, Vittorio Klostermann, 1979, p. 63.

말한다. 그리고 그에게 있어 이렇게 귀를 기울임을 통해 가능해진 참된
번역은 문법적으로 또는 문헌학적으로 정확한 번역과는 다르다. "이
금언은 우리가 그것을 단지 역사적으로(historisch) 그리고 문헌학적으로
설명하는 한 우리에게 결코 말을 걸어오지 않을 것이다."[53] "우리는
단지 이렇게 정확하게 번역함과 동시에 마찬가지로 정확하게 사유하고
있는지 물을 뿐이다."[54] 하이데거에게 있어 단순히 문자 그대로의
(wörtlich) 번역은 어의에 충실한(wortgetreu) 번역과는 다른 것이다.

그렇다면 이렇게 문헌학적으로만 정확한 번역을 넘어 이
금언에 대한 진정한 이해에 이르려면 어떻게 해야 하는가? 하이데거에
따르면 이를 위해 "우리는 그리스인들이 자신들을 이해하고 있던
것보다 더 잘 이해하기를 원할 뿐만 아니라 더 잘 이해해야만 한다.
그래야만 그 유산을 진정으로 소유할 수 있다."[55] 또 "고대 존재론의
지반을 명확하게 드러내 정리하여 보여주는 일은 어떤 가능한 철학적
이해에 있어서 원칙적으로 가능하기만 한 것이 아니라, 오히려 고대
존재론 자체가 불완전하고 규정되어 있지 않기 때문에 현사실적으로
요구된다."[56] 여기서 고대 존재론 자체가 불완전하다는 것은 무엇을
의미하는가? 예를 들자면, 플라톤의 『소피스트』에 대한 강의에서
하이데거는 플라톤이 에이도스(εἶδος)와 게노스(γένος) 개념을 혼동하여
사용하고 있다고 주장한다. "그는 아직 게노스 개념의 구조에 대한
실질적 이해에 이르지 못하고 있다. 그 구조는 오직 존재의 의미에 대한
더 근원적인 통찰에 의해서만 해명될 수 있다."[57]

그런데 그는 어떻게 플라톤의 존재 이해가 불완전하다는
것을, 에이도스와 게노스 개념을 혼동하고 있다는 것을 알 수 있을까?
그것은 바로 그가 자신의 근원적 경험을 통해 이미 이 두 개념의

진정한 의미에 대해 어느 정도 알고 있어야 가능한 일이다. 따라서 참된 번역은 그것을 수행하는 사람 자신의 근원적 경험이 과거 철학의 근원적 경험을 드러내고 그것을 비판적으로 해체한다는 점에서 현상학적 해체와 동일한 구조를 지니고 있다. 그런데 참된 번역이라고 해서 하나의 완결된 형태를 지니는 것은 아니다. 모든 번역은 일종의 임시변통(Notbehelf)이다. 그리고 존재자의 본질에 대한 심오한 사상, 예를 들어 헤라클레이토스의 사상과의 대화를 위한 번역은 거의 알려져 있지 않은 다른 물가로의 넘겨놓음(Übersetzen)이기에 번역하는 사람은 쉽게 헤매게 되고 따라서 그 번역은 언제나 아주 나쁘거나 비교적 덜 나쁘거나 할 뿐이다.[58] 하지만 이런 넘겨줌을 통해 과거의 철학자들의 사유에 대한 이해가 더욱 풍부해지면 이것이 다시 번역하는 사람 자신의 근원적 경험의 지평을 넓혀주게 된다. 이런 의미에서 참된 번역은 해석학적 순환의 구조를 지닌다.

52 Martin Heidegger, *Der Spruch des Anaxmander in: Holzwege* (이하 HW), Vittorio Klostermann, 1980(1950), p. 328; 『숲길』, 488쪽.

53 HW, p. 367; 『숲길』, 546쪽.

54 HW, p. 329; 『숲길』, 490쪽.

55 GPh, p. 157; 『현상학의 근본문제들』, 166쪽 이하.

56 GPh, p. 156; 같은 책, 166쪽.

57 Martin Heidegger, *Sophistes* (이하 S), GA 19, Vittorio Klostermann, 1992, p. 523f.

58 이에 대해서는 H, p. 45를 참조하라. 하이데거는 심지어 시의 경우 번역 자체가 불가능하다고까지 주장한다. (SG, p. 163.) 하지만 이것을 번역의 절대적 불가능성으로 해석할 수는 없다. 하이데거 자신이 이 주장을 한 직후에 "본질적인 번역"에 대해 언급하고 있기 때문이다. (SG, p. 164.) 따라서 시에 관해서 번역이 불가능하다는 그의 말은 본문에서 언급한 것처럼 완결된 형태를 지니는 번역이 존재하지 않는다는 뜻으로 해석되어야 한다.

그런데 여기서도 우리는 형이상학의 극복에 대해서
제기했던 물음을 똑같이 제기할 수 있다. 과연 하이데거는 무슨 근거로
자신의 번역이 문헌학적으로 정확한 번역보다 더 어의에 충실한 참된
번역이라고 주장할 수 있는가? 번역이 궁극적으로는 번역의 대상이
된 철학자의 사유에 대한 해석이기에 이 물음에 답하기 위해서는
하이데거의 지나친 해석에 대해 자세히 살펴볼 필요가 있다.

지나친 해석

이전 철학자들의 글에 대한 해석에 있어 하이데거가 수많은
'지나친 해석'(Überdeutung)을 했다는 것은 이미 잘 알려진 사실이다.
번역의 문제와 관련하여 이미 보았듯이 하이데거는 소크라테스 이전
철학자인 헤라클레이토스, 파르메니데스, 아낙시만드로스나 플라톤,
아리스토텔레스 등의 경우 고대철학의 전공자나 고전문헌학을 한
사람들과는 전혀 다르게 그들의 글을 해석한다. 근대 철학자들에 대한
해석도 이와 다르지 않다. 하이데거 자신도 여러 차례 이를 인정했다.
그 대표적인 경우가 『칸트와 형이상학의 문제』(*Kant und das Problem
der Metaphysik*)에서 자신이 제기한 칸트 해석에 대해 하이데거 스스로
내리는 다음과 같은 평가이다.

> 끊임없이 독자들은 내 해석의 강압성에 부딪힌다.
> 강압적이라는 비난의 근거는 이 책에서 쉽게 찾아낼 수
> 있다. 철학사 연구의 측면에서 보면, 이러한 비난은 사유하는
> 사람들 사이의 사유하는 대화를 진행시키고자 하는 시도를
> 겨냥하고 있는 경우 언제나 옳다.[59]

어떤 이들에게 이는 하이데거 철학의 결점으로 간주되며 심지어는 비난의 대상이기도 하다. 하이데거 사상의 심오함에 찬탄해 마지않는 사람들도 이 부분에 대해서는 침묵으로 일관하거나 애매한 입장을 표명하는 경우가 많다. 그렇다면 우리는 이런 현상을 대가도 실수할 때가 있다는 식으로 얼버무리고 넘어가버려야 할까? 하지만 무엇보다도 엄밀함이 요구되는 기초학문으로서의 철학에서 이런 실수(?)를 그냥 내버려둘 수는 없다. 따라서 『칸트와 형이상학의 문제』에서 하이데거가 행하는 칸트 해석에 대해 좀 더 엄밀히 고찰해 보기로 하자.

『칸트와 형이상학의 문제』는 1927/28년 겨울 학기 강의 내용과 1928년 3월 다보스 강연, 리가의 헤르더 연구소에서 같은 해 9월에 열린 강연의 내용을 근간으로 해서 1929년 출간된 책이다. 하이데거는 이 책을 1927년 출간된 『존재와 시간』 제2부의 일부로 기획되었지만 실행에 옮겨지지 않았던 칸트의 초월적 도식과 시간 개념에 대한 현상학적 해체의 예비적인 보완작업(vorbereitende Ergänzung)[60]으로 이해하고 있다. 따라서 이 책에 나타난 그의 칸트 해석은 직접적으로 『존재와 시간』에서 계획되었던 형태는 아니라 할지라도 근본적으로는 현상학적 해체의 방법에 의해 이루어졌다고 할 수 있다.

그렇다면 왜 그는 스스로 자신의 칸트 해석이 지나친 해석이었음을 인정한 것일까? 지나친 해석은 도대체 어떤 해석을 말하는가? 우선 분명한 것은 이것이 틀린(falsch) 해석을 뜻하지는 않는다는 사실이다. 앞서 번역에 관한 언급과 같이 하이데거에게 모든

---

59 KPM, p. XVII; 『칸트와 형이상학의 문제』, 63쪽.

60 KPM, p. XVI; 같은 책, 61쪽.

번역은, 따라서 모든 해석은 임시변통일 뿐이다. 그렇다면 절대적으로
옳은 해석이라는 것은 애당초 존재하지 않으며 틀린 해석이라는 것도
궁극적으로는 존재할 수 없다. 하이데거 자신도 지나친 해석이라는
말 외에 칸트 자신의 물음에 낯선(fremd) 문제 제기[61]라는 말을 쓰거나
자신의 해석의 강압성(Gewaltsamkeit), 빗나감(fehlen, verfehlen)에 대해
말하지만 자신의 해석이 틀렸다는 말은 하지 않고 있다. 여기서
빗나감이라는 말은 맞추어야 할 과녁이 있는데 거기서 벗어나 잘못된
과녁을 맞히기보다는 칸트 자신이 제기한 형이상학의 문제영역을
넘어선 새로운 문제 제기로 인해 칸트가 목표했던 지점을 벗어나
새로운 목표에 도달했다는 뜻으로 해석되어야 한다.

그래서 하이데거가—비록 실행에 옮기지는 않았지만—
빗나감의 대안으로 생각했던 것은 자신의 지나친 해석을 정확한
해석으로 대체하는 것이 아니라 "보충적인 부연설명이나 보론, 후기"[62]
등을 덧붙여 더욱 뚜렷하게 부각시키는 것이었다. 그에게 "사유하는
대담은 자신에게 해당되는 고유한 과제를 지닌 역사적 문헌학의 방법을
지배하는 법칙과는 다른 법칙의 지배를 받고 있다."[63] 따라서 자신의
칸트 해석에 가해진 비판들이 문헌학적으로 정확함에도 불구하고
자신의 해석이 나름의 타당성을 지님을 주장하는 한편, 1965년 출간된
같은 책 제3판 서문에서는 자신의 두 저술, 즉『존재에 관한 칸트의
테제』(*Kants These über das Sein*; Vittorio Klostermann, 1963)와『사물에 관한
물음』(*Die Frage nach dem Ding*; Max Niemeyer, 1962)을 이 책에 대한 보완
(Ergänzung)으로 제시하고 있다.[64] 그런데 하이데거에게 보완은 단순한
부연설명이 아니라 완성을 이룸(er-gänzen)을 의미한다. 따라서 "전체를
조망할 줄 아는 사람만이 보완할 수 있다."[65] 그렇다면 하이데거의

지나친 해석이나 빗나간 해석은 이미 자신의 근원적 경험으로서의
전체에 대한 조망이 선취로서 기능하고 있기에 비로소 가능한 것이다.
그래야만 과거 철학의 근본 경험이 지니고 있는 한계를 드러내어
비판적으로 해체할 수 있기 때문이다. 따라서 하이데거의 해석에서
지나침(über-gehen)은 도를 넘어 그릇된 해석을 하는 것이 아니라
과거의 철학을 넘어 존재의 근원적 경험으로 나아가는 현상학적 해체의
특징으로 파악되어야 한다. 하이데거는 이를 통해 칸트와의 사유하는
대화가 가능하며, 이러한 대화를 통하여 발전된 사유를 통해 칸트의
물음에 대한 진정한 해석이 비로소 가능하게 된다고 믿었다.

마침내 여기서 우리는 반복해서 제기되어 온 의문에 답해야
할 지점에 이르렀다. 형이상학의 극복에 지향점을 마련해주는 존재
자체에 대한 사유가 형이상학적 사유에 비해 더 참된 사유일 수 있는
근거, 하이데거의 번역이 문헌학적 번역에 비해 더 참된 번역일 수 있는
근거와 그의 지나친 해석이 문헌학적 해석에 비해 더 참된 해석일 수
있는 근거는 어디에 있는가?

넘어가며 지나치는 용기와 결단의 철학

앞서 언급했듯이 하이데거에게는 하나의 해석이나 번역과 다른
하나의 해석이나 번역 사이에는 어느 것은 옳고 다른 것은 그르다는

61 KPM, p. XIV; 같은 책, 58쪽.

62 KPM, p. XVII; 같은 책, 63쪽.

63 Ibid; 같은 곳.

64 KPM, p. XVIII; 같은 책, 64쪽.

65 TPhT, p. XIX.

의미에서의 구별은 존재하지 않는다. 만일 하이데거 사유의 내용을
다른 철학자의 사유의 내용보다 옳기 때문에 더 우월하다고 평가한다면
그것은 그가 그토록 극복하고자 했던 형이상학적 사유로의 회귀를
뜻한다. 그렇다면 더 참된 사유, 더 참된 번역과 해석을 판별하는
기준은 옳고 그름이 아니라 다른 것에서 찾아야 한다. 그것은 유한한
존재자인 인간 현존재가 제한된 일련의 존재자들에게서만 파악되는
협소한 틀로는 다 파악할 수 없는 존재의 무한한 다양성과 가능성을
전통이라는 고착화된 틀 안에 가두려 하지 않고 목표를 빗나갈 위험을
무릅쓰면서도 현상학적 해체와 해석학적 순환의 방법을 사용하여
새롭게 파악하려고 시도한다는 사실 자체에서 찾아야 할 것이다.
하이데거가 자신의 해석이나 자신이 사용한 개념들을 끊임없이 새롭게
재해석하고 더 근원적으로 사유하고자 했던 것도 이러한 맥락에서
이해할 수 있다.[66] 그러기 위해서는 사유하는 정신의 용기와 결단이
필요하다. 이러한 용기와 결단의 결과가 바로 끊임없이 계속되는
넘어감(Übergang)인 동시에 끝없는 물음 자체로서의 철학함이다. 이럴
때 사유하는 정신은 '행복한 시지푸스'가 될 수 있을 것이다.

66 이러한 새로운 시도의 한 예로「철학의 종언과 사유의 과제」라는 논문에서 그가
언급한 "1930년 이래 다시 감행된 시도, 즉『존재와 시간』의 문제를 더 시원적으로
(anfänglicher) 제기하려는 시도"를 들 수 있다. 그것은『존재와 시간』에서 제기된
문제의 단초를 내재적 비판에 부치는 것을 의미한다. (ZSD, p. 61;『사유의 사태로』,
141쪽) 여기에서도 그의 의도는 이러한 내재적 비판을 통해『존재와 시간』의
문제 제기에 오류가 있다는 것을 밝히고자 하는 데 있지 않고, 오히려『존재와 시간』
에서 제기된 문제의식을 더욱 첨예화시키는 데 있다.

4.　행복한 시지푸스와 마지막 살의 그리움

밤새워 물어뜯어도 닿지 않는 마지막 살의 그리움

낮이 밝을수록 어두워가는 암흑 속에 별밭

죽어 너 되는 날의 아득함 아– 묶인 이 가슴

(김지하 「새」 중에서)

그림 5 빈센트 반 고흐, 〈추수하는 농부와 태양이 있는 밀밭〉, 1889,
캔버스에 유화, 59×72cm, 암스테르담 반 고흐 박물관 소장

무엇인가? 한 시인으로 하여금 밤새도록 자신의 살을 물어뜯게 했던 그것은. 그 생채기를 함께 들여다보는 연습을 해보자. 아니, 어쩌면 우리 스스로 밤새워 살을 물어뜯어야 할지도 모를 일이다. 이 눈부신, 하지만 처절한 상징의 언어가 우리로 하여금 존재의 심연을 들여다보게 하기에. 심연, 독일어로 Abgrund! 하이데거로 하여금 오랫동안 자신의 살을 물어뜯게 했던 단어다. 그는 바닥을 알 수 없는 심연으로 끊임없이 뛰어들었고 정답이 구해지지 않는 물음을 쉼 없이 던졌다. 이들에게 던져진 건 시지푸스의 천형(天刑)이었을까? 아니다. 시지푸스는 행복하다. 이 역설 속에서만 미치광이였던 플라톤의 시인은 구원받을 수 있다. 존재에 대한 해답을 구했기 때문이 아니라 그 상처를, 묶인 가슴을 끊임없이 토로하기 때문에, 밤새워 물어뜯기에 행복할 수 있는 역설, 그 변증법 속에 우리는 서 있다.

한 화가가 그린 그림이 있다. 낡은 구두 그림. 하이데거는 그 그림을 보고 말했다. 농부 아낙네의 구두라고. 세월이 어느 정도 흐르고 난 뒤 한 저명한 미술사학자가 그를 신랄하게 비판했다. 그건 농부의 구두가 아니라 도회지 사람의, 그것도 화가 자신의 구두라고. 또 세월이 흐르고 나서 한 철학자가 다시 나타나 「회화예술에 있어서의 진리」라는 글 속에서 이 두 사람 이야기를 다시 문제 삼고 있다. 그에게는 이 구두가 누구 것인지 그다지 중요하지 않았다. 그런데 아이러니컬한 사실은 그 그림이 정확하게 어떤 그림인지도 잘 모르겠다는 점이다. 물론 하나의 그림이 가장 유력한 후보로 떠올라 있지만 100퍼센트 확신은 없다. 어쨌든 하이데거는 자신의 해석에 근거해서 이렇게 말한다. 예술작품은 대지와 세계 사이의 끊임없는 투쟁의 장이라고. 혹은 그 투쟁의 과정에서 벌어진 틈새(Riss)라고. 앞서

그림 6 빈센트 반 고흐, 〈구두 정물화〉, 1886,
캔버스에 유화, 37.5×45.5cm, 암스테르담 반 고흐 박물관 소장

인용한 시인의 언어로 말하자면 밤새워 물어뜯어 벌어진 생채기쯤
되겠지. 자, 이제 그 유력한 후보를 살펴보자.

　　　누구의 구두일까? 아니면, 이 구두를 보면서 우리는 무엇을
생각할까? 하이데거가 이 구두를 보면서 생각했던 내용들을 그의
논문에서 살펴보자.

이 구두라는 도구의 밖으로 드러난 내부의 어두운
틈새로부터 들일을 하러 나선 이의 고통이 응시하고
있다. 한결같은 모양으로 계속해서 뻗어 있는 밭고랑
사이를 통과해 나아가는 느릿느릿한 걸음걸이의 끈질김이
신발도구의 옹골찬 무게 속에 쌓여 있다. 그 밭 위로는
거친 바람이 불며 서 있다. 구두가죽 위에는 땅의 축축함과
풍족함이 깃들여 있다. 저무는 저녁 들길을 가로질러 가는
고독함이 신발 밑창 아래서 밀려가고 있다. 신발 도구
속에서는 대지의 침묵하는 부름이, 익어 가는 곡식을 대지가
조용히 선사함이, 그리고 겨울들판 황량한 휴경지에서의
대지의 설명할 수 없는 거절이 울리고 있다. 이 도구를
통해서 빵을 안전하게 확보하는 데 대한 불평 없는 근심,
궁핍을 다시 넘어선 데 대한 말없는 기쁨, 출산이 임박했을
때의 떨림과 죽음의 위협 속에서의 전율이 스며들어 있다.
대지에는 이러한 도구가 귀속되어 있고 농촌 아낙네의
세계 안에 이 도구가 보호되어 있다. 이러한 보호된
귀속됨에서부터 도구 자체가 그것의 '자기 안에 머무름'으로
일어선다.”[1]

과연 이러한 해석이 고흐의 그림에 대한 진정한 해석인가? 우선 당장 생기는 의문은 하이데거가 어떤 근거로 이 구두를 농부 아낙네의 구두라고 단정하느냐는 것이다. 실제로 이 문제는 앞서 언급한, 두 세대에 걸친 심각한 논쟁의 출발점이 된다. 또 그것이 농부 아낙네의 구두라고 하더라도 하이데거가 서술하고 있는 것처럼 그런 생각을 하고 고흐가 이 구두를 그렸을까라는 의문도 당연히 제기될 수 있다. 하이데거가 자신의 느낌을 그저 이 그림 속에 투사시킨 데 불과한 건 아닐까? 하지만 20세기가 낳은 가장 위대한 철학자 중의 한 사람으로 여겨지는 그가 이렇게 단순히 자기 감상을 그림에 투사하여 자신의 예술철학을 서술하는 데 사용하고 있다고 생각하기에는 뭔가 석연치 않은 점이 있다. 이 석연치 않음을 마음 한구석에 품고 그의 글을 살펴보자.

하이데거의 출발점: 돌고 또 돌고?

우선 『예술작품의 근원』을 읽을 때 제일 먼저 눈에 띄는 건 그가 같은 주제를 반복해서 다루고 있다는 사실이다. 게다가 그의 논리 전개는 항상 제자리를 맴도는 듯이 보인다. 심지어 논리학에서 가장 금기시하는 논리 전개 방식인 순환논법으로 볼 수 있는 주장들이 도처에서 나타난다. 그래서 논리분석철학자들에게 하이데거의 철학이 형이상학적 궤변쯤으로 받아들여지는 게 드문 일이 아니다. 논리학에

---

1   이 번역은 민형원/오병남 역과 이기상 역을 참조하여 옮겼다. 참조한 두 번역 텍스트는 말틴 하이데거, 『예술작품의 근원』, 오병남/민형원 옮김, 경문사, 1979, 99-100쪽과 F. W. 폰 헤르만, 『하이데거의 예술철학: 〈예술작품의 근원〉에 대한 체계적 해석』, 이기상/강태성 옮김, 문예출판사, 1997, 573쪽이다.

있어서 순환논법은 심각한 오류로 치부되어 왔다. "circulus vitiosus"
(나쁜 원)이라는 표현은 이러한 사실을 웅변적으로 말해준다. 만일 이
판단이 옳다면 우리가 하이데거의 말에 귀를 기울일 하등의 이유가
없다. 하지만 문제가 그렇게 간단하지만은 않다. 하이데거 자신도 이런
비난이 생기리라는 것을 예상하고 있었고 그래서 『예술작품의 근원』
서두에서부터 이 문제를 직접 거론하고 있다. 그는 자신의 논의가
순환하고 있다는 사실을 숨기지 않는다. 오히려 그는 진정한 철학은
바로 이러한 순환 속으로 뛰어드는 것이라고까지 말한다.

우선 그의 논의를 직접 살펴보자. 예술작품의 근원이
무엇인가에 대해 물으면서 그는 예술과 예술가, 예술작품 모두가
서로의 '근원'임을 밝힌다. 빙빙 돈다. 많은 사람들은 여기서 벌써
현기증을 느끼리라. 하지만 하이데거가 하는 말을 귀 기울여 들으면서
생각해 보면 사실 이 문제들은 지금까지도 예술철학자, 미학자들을
괴롭히고 있는 물음이다. 예술 정의 불가론, 예술 정의 무용론,
예술제도론 등 어떤 형태로 시도해도 속 시원히 풀리지 않는 그 마지막
매듭을 붙들고 하이데거는 현기증이 날 정도로 사유의 롤러코스터를
돌리고 있다.

작품을 만드는 사람이 예술가니까, 작품의 근원이
예술가라고 말하는 것이 보통이다. 하지만 하이데거는 예술가가
진정한 예술가가 되는 순간은 자신이 만든 작품을 통해서니까 거꾸로
예술작품이 예술가의 근원이기도 하다고 말한다. 궤변인가? 그렇지
않다. 예술가는 예술가라는 특질 이외에도 여러 가지 특질을 가지고
있다. 한 집안의 가장일 수 있고 대학의 교수일 수도 있고 회사의
사원일 수도 있다. 이러한 수많은 그의 특질 가운데서 그가 예술가라는

특질을 지니고 그렇게 불릴 수 있는 것은 바로 그가 생산한 예술작품을
통해서이다. 따라서 예술작품이 예술가를 그 근원으로 삼는 것과는
다른 이유에서이지만 예술가는 예술작품을 그 근원으로 삼는다.

　　그래서 그는 또 다른 시도를 한다. 예술가와 예술작품 속에
모두 들어 있는 "예술"이라는 개념을 둘의 근원이라고 설명하는 일이다.
하지만 여기서도 문제는 여전하다. 예술은 어디에 존재하고 어떻게
존재하는가? 예술이라는 단어는 한갓 단어에 불과하고 실제적인 어떤
것이 거기에 상응하지 않는 개념이다. 그것은 하나의 집합개념일 수
있다. 거기에다가 우리는 오로지 현실적인 것, 즉 작품들과 예술가들을
포섭시킨다. 이 셋 사이의 관계에 대해서 어떻게 설명할 수 있는가?
예술이 작품과 예술가의 근원인가, 아니면 작품과 예술가가 예술의
근원인가?

　　이에 대한 하이데거의 논의는 또다시 원을 그리고 있다.
우선 예술이 도대체 무엇인가가 해명되어야만 예술작품이 무엇인가가
해명될 수 있다. 하지만 예술이 무엇인가가 해명되기 위해서는
예술이 도대체 존재하는지, 존재한다면 어떻게 존재하는지에 대해서
결론을 아직 내리면 안 되기에 예술의 본질을 파악하는 일은 예술이
의심의 여지없이 실제로 존재하고 있는 곳에서 시도하게 될 것이다.
그것이 예술작품이다. 따라서 예술은 예술-작품 안에 존재/현성한다
(west).[2] 이런 논의를 하이데거는 다음과 같이 정리하고 있다: "예술이
무엇인가는 작품에서 끌어내어야 한다. 반대로 작품이 무엇인가는
예술의 본질로부터만 경험하게 된다."[3]

　　이 문제에 관한 하이데거의 논의를 좀 더 자세히
들여다보자. 우선 그는 단순히 귀납적인 연구방식에 대한 거부의사를

분명히 밝힌다. "사람들은 예술이 무엇인가는 현존하는 예술작품들을 비교 고찰함을 통하여 이 작품들로부터 얻어낼 수 있다고 말한다. 하지만 우리가 미리 예술이 무엇인지에 대해서 알지 못한다면 이러한 고찰의 근거자료로 우리가 실제로 예술작품들을 사용하고 있는지 어떻게 확신할 수 있는가?"[4]

이와는 반대로 더 상위의 개념으로부터 예술의 본질을 도출하려는 연역적 연구방법에 대해서도 그는 부정적이다. 그렇게 하려고 해도 우리는 예술작품이라고 여겨지는 것을 그 자체로 보여주기에 충분한 규정들을 미리 알고 있어야 한다. 다시 말해서 보편적인 개념은 그보다 특수한 개념을 특수하게 만드는 그 특질에 대해서는 직접적으로 말해주지 않기 때문이다. 예를 들어 '인간은 동물이다, 동물은 생명체이다'라는 식의 명제에서 동물은 인간보다 더 보편적이고 생명체는 동물보다 더 보편적인 개념이다. 하지만 인간을 인간이게 하는 특질은 동물이라는 개념으로부터는 도출할 수가 없다. 마찬가지로 생명체에서 동물이라는 개념이 도출되지는 않는다. 예술의 본질은 따라서 단순히 연역적인 방식으로는 도출될 수 없는 것이다. 하이데거는 이런 고찰을 근거로 연역적 방식과 귀납적 방식 모두가 예술의 본질을 고찰하기에는 부적당한 방식이고 실제로 그런 방식을 채택하는 것은 자기기만이라고 주장한다.

이렇듯 여러 가지 방식으로 하이데거는『예술작품의 근원』에서 작품과 예술, 예술가 사이의 순환적인 관계에 우리의 이목을 집중시킨다. 물론 더 본질적으로 보자면 이러한 순환은 단지 예술작품을 둘러싸고만 나타나는 것이 아니다. 앞에서 고찰한 바와 같이 그의 존재론적 철학 자체가 이러한 논리의 순환과 본질적인

관련을 맺고 있다. 어쨌든 이것을 지금 우리의 문제에 적용시키자면,
예술에 대한 이해는 예술가나 예술작품에 대한 이해에 한편으로는
선행하면서 다른 한편으로는 다시 거기에 의존하고 있다는 의미가
된다. 어디로부터 출발하든 우리는 그 선지식에 의해서 예술로부터,
또는 작품으로부터 무언가를 해석해내게 될 것이고 그를 통하여
예술 또는 작품에 대한 해석이 더 깊어지고 풍부해지게 될 것이다.
또 하이데거 스스로 『예술작품의 근원』 후기에 밝히고 있는 것처럼
그 과정의 마지막에 어떤 정답이 있다고 기대하는 것은 아니다.
그렇다면 그것은 언젠가는 종료되고 마는, 겉으로 보기에는 순환적인
것처럼 보이지만, 실은 선형적인 사고방식이 될 것이다. 하이데거에게
중요한 것은 그것을 통하여 끊임없이 질문을 던지는 것이다. 그리하여
예술이라는 수수께끼를 들여다보는 것, 그것이 그의 목적이다.[5]

2   이 west라는 단어는 하이데거가 고안해낸 단어이다. sein 동사의 과거분사
      gewesen에서 wesen이라는 형태를 끄집어내어 형이상학의 역사를 통해
      자연과학적, 수학적 세계관에 물들어버린 현재 3인칭 단수형태 ist를 대신해서
      진정한 의미에서의 존재자의 존재방식을 나타내기 위해서 그가 사용하고 있는
      단어이다. 흥미롭게도 이 단어는 우리가 본질로 번역하고 있는 독일어 단어
      Wesen과 철자가 같다. 본질이라는 단어가 서구 역사상 어떤 변화를 겪어왔는지에
      관한 자세한 논의에 대해서는 GPh, pp. 58-107을 참조하라. 하이데거가 이
      1937/38년 겨울 학기 강의록에서 제시하는 가장 중요한 핵심적인 내용을 간추려
      소개하자면 어떤 존재자가 그 존재자이게끔 해주는 것이 본질이다. 이 존재자가
      개별자로서 다른 존재자와 다른 개별적인 특성을 가지기 이전에도 이미 항상 그
      존재자를 그 존재자이게끔 해주는 것이 본질인 것이다. 따라서 모든 존재자는
      바로 이 본질을 그 기원으로 한다. 이런 면에서 본질이라는 말과 근원이라는 말은
      밀접한 상호연관관계 속에 놓여 있다.

3   HW, p. 2; 『숲길』, 19쪽.

4   Ibid; 같은 곳.

5   Cf. HW. p. 65; 같은 책, 116쪽.

현상학적 해체를 통한 사물의 사물성에 대한 논의

이러한 목적을 위해 그는 우선 현실적인 예술작품을 들여다보려고
한다. 그러면서 갑자기 그는 예술과는 별로 상관이 없어 보이는 '사물'
이라는 개념을, 그것도 현대적인 개념이 아니라 과거의 전통적인
개념을 중심으로 해서 자세히 다룬다. 가까운 길을 아주 멀리 돌아가는
듯 보인다. 여기서 우리는 역시 앞장에서 살펴본 현상학적 해체/역사적
사려를 접하게 된다. 다시 간략하게 소개하자면 해석학적 순환과
밀접한 관계를 지니면서 하이데거 철학의 본질적 방법론으로 채택되고
있는 것이 바로 현상학적 해체이다.

　　　　사물의 사물성에 대한 물음이 제기되는 지평은 다음과
같다. 우선 하이데거는 모든 예술작품이 그 안에 어떤 형태로든
사물적인 성질을 지니고 있다는 사실에 주목한다. 그러면서 그는
예술작품을 예술작품 되게 하는 것은 그것이 이 사물로서의 성질을
넘어서 무언가 다른 것을 이야기하기 때문이라는 사실에 주목하고
있다. 이러한 사실은 알레고리와 상징의 그리스어 어원에 대한
그의 날카로운 분석을 통해서 명확하게 드러난다. 알레고리는 '알로
아고로이에이($\ddot{\alpha}\lambda\lambda o$ $\dot{\alpha}\gamma o\rho\epsilon\dot{\upsilon}\epsilon\iota$)'에서 왔는데 '알로($\ddot{\alpha}\lambda\lambda o$)'는 '다르다'는
뜻을 지닌 형용사 '알로스($\ddot{\alpha}\lambda\lambda o\varsigma$)'의 중성 단수 4격 형태로 '다른 것'을
의미하고 '아고로이에이($\dot{\alpha}\gamma o\rho\epsilon\dot{\upsilon}\epsilon\iota$)'는 '말하다'는 뜻을 가진 '아고로이에인
($\dot{\alpha}\gamma o\rho\epsilon\dot{\upsilon}\epsilon\iota\nu$)' 동사의 현재 3인칭 단수형이다. 따라서 이 단어는 '다른 것에
대해 말함'을 뜻하고 이런 의미에서 모든 예술작품은 알레고리이다.
상징의 어원인 그리스어는 '쥠볼론($\sigma\dot{\upsilon}\mu\beta o\lambda o\nu$)'이다. 이 단어는 '쥠발레인
($\sigma\upsilon\mu\beta\dot{\alpha}\lambda\lambda\epsilon\iota\nu$)'이라는 동사에서 유래했는데 '쥠($\sigma\upsilon\mu$)'이라는 접두어는 '함께'
라는 뜻이고 '발레인($\beta\dot{\alpha}\lambda\lambda\epsilon\iota\nu$)'이라는 동사는 '던지다'라는 뜻을 지닌다.

Symbol이라는 독일어 단어는 여기서 유래했다. 따라서 상징이라는 말은 예술작품 속에는 무언가 다른 것이 함께 던져져 있다는 것을 뜻한다.[6]

하지만 하이데거는 이 개념들에 대해서도 다음과 같은 문제제기를 한다. "마치 예술작품 안에서 사물적인 것은 하부구조와 같고 그 안으로 그리고 그 위에 그것과는 다른 무엇, 원래적인 무엇이 건립되어지는 것처럼 보인다."[7] 실제로 그러한가?『예술작품의 근원』 결말 부분에서 하이데거는 사물의 사물성에 대한 물음이 사실은 용도 폐기되어야 한다고 말한다. "우리는 작품에 있어서의 사물적인 성질에 대해서 더 이상 질문을 던지지 않는다. 왜냐하면 우리가 그에 대해 묻는 순간, 우리는 곧 작품을 이미 우리 눈앞에 있는 하나의 대상으로 결론지어 버리기 때문이다."[8]

그렇다면 왜 그는 사물의 사물성에 대해서 그토록 장황하게 설명하는 것일까? 그 자신의 말을 들어보자. "그렇다면 사물의 사물성에 대해서 자세하게 다루는 건 어차피 쓸데없는 짓이었는가? 절대로 그렇지 않다. 사물성으로부터 작품성을 규정할 수는 없지만 작품의 작품성에 대한 지식으로부터 사물의 사물성에 대한 물음이 제 궤도에 올려질 수 있으니까 말이다."[9] 나중에 밝혀지겠지만 이러한 사물의

---

6 이 단어들의 형이상학적인 의미에 대해서는 M. Heidegger, *Hölderlins Hymne Der Ister* (이하 HHI), GA 53, Vittorio Klostermann, 1984, pp. 17-19를 참조하라.

7 HW, p. 4;『숲길』, 22쪽.

8 HW, p. 55; 같은 책, 100쪽.

9 Ibid; 같은 책, 101쪽.

사물성은 『예술작품의 근원』에서 자세하게 다루어지고 있는 '대지'
를 통해서만 제대로 파악될 수 있다. 사물의 사물성에 대한 논의는 그
자체로서는 형이상학적 사고, 자연과학적 사고에 머물 위험성이 있다.
따라서 알레고리나 상징도 이런 의미에서 그대로는 이러한 형이상학적
사고를 그 안에 담고 있는 개념이다. 그가 알레고리와 상징이 오래
전부터 예술작품의 특색을 보여주는 틀로 사용되어왔다고 말하는 것은
이런 맥락에서이다. 하지만 그것을 새롭게 해석할 수 있는 계기가 "
진리의 작품 속으로의 정립"이라는 자신의 주장을 따라가다 보면
생겨난다고 그는 주장한다.

어쨌든 이런 맥락에서 하이데거는 사물의 사물성에 대한
전통적인 견해들을 다음과 같이 세 가지로 나누어 다루고 있다.

    1) 실체와 속성
    2) 감관에 주어진 것의 다양성의 통일
    3) 질료와 형상의 통일

여기서 우리가 주목할 것은 적어도 서구적 사고에 있어서는 이러한 세
가지 견해들은 너무나 당연한 것처럼 여겨지고 있어서 사물에 대해서
생각할 때 사람들은 당연히 이 세 가지 중 하나를 가지고 또는 이것들을
결합하여서 사고한다는 사실이다. 하지만 하이데거는 이러한 견해들이
결코 사물의 사물됨을 그대로 나타내 보여주지 못한다는 반증을 들고
있다.

우선 실체와 속성의 경우 그는 원래 이 용어들이
그리스어에서 지니고 있는 근본경험들이 라틴어로 번역되면서 그

원래의 지반에서 벗어나 고착화되었다는 사실을 지적하고 있다. 또 실체를 문법상의 주어와 동일시한 아리스토텔레스 이래의 오래된 사고가 과연 그렇게 분명하게 증명될 수 있는가에 대해 의문을 제기하고 있다.

감관에 주어진 것의 다양성의 통일이라는 도식은 칸트를 연상시킨다. 하지만 과연 우리가 매일 접하는 일상적인 사물들이 단순히 다양의 통일이라는 도식만으로 설명될 수 있는가? 하이데거는 그렇지 않다고 말한다. 첫 번째 견해가 우리가 일상적으로 접하는 사물들과는 너무 멀리 떨어져 있는 실체라는 틀에 사로잡혀 있는 반면, 두 번째 견해는 사물 안에서 우리가 발견하는 감각자료에 너무 가까이 가서 실제로 우리가 접하는 사물을 오히려 보지 못하게 한다고 그는 말한다.

마지막으로 질료와 형상의 통일이라는 도식에 대해 하이데거는 그것이 본래는 도구의 제작과 관련하여 생겨난 것임을 상기시킨다. 도구가 지니는 질료와 형상의 결합은 그것이 어떤 용도로 쓰이는가에 좌우된다는 사실도 밝힌다. 이것을 근거로 그는 '존재와 시간'에서 인간 이외의 모든 존재자의 존재양식으로 설명하였던, 넓은 의미에서의 도구의 존재방식인 '손안에 있음'을 사용하여 사물의 사물성을 설명하려는 시도를 감행한다.

그에 따르면 도구의 근본적인 성질은 그것이 항상 어떤 쓰임새를 지닌다는 사실이다. 그렇다면 이것은 쓰임새와는 직접적으로 상관이 없어 보이는 돌, 흙과 같은 순전한 사물과는 다르다. 그래서 하이데거는 질료와 형상은 순전한 사물의 사물성에 대한 근원적인 규정들은 아니라고 말한다. 그러고나서 그는 순전한 사물과 도구,

예술작품 간의 관계에 대해서 다음과 같이 말하고 있다. 순전한 사물은 자생적인 것이다. 반면에 도구와 예술작품은 인간에 의해 제작된 것이다. 하지만 예술작품은 자족적으로 존재한다는 점에서 순전한 사물과 유사하기도 하다. 그렇다고 해서 우리가 예술작품을 순전한 사물이라고 부르지는 않지만 말이다. 반면 도구는 사물성에 의해 규정되기에 절반은 사물이지만 인간에 의해 제작되었다는 점에서 사물 이상의 것이며 예술작품이 갖는 자족성을 지니지 못하기 때문에 반쪽자리 예술작품에 불과하다.

이렇게 해서 하이데거는 도구의 존재방식인 손안에 있음으로부터 사물의 사물성을 다시 한 번 조명해보려는 시도를 하게 된다.『존재와 시간』에서 하이데거는 인간을 제외하고 세계 안에서 우리가 만나게 되는 모든 존재자들의 본질적인 존재양식을 '손안에 있음'으로 설명하였다. 손안에 있음은 도구의 존재방식이다. 하지만 하이데거는 우리가 그저 자연의 사물이라고 생각하는 것들도 도구존재와 관련하여 해석하고 있다. '순전한'이라고 번역되는 독일어 형용사 bloss는 원래 '벌거벗은, 나체의'라는 뜻을 지닌다. 그것을 이용하여 하이데거는 순전한 사물을 '쓰임새가 사라진 도구' 로 해석한다. 이 해석은 언뜻 보기에는 매우 자의적으로 보인다. 이런 첫인상에서 벗어나기 위해서는 긴 논의과정이 필요하다. 궁극적으로는 사물의 사물성을 진리의 발현으로부터, 세계와 대지의 싸움으로부터 설명하는 과정을 거쳐야만 얼핏 보아서는 자의적으로 보이는 이 해석의 진정한 의미를 깨달을 수 있다.

고흐의 구두

앞서의 논의에 따라 이제 우리는 도구의 도구존재를 통해서 예술
(작품)의 본질에 접근하게 된다. 하이데거는 농부의 신발 한 켤레를
예로 들어 이러한 논의를 시작한다. 신발이라는 도구가 지닌 쓰임새를
설명하면서 그는 그것이 지니고 있는 일상적 의미를 설명한다. 농부의
신발은 농부가 농사일을 하면서 신발에 대해서 생각하거나 쳐다보거나
심지어는 느끼지조차 않을 때 그 본연의 임무를 다하게 된다. 이런
의미에서 보면 사용하지 않고 있는 신발을 그린 그림을 보거나 그냥
머릿속에서 신발을 상상하는 것으로는 신발이 진정으로(in Wahrheit)
어떤 사물인지 경험할 수 없다.

이런 설명 바로 다음에 우리는 드디어 이 글의 도입부에서
읽은 마치 문학작품과도 같은 그의 그림 해석을 접하게 된다. 도대체
이러한 해석이 도구의 도구존재와 어떤 관계가 있단 말인가? 그리고
이렇게 해서 만일 도구의 도구존재가 파악된다 한들 그것으로부터
어떻게 예술(작품)의 본질에 도달할 수 있다는 것일까? 또 이런 문제와는
별개로 어떻게 하이데거는 고흐가 그린 구두가 농부 아낙네의 구두라고
단정할 수 있었을까? 하이데거가 서술하고 있는 농부 아낙네의 삶과
구두 사이에는 도대체 어떤 관계가 있다는 말인가? 이 인용문은 아마도
하이데거가 그저 자신의 감상을 적은 것에 불과하지 않을까? 여러
가지 물음이 꼬리를 문다. 하지만 분명한 것은 이 해석을 근거로 해서 "
예술은 진리의 작품 속으로의 정립"이라는 저 유명한 명제가 제기된다는
사실이다. 따라서 일단 우리는 이 인용문이 하이데거의 단순한 주관적
감상과는 다르다는 사실을 인정하고 출발해야 한다. 자, 그럼 이런
물음들을 가슴에 품고 좀 더 자세히 하이데거의 논의를 따라가 보자.

우선 이 인용문의 결론 부분을 살펴보자. "대지에는 이러한 도구가 귀속되어 있고 농촌 아낙네의 세계 안에 이 도구가 보호되어 있다. 이러한 보호된 귀속됨에서부터 도구 자체가 그것의 '자기 안에 머무름'으로 일어선다." 우선 대지와 세계라는, 이 맥락에서는 다소 생소해 보이는 표현들이 눈에 띈다. 그런데 귀속되고 보호된다는 말은 무슨 뜻일까? 또 도구 자체의 자기 안에 머무름이라는 단어도 설명을 요구한다. 일단 처음에는 무슨 의미인지 요령부득이다. 이 말들을 이해하려면 차근차근 하이데거의 설명을 따라가면서 이런 표현들이 어떤 의미로 사용되고 있는지 살펴보아야 한다.

예술을 통해 드러나는 진리의 일회성

하이데거에 따르면 자신이 서술한 시적인 고흐 그림 해석의 내용 전부를 농부 아낙네는 "관찰하거나 깊이 생각하지 않아도" 자신의 삶을 통해서 언제나 친숙하게 알고 있다. 이러한 사실을 하이데거는 신뢰성(Verläßlichkeit)이라고 부른다. 이것이 전제되어야만 구두는 자신의 소임을 다할 수 있다. 도구의 세계 안에 보호됨, 도구의 자신 속에 머무름(Insichruhen)은 바로 이러한 사실을 염두에 둔 표현이다. 『존재와 시간』에서 하이데거는 이러한 특성을 일상성(Alläglichkeit)이라고 부른다. 앞서 해석학적 순환을 다루면서 언급했던 존재이해도 바로 이러한 맥락에서 이해되어야 한다. 하이데거가 도구존재를 사물의 사물성을 이해하는 중요한 출발점으로 삼으면서 "하나의 일상적인 도구"를 예로 들고 있는 것도 이러한 관점에서 이해될 수 있다.

문제는 이러한 일상적인 체험과 고흐의 구두 그림을 보면서 얻는 체험이 어떤 유사성과 차이점을 갖느냐는 것이다. 처음

이 그림에 대해 언급하면서 하이데거는 언뜻 보기에는 위의 내용과는
정반대로 들리는 이야기를 하고 있다. "우리가 단지 일반적으로 우리
머릿속에 한 켤레의 신발을 떠올리거나 심지어는 사용되지 않고
있는 빈 신발을 그린 그림을 쳐다보는 한 우리는 도구의 도구 존재가
진실로 무엇인지를 절대로 경험할 수 없을 것이다." 여기서 말하는
그림을 쳐다보는 일은 무엇을 말하는가? 하이데거도 결국 고흐의
그림을 보면서 자신의 견해를 피력한 것이 아닌가? 게다가 고흐의 구두
그림에서도 다른 어떤 것도 발견할 수 없을 정도로 그저 구두만 그려져
있다고 하이데거 자신도 말하고 있지 않은가? 그렇다. 하지만 더 중요한
것은 하이데거가 그렇게 말해놓고 덧붙이고 있는 두 마디 말이다 "Und
dennoch". 우리말로는 정확히 번역하기 어려운 이 두 마디 말은 앞의
내용이 어느 정도 이어져가면서도 반대되는 내용을 서술하겠다는
의미가 깔려 있다.[10] 그리고는 우리가 접한 저 유명한 그림 해석이
등장한다.

이렇게 본다면 앞서 말한 그림을 들여다보는 일과
하이데거가 행하고 있는 그림 해석 사이에는 분명히 차이가 존재한다고
볼 수밖에 없다. 그 차이에는 우선 그림을 소위 객관적으로 분석하는,
'눈앞에 있음'(Vorhandensein)으로 해석하는 방식을, 즉 단순히 그림을
들여다보는 일을 통해서는 하이데거가 파악하려 하는 도구의

---

10 이 말을 문자 그대로 번역하면 "그리고 그럼에도 불구하고"가 된다. '그리고'라는
말은 보통의 경우에는 '그럼에도 불구하고'와 같이 쓰이지 않는다. 하지만 그
이면에 담겨 있는 뉘앙스를 살펴보면 여기에는 앞의 말을 긍정하고 계속 그 내용과
관련된 말을 하겠지만 그것과는 본질적으로 다른 시각에서 다음 내용을
서술하겠다는 뜻이 담겨 있다고 볼 수 있다.

도구존재에 대해서 아무 것도 알 수 없다는 그의 생각이 바탕에 깔려 있다. 자, 그렇다면 그의 해석을 통해서는 어떻게 도구의 도구존재에 대해서 알 수 있고 그를 통해 어떻게 사물의 사물성, 더 나아가서 예술작품의 본질에 대해서 알 수 있다는 것일까?

우선, 길게 뻗어 있는 항상 똑같은 밭이랑을 지나가는 느릿느릿한 걸음걸이의 강인함이라든지, 저녁 무렵 들길을 걸어가는 고독함이라든지, 빵을 확보하기 위한 불평 없는 걱정이라든지 하는, 인간이 살아가는 삶의 모습을 문학적인 언어로 그리고 있는 표현들을 통해서 우리는 하이데거가 『존재와 시간』에서 말하고 있는 세계-내-존재의 모습들을 발견하게 된다. 또 대지의 침묵하는 부름이라든지, 익어가는 곡식을 말없이 선물한다든지, 겨울 휴한지에서의 설명되지 않는 거절이라든지 하는 표현들 속에서는 하이데거가 사용하는 대지라는 말의 뜻이 어느 정도 나타나고 있다. 거기다가 출산과 죽음에 대한 표현을 통해서 죽음을 향한 존재로서의 인간현존재의 실존적 존재 양식을 떠올리게 된다.

따라서 이 해석은 단순히 감상적이고 목가적인 해석이 아니라 그 안에 이미 하이데거가 지니고 있던 존재론의 사상적 내용이 함축적으로 서술되어 있음을 볼 수 있다. 그래서 하이데거는 이렇게 말하고 있는 것이다. "예술작품은 신발이란 도구가 진실로 무엇인지 알게 해주었다. 만일 우리가 이런 우리의 진술이 주관적인 행위로서 모든 것을 멋대로 지어내고서는 구두에 투사시킨 것이라고 생각한다면 그것은 가장 나쁜 자기기만이리라. 여기서 문제가 될 만한 게 있다면 그건 단지 우리가 작품의 가까이에서 너무나 적게 경험을 했고 이 체험마저도 너무 거칠게 직접적으로 서술했다는 사실이다."[11]

여기서 그의 말이 단순히 겸손을 위한 수사학적 표현이
아니라고 한다면 그는 이미 자신이 파악하는 것을 통해서 존재의 진리
전체를 드러낼 수 없다는 사실을 알고 있었다고 볼 수 있다. 게오르그
트라클의 시를 해석하는 글에서 그는 이러한 사실을 다음과 같이
표현하고 있다: "무엇보다도 시의 해설은 결코 시들을 스스로 감상하는
걸 대신할 수는 없다. 사유하는 해설은 기껏해야 의문의 여지가 있을
뿐이며 가장 좋은 경우라야 (시를 읽는 사람으로 하여금) 더 사려 깊게
만들 뿐이다."[12] 왜냐하면 존재의 진리는 모두가 붙잡을 수 있도록
보편적으로 규정될 수 있는 눈앞에 있음의 방식으로 나타나는 것이
아니라 "그때그때 존재하는 존재자의 존재에 대한 사려"를 통해서만
나타나기 때문이다.[13]

그렇다면 이렇게 작품의 가까이에서 느끼는 존재의
진리는 그것이 본질적이면 본질적일수록 언제나 근본적으로는
일회적인 성격을 띠게 된다. 하이데거는 이것이 단순히 예술작품의
감상에서만이 아니라 우리가 부딪히는 모든 존재자들과 관련하여
심지어는 존재 자체와 관련하여 언제나 느끼게 되는 것이라고 말한다.
인간 현존재에게 존재(자)의 진리가 나타날 때 존재는 자신을 열어
보이는 동시에 자신을 존재자로부터 다시 거두어들인다. 따라서 우리는
존재에 대해서 언제나 무언가를 경험하게 되지만 영원한 갈증에 목말라
하게 되는 것이다. 하지만 자세히 들여다보면 그것은 유한한 인간의

11   HW, p. 20; 『숲길』, 45쪽.

12   US, p. 35; 『언어로의 도상에서』, 58쪽.

13   HW, p. 15; 『숲길』, 38쪽.

운명이다. 자연과학이 아무리 발달한다 하더라도 그 가장 작은 입자의
세계든, 광활한 우주의 끝이든 그 마지막은 인간의 접근이 허용되지
않는다. 이 근원적인 거부는 인간의 존재를 이루는 본질규정이다. 한
시인이 말했던 "밤새워 물어뜯어도 닿지 않는 마지막 살의 그리움"의
본질적이 내용은—그 시인이 그것을 의식했든 하지 않았든 상관없이—
바로 여기에 있다.

이렇게 말하고 나면 이제 대지와 세계에 대해서 하이데거가
말하고 있는 내용이 좀 더 이해하기 쉬울 것이다. 세계는 우리에게 열어
젖혀져서 우리에게 나타나는, 하지만 '눈앞에 있음'의 방식으로서가
아니라 손안에 있음과 동반 현존재의 방식으로 드러나는 존재자들과
그때그때의 내가 열어 젖히게 되는 것이다. 반면 대지는 이렇게
우리에게 드러나지 않는 존재자의 심연, 더 나아가서는 존재의 심연을
의미한다고 말할 수 있다. 하지만 대지가 단순히 자신을 닫아거는
존재자가 아니라 "익어 가는 곡식을 말없이 선물한다"는 표현에서 느낄
수 있는 것처럼 우리 주위에서 흔히 볼 수 있는 성장과 몰락의 근원을
그 안에 담고 있다는 사실을 주목하자. 따라서 대지는 세계가 열어
젖혀지는 것을 가능하게 하지만 동시에 자신을 닫아거는 이중적인
성격을 지니고 있다. 이에 대해서는 하이데거가 다음과 같이 말하고
있음에 주목하자. "세계와 대지는 본질적으로 서로 상이하지만 결코
분리되어지지 않는다. 세계는 대지에 근거하고 있고 대지는 세계를
뚫고 솟아오른다."[14] 사물의 사물성에 관한 논의만으로는 예술작품의
본질에 도달할 수 없다. 왜냐하면 예술작품 속에서 우리가 질료라고
생각하는 사물은 사실은 예술작품을 가능하게 하는 대지에 속한 것에
불과하기 때문이다.

여기서 하이데거가 '예술작품의 근원'에서 여러 번
반복해서 다루고 있는 "세계와 대지의 싸움"이 무엇인가가 드러난다.
세계는 끊임없이 열어 젖혀지기를 요구하고 대지는 계속해서 자신을
닫아걸기 때문에 둘 사이의 관계는 불가분의 관계이기는 하지만
영원한 대립의 관계이기도 하다. 또 왜 농부 아낙네의 신발이 대지에
속하는지가 드러난다. 모든 존재자는 그 존재 자체를 가능하게 하고
생성변화를 추동하는 대지에서 솟아나오게 되기 때문에 대지에 속하게
되는 것이다. 세계 속에 보호된다는 말은 신뢰성 속에서 구두가 자신의
본연의 자리에 있게 된다는 것을 의미한다. 이런 의미에서 작품은
세계를 열어 세운다(aufstellen). 작품을 통해서 앞서 설명한 세계의
열림이 일어나기 때문이다. 또 작품은 대지를 불러 세운다(herstellen).
세계의 열림을 가능케 하고 스스로는 여전히 자신을 닫아거는 대지의
본질을 작품이 잘 드러내주기 때문이다.

작품과 진리

작품이 도구가 무엇인가를 잘 드러내 보여주기만 하는 것이 아니라
작품을 통하여 그리고 작품 안에서만 도구의 도구존재가 스스로
드러나고 있다고 하이데거는 말한다. 그러고 나서 그는 다음과
같이 주장한다. "반 고흐의 그림은 도구가, 한 켤레의 농부의 구두가
진정으로(in Wahrheit) 무엇인지를 열어 보여주는 것(Eröffnung)이다."[15]
여기서 작품이 지니고 있는 개방성이 드러나며 그 개방성은 존재자가

---

14 HW, p. 34; 같은 책, 66쪽.
15 HW, p. 20f; 같은 책, 65쪽.

존재자로서 은폐되어 있지 않고 그 자체로 드러나 있음을 의미하는
그리스어 알레테이아($\dot{\alpha}\lambda\acute{\eta}\theta\epsilon\iota\alpha$)와 결합되면서 예술작품의 성격을
규정하는 매우 중요한 표현이 된다. 이 책의 앞에서 살펴보았듯
하이데거가 말하는 진리는 철학에서 말하는 일반적인 의미에서의
진리와는 전혀 다르다. 따라서 이 진리 개념을 이해하는 일은
하이데거의 예술철학의 근본 명제, 즉 "예술작품 안에서 존재자의
진리가 작품 속으로 정립되었다"는 주장을 이해하는 데 결정적인
중요성을 띤다.

간략하게 다시 살펴보자면 하이데거가 말하는 진리는
존재자가 은폐되어 있지 않고 스스로 우리에게 드러나 있음을
의미한다. 하지만 이 드러남은 동시에 드러나지 않은 존재자의 다른
측면들을 의미하며 자신을 드러내는 동시에 자신을 은폐하는 존재와
존재자간의 존재론적 차이를 나타낸다. 이런 의미에서 진리는 동시에
비-진리이다. 이렇게 진리와 비-진리가 동시에 나타나는 장이 우리의
예에서는 바로 예술작품이다.

이러한 진리 개념을 통해 그는 전통적인 예술철학에
있어서의 중요한 두 테제에 의문을 제기한다. 그 하나는 예술에 있어서
본질적인 개념은 진리가 아니라 아름다움이라는 주장이고 다른
하나는 예술의 근본적인 범주는 모방(미메시스)이라는 주장이다. 전자의
주장에 대해서 하이데거는 진리와 아름다움의 관계를 다음과 같이
정의함으로써 반박한다. "아름다움은 은폐되어 있지 않음으로서의
진리가 존재/현성하는(west) 하나의 방식이다."[16] 하이데거는 이렇게
해서 아름다움을 쾌, 불쾌의 감정으로 환원시키려는 칸트 식의
시도로부터 벗어난다. 또 그는 아름다움을 진리의 현현(Erscheinung)으로

정의함으로써 일견 헤겔과 비슷한 입장에 서 있는 것처럼 보이지만
진리가 헤겔식의 완결된 전체로 드러나지 않는다고 말함으로써 그와는
다른 모습을 보인다. 후자의 주장은 진리는 사태와 인식의 일치라는
고전적 진리 관에 근거하고 있다는 것이 하이데거의 생각이다.
하이데거의 진리관은 바로 이러한 아리스토텔레스 이래의 진리관에
대한 끊임없는 도전이다. 따라서 예술의 근본 규정이 미메시스라는
주장은 일차적으로 배격되어야 하는 것이다. 만일 예술의 본질이
미메시스라면 그것은 단순한 모방이 아니라 예술작품을 통해서
모방되는 존재자의 본질의 모방이어야 한다.

작품이란 무엇인가?

하이데거는 진정한 예술작품의 근원에 도달하기 위해서는 작가가
누구인가에 대해서 더 이상 신경 쓰지 않아야 된다고 주장한다.
이것은 예술사학의 가장 중요한 분야 중 하나인 작가론을 부정하는
듯이 보인다. 실제로 이를 신랄하게 꼬집은 예술사학자 샤피로의
하이데거 예술철학에 대한 비판의 핵심이 바로 작가론의 부재이다.
하지만 하이데거가 작가론을 전적으로 부정했다기보다는 작가에
의해서 완성되어 작가의 손을 떠난 다음 독립적인 지위를 지니게 되는
작품의 속성으로부터 생산미학과 수용미학적 측면을 모두 고려하면서

16 HW, p. 42; 같은 책, 78쪽. '예술작품의 근원' 후기에서 하이데거는 다음과 같이
    주장한다: "진리는 존재자로서의 존재자의 은폐되어 있지 않음이다. 진리는 존재의
    진리이다. 아름다움은 이러한 진리 옆에 부수적으로 나타나는 것이 아니다. 진리가
    작품 속으로 자신을 정립할 때 진리가 나타난다. 이러한 나타남이—작품 속에
    그리고 작품으로서의 진리의 이러한 존재로서—아름다움이다. 이렇게 해서
    아름다운 것은 진리의 발생에 속한다." HW, p. 67; 같은 책, 119쪽.

일면적인 고찰방식을 넘어설 수 있는 가능성을 제시했다고 보는 편이
나을 것이다.

　　　　샤피로와는 달리 데리다는 하이데거의 접근 방식이 오히려
더 많이 나가야 했는데 그러지 못했다고 비판한다. 농부 아낙네의
구두라고 하이데거가 규정하는 것조차도 데리다는 못마땅해 한다.
그렇기 때문에 데리다는 오히려 그런 되돌림/귀속시킴(restitution) 없이
자유롭게 사유하는 것이 더 중요하다고 생각한다. 물론 그럴 경우에
과연 어떻게 그것이 가능할 것인가가 문제가 될 것이다. 하지만 그의
논의는 고흐의 그림에 그려진 신발을 농부 아낙네의 구두라고 규정짓기
때문에 생겨나는 문제에서 벗어날 수 있는 가능성을 제시하고 있다.
이런 관점에서 현대 예술철학에서 수용미학적 논의가 생산미학적
논의에 비해 점점 더 힘을 얻어가는 현상을 이해할 수 있을 것이다.

　　　　이렇게 살펴 본 하이데거 예술철학의 내용들을
되돌아보면서 그것이 오늘날 지니는 의의를 꼽는다면 다음과 같을
것이다.

　　　　1) 존재론적 예술철학이 지닌 함의: 하이데거의 예술철학은
단순히 예술을 하나의 제한된 분야로 설정하고 그로부터 그 분야에
특유한 성질을 고찰하는 식으로 전개되지 않는다. 예술은 존재의 전
영역을 포괄하면서 동시에 존재의 진리가 가장 잘 드러나는 본질적인
분야이기에 그의 말처럼 시인과 철학자는 동일한 본질의 영역, 즉
존재에 대해서 다루면서 다만 다른 형식으로 말할 뿐이다. 예술은
존재의 본질과 직접적으로 관련을 맺는 존재론적 분야이며 따라서
예술철학은 단순히 아름다움을 다루는 학문이 아니라 존재의 진리

자체를 다루는 학문이다. 이후의 포스트모더니즘 철학에서는 예술에
관한 논의가 매우 큰 비중을 차지하는데, 여기에 하이데거의 예술론은
큰 영향을 미쳤다.

　　　　2) 현대예술과의 관계: 하이데거의 시도는 미메시스라는
전통적인 개념으로는 설명하기가 힘든 추상적인 현대예술을 설명하는
설득력 있는 대안이 된다. 구체적인 사물의 형상을 모방하지 않더라도
그 속에서 존재자의 진리가 발현될 수 있다면 어떤 표현형식을 빌리든
문제될 게 없다는 것이 그의 이론에서 도출될 수 있기 때문이다. 실제로
그는 클레의 그림을 높이 평가하였고 따라서 추상예술을 부정하지
않았다. 다만 피카소의 경우처럼 추상예술이 오히려 그 이전의 주체-
객체 도식을 더 공고화하는 방향으로 나가는 것을 거부했을 뿐이다.

　　　　3) 지나친 해석의 문제: 샤피로와 데리다의 논쟁에서 보는
것처럼 실제로 하이데거의 해석은 작가의 의도가 무엇인가를 생각할
때 지나친 해석일 가능성을 언제나 지니고 있다. 하지만 오히려 그렇기
때문에 작가론으로서는 설명할 수 없는 예술작품의 여러 측면에
대한 해석을 가능케 하는 긍정적인 계기들이 여기에 포함되어 있는
것 또한 부정할 수 없는 사실이다. 지나친 해석이 철학적으로 지니는
근원적 의미에 대해서는 앞에서 하이데거의 사유방법론을 설명하면서
다루었기에 여기서는 생략하기로 하겠다.

자, 이제까지 우리는 하이데거와 함께 수없이 사유의 바윗돌을 굴렸다.
수도 없이 미끄러졌을 것이고 앞으로도 또 수도 없이 미끄러지게 될
것이다. 하이데거와 함께 다시 저 사유의 모험을 하고자 한다면.
저 높은 언덕을 바라보면서, 심지어 청한 하늘을 날아가는 새를 보면서

울게도 될 것이다. 밤새워 생채기를 물어뜯으면서 괴로워하기도 할 것이다. 하지만 이 모든 것이 존재의 비밀에 참여하는 소중한, 아름다운 의식이라면? 값싼 웃음보다는, 그 후에 오는 공허함보다는 훨씬 더 값진 행복이 우리의 것일 수 있다면? 식민지배, 한국전쟁, 유신과 5, 6공 군사정권을 거치면서 끊임없이 불의에 도전했던 우리의 수많은 선각들이 진정으로 행복한 사람들이었다면? 길은 우리 앞에 놓여 있다. 선택은 우리의 몫이다. 무엇을 택할 것인가?

5. 불안과 권태, 그리고 숭고: 하이데거 사유의 내밀한 빈터에서

밖으로 나가지 말라!

네 자신에게로 돌아가라!

진리는 속사람 안에 거한다.

(Noli foras ire, in teipsum redi;

in interiore homine habitat veritas.)

– 아우구스티누스, 『참된 종교에 대하여』, 39, 7z

한때 절망이 내 삶의 전부였던 적이 있었다.

그 절망의 내용조차 잊어버린 지금

나는 내 삶의 일부분도 알지 못한다.

오오, 그리운 생각들이란 얼마나 죽음의 편에 서 있는가?

(기형도, 「10월」 중에서)

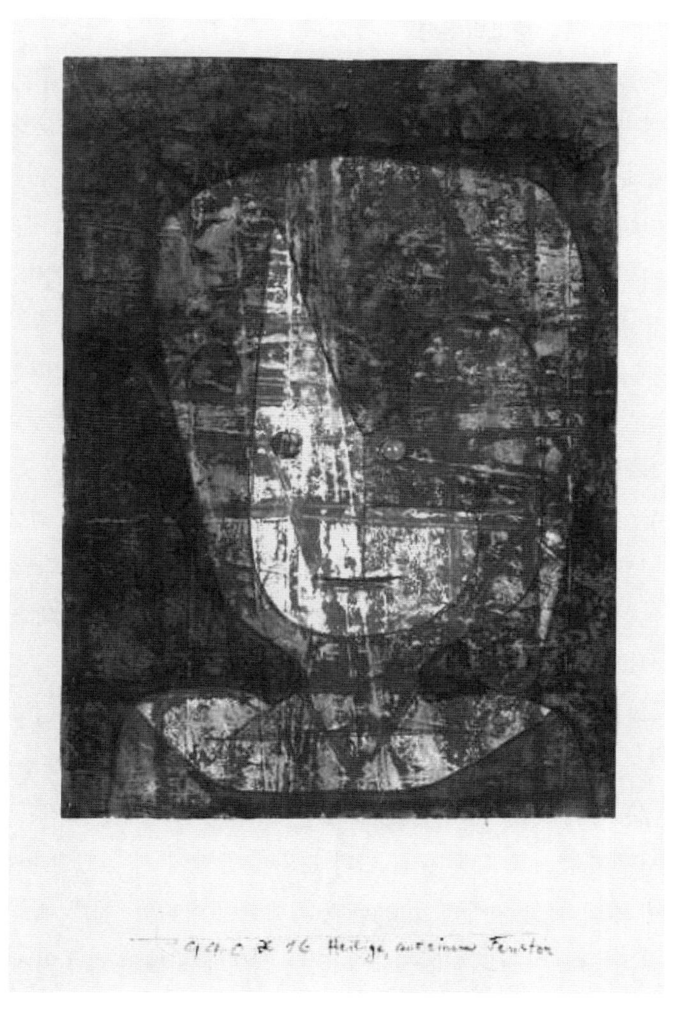

그림 7 파울 클레, 〈한 창문에서 성녀가〉, 1940, 수채물감, 붉은 분필과 하얀 분필로 마분지 위 종이에, 29×21cm, 베른 파울클레 센터 소장

숭고의 유행?

오늘날 우리는 소위 '숭고의 유행'을 목격하고 있다. 장 뤽 낭시는 1984
년 발표한 논문 「숭고한 봉헌」(l'offrande sublime) 서두에서 "숭고가 유행
중(le sublime est à la mode)"이라고 주장했다.[1] 하지만 그는 유행이라는
단어를 부정적으로만 생각하지는 않았다. 유행은 아마도 운명이 매우
비밀스럽게 혹은 신중하게 자신을 드러내는 방법일 것이며, 지금
유행하고 있는 숭고를 통해 우리에게 드러나는 것은 바로
"예술의 운명"(destin de l'art)이라는 것이다.[2] 그 운명은 어떠한 모습을
띠고 있을까? 현대인들은 이제 뭉크의 절규하는 사람이 보여주는
불안하고 고통스러운 모습, 프란시스 베이컨이 그려낸 푸줏간에 걸린
듯이 보이는 인간의 머리, 말레비치처럼 캔버스를 온통 검은 색으로
칠해버린 '예술의 자살행위'에 이르기까지 끊임없이 사람의 심기를
불편하게 하면서도 무언가 묘한 감동을 주는 작품들 앞에 서 있다.
이러한 현상들을 설명하기 위해 인구에 회자되기 시작한 '숭고'는 이제
낭시의 말처럼 거의 유행어가 되었다고 해도 과언이 아니다.

심지어 숭고는 미학이 스스로에게 던지는 도전장의
내용이기도 하다. "아름다운 건 이제 됐어. 숭고가 필요해!"[3] 수천 년
서구 미학사를 통해 줄곧 미학 논의의 중심에 서 있었던 아름다움은
이제 더 이상 미학의 주요한 관심 대상이 아니다. 현대 예술철학 논의를
살펴보라. 아직도 아름다움에 대해 시대에 뒤떨어진(?) 이야기들을
늘어놓는 사람들이 있는가? 아무도 없다. 왜 이런 현상이 생겨났는가?
이 물음에 대한 답을 결코 어떤 한 철학자의 사상이나 한 예술가의
작품에서 간단하게 찾을 수는 없다. 플라톤이나 아리스토텔레스,
롱기누스까지 거슬러 올라가지는 않더라도, 적어도 18세기 영국

취미론에서 —특히 에드먼드 버크의 숭고 논의를 중심으로—
아름다움으로부터 독립되어 미학의 핵심개념으로 등장했던 숭고
개념이 칸트를 거쳐 현대에 이르기까지 어떤 발전과정을 거쳤으며
그것이 실제적인 예술실천과 어떻게 서로 영향을 주고받았는가를
면밀히 분석해야만 할 것이다.

그런데 이에 대한 본격적인 연구는 아직 걸음마 단계에
있다고 할 수 있다. 특히 국내의 경우 안성찬이 펴낸『숭고의 미학:
파괴와 혁신의 문화적 동력』(유로서적, 2004. 이하『숭고의 미학』) 외에는
숭고에 관한 본격적인 이론서라고 할 만한 것을 찾아보기 어렵다.
하지만 이 책도 숭고의 개괄적 이론사를 서술하고 있지 숭고에 대한
본격적인 연구서라고 보기는 어렵다. 해외의 경우도 칸트로부터
리오타르의 숭고 논의로 바로 이행하는 연구 경향으로 인해 체계적인
미학사적 고찰은 아직 찾아보기 힘든 실정이다. 이러한 논의의 간극을
메우려는 몇몇 시도가 있지만[4] 하지만 이들의 논의도 아직 전체적인
맥락을 고찰하면서 미학사적인 간극을 메우려는 시도와는 거리가 멀어
보인다.

---

1   Jean Luc Nancy, L'offrande sublime in: Du Sublime (이하 DS), Belin, 1998, p. 37;『숭고에 대하여』, 49쪽.

2   Ibid; 같은 곳.

3   DS, p. 38; 같은 책, 50쪽.

4   Jean Luc Nancy(ed.), Du Sublime, Belin, Paris 1988이나 Jan Rosiek, *Maintaining the sublime: Heidegger and Adorno* (이하 MSHA), Peter Lang, Bern/Berlin/Bruxelles/Frankfurt am Main, New York/Oxford/Wien 2000 등을 들 수 있다

이제 우리가 이러한 간극을 보완하려는 시도의 첫 단계로
하이데거 예술철학에서 숭고가 어떤 의미를 지니고 있는지를 살펴보고,
이를 통해 그의 숭고 개념이 내포하고 있는 '파괴와 혁신의 동력'이
무엇인가를 깊이 음미해보고자 한다. 앞으로의 논의에서 밝혀지겠지만,
하이데거 존재론의 핵심개념들인 불안과 권태 안에 이미 숭고의 계기가
포함되어 있으며, 존재론과 본질적으로 밀접하게 연관되어 있는 그의
예술철학의 중심에도 숭고가 자리하고 있기 때문이다.

예술의 종언

다른 한편, 앞서 언급한 아름다움의 종언은 동시에 예술의 종언과
밀접한 관련을 지니고 있다. 19세기를 거쳐 20세기 아방가르드 예술을
통해 예술적 실천의 중심이 점차 '모방'에서 '표현'으로 옮겨갔다.
다른 한편 무의식의 발견으로 '내 안의 끔찍한 것'에 대한 관심이
더욱 증대되었다. 이런 과정을 거쳐 예술이 더 이상 재현으로서의
예술이기를 포기하면서 숭고가 전면에 드러나게 되었다. 표현주의,
다다, 추상, 초현실주의 등등 그 구체적인 예를 열거하는 데만도 한참의
시간이 필요할 것이다.

이런 현상들을 관찰하면서 많은 이들은 헤겔이 주장했던
'예술의 종언'을 떠올릴 것이다. 헤겔에게 예술은 이미 더 이상 진리가
스스로를 드러내는 최고의 방식이 아니었다.[5] 하지만 숭고를 중심으로
오늘날 인구에 회자되고 있는 '예술의 자살'은 이와는 다른 맥락에서
파악되어야 한다. 헤겔이 예술의 종언을 말하면서 염두에 두었던
것은 '이념의 감각적 현현'으로서의 아름다움과 그것을 매개로 진리를
드러내고자 했던 예술이 그 소임을 다했다는 사실이었고, 숭고는

아름다움의 전 단계에 불과했다.

이런 의미에서 현대의 숭고 논의는 어쩌면 헤겔에 대한 정면도전이라 할 수 있을 것이다. 현대의 예술실천과 예술철학 논의는 모두 아름다움을 넘어 숭고로 나아가고 있으니까 말이다. 현대에 발생한 '예술의 자살'은 '재현으로서의 예술'의 자살이지, '예술 자체'의 자살은 아니다. 예술은 숭고를 통해 새롭게 부활하고 있다. 하이데거도 이 문제로부터 자유로울 수 없었다. 숱한 논쟁의 근원이 되었던 기념비적 논문「예술작품의 근원」후기에서 그는 헤겔이 주장한 예술의 종언에 대해 다음과 같이 말한다.

    "헤겔이 이러한 문장들 속에서 주장하는 바를, 그가 1828/29년 겨울학기에 베를린 대학에서 마지막으로 미학 강의를 한 뒤로도 수많은 새로운 예술작품이나 예술경향들이 생겨나는 것을 보아왔다고 주장함으로써 비껴갈 수는 없다. 이러한 가능성을 헤겔이 부정하려 했던 적은 전혀 없었다. 하지만 다음과 같은 물음은 여전히 남아 있다: 예술은 여전히 우리의 역사적 현존재를 위해 결정적인 진리가 발생하는 본질적이면서도 필연적인 방식인가, 아니면 더 이상 그렇지 않은가? 만일 예술이 더 이상 그렇지 않다면 그 이유는 무엇인가 하는 물음이 남는다."[6]

    자신이 제기한 이런 물음에 그 스스로는 과연 어떻게 대답하고 있을까? 그도 오늘날의 이론가들처럼 아름다움보다는 숭고에

---

5   이에 대해서는 G.W. F. Hegel, *Vorlesungen über die Ästhetik I, Werke in zwanzig Bänden*(이하 Werke) Band 13, Theorie Werkausgabe, Suhrkamp, 1986, p. 141;『헤겔 미학 I』; 160쪽을 참조하라.

6   HW, p. 66;『숲길』, 117쪽 이하.

초점을 맞추면서 새로운 예술의 가능성에 대해 언급할까? 대답은 그리 간단치 않다. 그가 예술철학 관련 논의에서 숭고라는 단어를 사용하는 경우가 거의 없기 때문이다. 실제로 그동안 출간된 그의 수많은 저서들 속에서 숭고는 횔덜린의 시 분석과 관련하여 불과 서너 차례 등장할 뿐이며, 이마저도 예술철학 논의의 중심이 된 적은 한 번도 없다. 이 때문에 하이데거 예술철학에 대한 지금까지의 수많은 연구들 중에서 숭고를 다루고 있는 경우가 거의 없는 실정이다.

그럼에도 불구하고 우리는 하이데거 예술철학이 아름다움보다는 숭고에 논의의 초점을 맞추고 있으며, 서구의 전통적 형이상학을 극복하려는 하이데거의 시도 또한 숭고를 토대로 이루어졌음을 밝히고자 한다. 형이상학의 극복이 하이데거 철학에서 어떤 의미를 지니는가는 앞에서 '지나치며 넘어가는 철학함' 을 다루면서 상세하게 논의한 바 있다. 다시 간략하게 요약하자면 하이데거는 '형이상학'이라는 단어를 철학을 분류할 때 일반적으로 사용되는 의미가 아니라 독특한 의미로 사용한다. 그에 따르면 '형이상학'은 존재의 의미를 실존과 '손안에 있음'으로 파악하지 못하고 '눈앞에 있음'으로만 파악하는 전통적 서구철학의 모든 흐름을 통틀어 이르는 말이다. 이러한 흐름은 고대 그리스의 플라톤, 아리스토텔레스 이후로 하이데거 시대에 이르기까지 거의 모든 서양철학을 지배하고 있었고 따라서 '형이상학'은 곧 존재의 의미를 망각하거나 소홀히 다뤄온 서양철학 전반을 지칭하는 말이 된다. 이런 문맥을 바탕으로 이 글에서는 우선 하이데거 존재론의 핵심에 자리하고 있는 숭고의 계기를 드러내고, 다음으로는 하이데거가 이러한 숭고 개념을 예술철학 논의에 어떻게 적용하고 있는가를 분석하고, 나아가 그의 숭고 개념이 20세기 예술실천과는 어떠한 관계를 맺고 있는가를 살펴보려 한다.

불안과 권태: 하이데거 존재론에서의 숭고

칸트에게 숭고는 "전적으로 큰" 것, 즉 "절대적으로, 비할 데 없이 큰 (absolute, non comparative magnum)" 것이다.7 일반적으로도 숭고는 이전부터 인간의 외부에 존재하는, 가늠할 수 없을 정도로 엄청나게 큰 대상이나 감당할 수 없을 정도로 엄청난 힘을 가진 대상과 관련되어 왔다. 칸트는『판단력 비판』에서 이 둘을 수학적 숭고와 역학적 숭고로 구분하여 다루고 있다. 그런데 하이데거의 존재론적 숭고 개념은―뒤의 논의에서 밝혀지겠지만―그가 인간현존재의 근본기분으로 파악하고 있는 권태와 불안에 밀접하게 관련되어 있다. 숭고가 인간 자신의 내밀한 심연으로부터 파악되고 있는 것이다. 이러한 차이는 얼핏 보기에는 마치 칸트의 숭고와 하이데거의 근본 기분인 불안과 권태가 본질적으로 다른 것 같다는 인상을 준다. 어쨌든 칸트에게서 숭고의 감정을 촉발시키는 것이 감각적인 경험의 대상인 데 반해, 하이데거에게서 권태나 불안은 구체적인 대상을 전제로 하지 않으니까 말이다. 그러나 사실은 그와 반대다. 오히려 하이데거 존재론에 있어서 불안은 수학적, 역학적 숭고 모두와, 권태는 수학적 숭고와 밀접하게 관련되어 있다. 칸트 역시도 "원래 숭고는 어떠한 감각적 형태에도 내포되어 있을 수 없으며 오직 이성이념에만 관계한다"고 분명하게

7　Immanuel Kant, Kritik der Urteilskraft (이하 KU), § 25, B 81;『판단력 비판』, 253쪽.

8　KU, § 23, B 77; 같은 책, 250쪽.

말한다.[8] 어떤 대상과도 비교될 수 없이 절대적으로 큰 것은 사실 감각적으로 경험될 수 없다. 그러므로 숭고한 것은 자연 사물들이 아니라 우리의 이념들 가운데서만 찾을 수 있다고 칸트는 주장한다.[9] "자연의 아름다움에 대해서 우리는 우리 밖에 있는 어떤 근거를 찾아야만 한다. 하지만 숭고에 대해서는 오직 우리 안에서만 […] 그 근거를 찾아야 한다."[10] 하이데거 철학의 근본 개념인 불안과 권태는 바로 이런 의미에서 숭고의 근거로 파악될 수 있다. 물론 나중에 자세히 이야기하겠지만 우리의 내면에서 발견하는 숭고의 계기는 칸트와 하이데거에게 있어 전혀 다른 의미를 지니게 된다.

불안과 숭고

칸트는 우리 안에서만 그 근거를 찾을 수 있는 숭고의 이념에 대해 다음과 같이 말한다. "숭고한 것을 생각해낼 수 있는 것만으로도 모든 감관의 척도를 초월하는 심의 능력의 존재가 증명된다."[11] 하이데거의 주저인 『존재와 시간』에서 인간현존재의 가장 근본적인 정서로 제시되고 있는 불안 자체로부터 바로 이러한 숭고 개념의 단초가 발견된다. 도대체 불안의 어떤 특성이 숭고의 계기와 연결되는가? 2장에서 이미 살펴본 바와 같이 하이데거에게 있어 불안은 공포와는 달리 구체적인 대상이 없다. 따라서 불안은 세상에 존재하지 않는 것, 즉 '무(無)'에 대한 불안이다. 그러나 이때의 무는 존재자의 단순한 소멸이나 부재가 아니다. 무엇인지 알 수는 없지만 분명 "거기"(Da) 무언가가 존재하고 있다. 이렇게 아무것도 아니면서 어디에도 없는 것, 하지만 그럼에도 불구하고 우리에게 다가와 우리로 하여금 불안케 하는 것. 하이데거는 그것이 세계 자체라고 말한다. 불안 속에서는 세계 내에 존재하는 모든 개별적인 존재자들과의 관계가 차단된다.
하지만 인간현존재의 근본적 존재방식은 세계내 존재다. 인간현존재는
세계로부터 벗어날 수 없다. 따라서 개별적인 존재자들과의 관계가
차단된 순간에도 인간현존재는 '파악할 수 없는 무엇'으로서의 세계와
여전히 마주하게 되는 것이다. "아무 것도 아니고 어디에도 없음에서
드러나는 전적인 무의미성이 바로 세계의 부재를 의미하지는 않는다."[12]
세계내 존재자들이 불안이 엄습하기 전에 지니고 있던 의미를 완전히
상실하면서 오히려 세계의 세계성만이 적나라하게 드러나게 된다.
그것을 하이데거는 "손안에 있음의 방식으로 존재하는 존재자들의
가능성, 즉 세계 자체"[13]로 파악한다. "손안에 있음의 무는 가장
근원적인 '무엇', 즉 세계에 그 근거를 두고 있다."[14] 물론 이때 세계는
일상적으로 지니고 있던 의미를 완전히 상실한다.

다른 한편, 하이데거는 불안을 '… 앞에서의'(vor) 불안과
'… 때문에의'(um) 불안으로 나눈다. 그러나 그에게 이 둘은 다른 것이
아니다. 불안의 원인이 구체적인 존재자가 아니기에, 인간현존재가
불안해하는 것은 세계 내에서의 자신의 존재 자체로 인해서이다. 결국
불안의 대상과 불안의 원인은 모두, 아무것도 아니고 어디에도 없는
세계이다. 이러한 불안 속에서 인간현존재는 모든 존재자들로부터 ―

9   Cf. KU, § 25, B 84; 같은 책, 256쪽.

10   KU, § 23, B 78; 같은 책, 251쪽.

11   KU, § 25, B 85; 같은 책, 256쪽.

12   SZ, p. 187; 『존재와 시간』, 255쪽.

13   Ibid; 같은 곳.

14   Ibid; 같은 곳.

손안에 있음의 존재방식으로 존재하는 세계 내 존재자들은 물론이고
같은 방식으로 존재하는 동반현존재들로부터도—완전히 절연되어
철저하게 홀로(solus ipse) 서게 된다. 이렇게 해서 인간현존재는 세상
사람들의 견해에 휘둘리지 않고 스스로 자신의 삶에 대해 결단하게
될 가능성을 획득한다. 불안은 세상에 빠져 살던 인간현존재를 '…을
위한 자유함'(propensio in …) 앞으로 돌려세운다.[15] 그런데 이러한 자유는
일상적으로 익숙한 것이 아니다. 오히려 섬뜩한 (unheimlich; 편치 않은
unzuhause, 불안케 하는) 것이다. 세상에 빠져 살 때 사람들은 일상 속에
매몰되어 있다. 그러한 일상은 우리에게 안정감을 준다. 그러나 불안을
통해 인간은 이러한 일상에서 빠져나와 익숙하지 않은 세계, 섬뜩한
세계를 홀로 대면하게 되는 것이다. 그렇다면 그 섬뜩함의 궁극적인
원인은 무엇일까? 그것은 바로 인간현존재의 죽음이다. 불안은 앞서
보았듯 자신의 존재의 소멸, 즉 무와 대면하는 인간이 갖는 근본적인
정서다. "죽음 앞에서의 불안은 가장 본래적인, 모든 관계로부터
절연된, 뛰어넘을 수 없는 존재 가능성 '앞에서의' 불안이다. 이러한
불안의 대상은 세계 내 존재 자체이다. 이러한 불안의 원인은 바로
인간현존재의 존재 가능성이다."[16]

　　　　죽음 앞에서 인간은 모든 관계로부터 절연되어 완전히
홀로 서게 된다(모든 관계로부터의 절연성). 그리고 인간현존재는 절대로
죽음을 벗어날 수 없다(뛰어넘을 수 없음). 다른 한편 죽음은 인간현존재의
완성을 의미한다. 살아 있는 동안 인간은 항상 미래를 향해 열려
있는 존재자이고 그러한 한 언제나 미완성의 존재자다. 결국 인간은
죽음을 통해서만 자신의 모든 의미와 가치를 최종적으로 실현할
수 있다. 따라서 죽음에 대한 불안은 곧 인간현존재 자신에게 가장

고유한 존재 가능성에 대한 불안이다. 그런데 이러한 불안의 대상은 파악될 수도, 극복될 수도 없다. 죽음은 언제나 모든 존재의 소멸을 의미하기에 우리의 이성적 파악의 가능성 저편에 존재하며 극복 자체가 불가능하다.

바로 여기에서 하이데거의 존재론과 숭고 개념이 근본적으로 연결된다. 숭고 개념의 본질적인 계기가 바로 파악 불가능성과 극복 불가능성이기 때문이다. 파악 불가능의 계기는 칸트의 수학적 숭고에 해당하고, 극복 불가능의 계기는 역학적 숭고에 해당한다.[17] 여기에 대해 비슷하면서도 약간은 다른 견해를 지니고 있는 이탈리아 철학자 파올로 비르노는 도식적으로 불안을 역학적 숭고, 권태를 수학적 숭고에 연관시키고 있다. 그가 이렇듯 불안을 역학적 숭고에만 연결시켜 고찰하는 이유는 무엇일까? 그것은 그가 하이데거의 불안개념이 정확하게 규정할 수는 없지만 우리를 압박하는 어떤 원인으로 환원될 수 있다고 생각하기 때문이다.

세계는 절대적인 위험을 내포하고 있다. 뭐라고 딱히 규정될 수 없고 어디로부터 다가올지도 알 수 없는 위험으로 가득 차 있는 것이다. 이러한 위험의 압박에 우리는 끊임없이 노출되어 있고 이것이 구체적인 위험의 근거가 된다. 그래서 그는 역학적 숭고의

---

15   Cf. SZ, p. 188; 같은 책, 256쪽.

16   SZ, p. 251; 같은 책, 336쪽.

17   이에 대해서는 Paolo Virno, Miracle, virtuosité et déjà vu: Trois essais sur l'idée de ≪ monde ≫ (이하 MVM), traduit de l'italien par Michel Valensi, L'Éclat, 1996, Deuxieme Essai, L'idée de ≪ monde ≫ entre expérience sensible et sphère publique, IV. Sphère publique: L'angoissante menace의 내용을 참조하라.

감정이 무조건적인 안전에 대한 충동을 드러낸다고 생각한다. 그에게
숭고의 감정은 위험의 궁극적 조건으로 나타나는 세계의 총체적인
불안전에 대해 인간이 느끼는 감정인 불안과 관련이 있다. 이렇듯 그는
처음부터 불안의 원인을 우리를 어떤 힘으로 압박하는 위험과 연관시켜
생각하고 있다.

이러한 해석은 일견 매우 타당성이 있어 보인다. 불안은
궁극적으로는 우리가 일상에서 느끼던 안정감의 상실과 관련이
있기 때문이다. 하지만 이미 살펴본 대로 불안의 원인은 '어느
것으로도 파악될 수 없고 어디에도 없는' 세계 자체에서 온다. 이러한
파악불가능성은 언제나 그로부터 인간현존재가 느끼게 되는 위험에
선행한다. 따라서 파악될 수 없기에 그 크기 또한 가늠할 수 없는
세계의 존재 또한 불안의 원인으로 설정되어야 마땅하다. 불안은
수학적 숭고와 역학적 숭고 모두와 본질적으로 관련되어 있는 것이다.

어쨌든 하이데거의 불안 개념에서 나타나는 이러한 숭고의
계기는 '죽음을 향한 존재'로의 결단을 통하여 인간현존재를 새로운
존재가능성으로 이끌어주는 역할을 한다. 이를 위해서는 "죽음에 대한
불안을 향한 용기"[18]가 필요하다. 이러한 인간현존재의 삶의 특성을
하이데거는 '본래성'이라고 불렀다.

하지만 불안 자체가 곧 숭고의 감정과 동일시될 수는
없다. 불안은 인간현존재로 하여금 숭고의 감정을 느낄 수 있는 계기를
마련해 줄 뿐, 그 자체가 숭고의 감정은 아니다. 칸트에 따르면 무한하게
크거나 엄청난 힘을 가진 존재 앞에서 인간은 일차적으로는 자신의
유한함과 무기력함을 느끼게 된다. 하지만 그것이 내포하고 있는
위험으로부터 자유롭다는 것을 깨닫게 되고, 무한한 것을 사유할 수

있는 자신의 이성적 능력을 자각하게 되면 마치 자신이 그것을 넘어서
있는 것처럼 생각하게 된다. 그 결과로 인간은 일종의 충일되고 고양된
감정을 체험하게 된다. 칸트 자신의 표현을 빌자면, 인간의 마음은
"자기 자신을 판단하면서 스스로가 고양되었다고 느끼게" 된다.[19]

물론 이러한 고양된 감정에는 파악할 수 없거나 극복할
수 없기 때문에 느끼게 되는 불편한 감정이 선행한다. 그렇기 때문에
숭고한 대상에서 느끼는 감정은 항상 불쾌함이나 고통에 의해 매개된
감정이다. 그래서 칸트는 이것을 "부정적 즐거움(negative Lust)"[20]이라고
불렀다.

하이데거가 불안으로 인해 인간현존재가 느끼게 된다고
파악한 섬뜩함(das Unheimliche)이나 불편함(das Unzuhause)도 언제나
인간현존재가 본래적인 삶을 통해 느끼게 되는 고양된 감정에
선행한다. 그러나 『존재와 시간』에서는 숭고의 충분조건이라 할 수
있는 감정의 고양 자체에 대해서는 별 언급이 없다. 하지만 하이데거
후기철학에서는 이것이 플라톤 식의 '놀라움'(θαυμάζειν)이나 '경탄'(Er-
staunen)이라는 용어를 통해 표현되고 있다.[21] 심지어 놀라움은 철학의
출발점을 제공하는 역할까지 한다. "철학은 경탄으로부터 생겨난다."[22]

물론 이러한 주장을 하이데거가 처음 한 것은 아니다. 그
자신도 플라톤과 아리스토텔레스의 같은 취지의 다음과 같은 문장을

---

18 SZ, p. 254; 『존재와 시간』, 340쪽.

19 KU, § 26, B 95; 『판단력 비판』, 264쪽.

20 KU, § 23, B 76; 같은 책, 249쪽.

21 이에 대한 자세한 논의로는 GPh, pp. 151-190을 참조하라.

22 GP p. 163.

인용하고 있다. "철학자가 느끼는 감정은 바로 놀라움(τὸ θαυμάζειν)
이다. 철학의 다른 출발점은 존재하지 않는다."[23] "놀라움을 통해서
인간들은 우선적으로 철학하기를 시작한다."[24] 하지만 플라톤과
아리스토텔레스는 이를 이 이상으로 다루지 않았지만, 하이데거가
이것을 최초로 체계적으로 설명하고 있음은 분명한 사실이다.

어쨌든 하이데거의 불안 개념을 통해 드러나는 숭고의
계기는 이렇듯 칸트의 숭고 개념과 밀접한 연관관계를 지닌다. 물론
이러한 놀라움이나 경탄은 칸트의 부정적 즐거움과는 뚜렷이 구분된다.
하이데거가 말하는 놀라움이나 경탄은 인간현존재가 자신에 대해
느끼는 것이 아니다. 오히려 그 이전에 너무나 당연하다고 여겨온
세계 내 존재자들에 대해 느끼는 것이다. 경탄은 이렇듯 이전에
가장 익숙했던 것들을 익숙하지 않은 것으로 바꾸어 놓는다. 이렇게
익숙했다가 익숙하지 않은 것이 되는 대상을 하이데거는 존재자들의
총체(das Seiende im Ganzen), 존재자 그 자체(τὸ ὂν ᾗ ὄν)로 파악하고 있다.[25]

경탄을 통해 인간은 존재자 그 자체로 나아가게
된다. 심지어 그는 존재자 자체를 파악하는 사람은 파악의 대상에
적합하도록 변화되어야 한다고 주장하기까지 한다.[26] 하지만 칸트의
경우는 정반대다. 그도 숭고의 감정에 대해서 '경외'(Achtung)라는
말을 사용하고 있기는 하지만 그것은 "우리 자신의 본성의 숭고함에
대해 느끼는 감정(Gefühl der Erhabenheit unserer eigenen Natur)"[27]이지
하이데거처럼 존재자 그 자체에 대한 경탄은 아니다. "우리가 우리 안에
있는 자연보다 우월하며 그를 통해 (우리에게 영향을 미치는) 우리 밖에
있는 자연보다도 우월하다는 사실을 인식할 수 있는 한, 숭고함은 어떤
자연사물에도 포함되어 있지 않고 오직 우리 마음 안에 있다."[28]

하이데거에게서는 불안을 통한 우리 내면으로의 침잠이
궁극적으로는 죽음을 통해 자신의 한계를 접하게 하고 타자로서의
존재자 자체로 나아가 그것을 인정하게 하는 데 반해, 칸트에게서는
내면으로의 침잠이 오히려 인간으로 하여금 대상보다 자신을 우월하게
여기게 하는 것이다.

권태와 숭고

『형이상학의 근본개념들: 세계-유한성-고독』에서 하이데거는 권태를
인간현존재의 근본기분으로 파악하고 상세하게 분석한다. 그런데
그에 따르면 피상적이며 일시적인 권태가 아니라 본질적인 깊은
권태로부터 우리는 불안에서 얻는 것과 마찬가지의 물음에 직면하게
된다. 그것을 하이데거는 "세계란 무엇인가, 유한성이란 무엇인가,
개별화란 무엇인가?"[29]라는 세 가지로 제시한다. 따라서 권태도 불안과
마찬가지로 세계 내 존재 그 자체를 대상으로 한다.

앞서 보았듯 파올로 비르노는 이렇게 분석된 하이데거의
권태 개념은 칸트의 수학적 숭고 개념과 직접적으로 맞닿아 있다고
주장한다. 그에 따르면 수학적 숭고란 모든 형태의 무한회귀(la régression

---

23 Platon, Theätet, Platonis Opera, ed. by J. Burnet, Bd. 1. Oxford, 1900, 155 d 2ff

24 MP, A 2, 982 b 11ff;『형이상학』, 38쪽 이하, 두 문장 모두 GPh, p. 155에서
     재인용되고 있다.

25 GP, p. 168f.

26 Cf. GP, p. 178.

27 KU, § 28, B 107;『판단력 비판』, 273쪽.

28 KU, § 28, B 109; 같은 책, 274쪽 이하.

29 GMWEE, p. 252f;『형이상학의 근본 개념들』, 287쪽.

à l'infini)³⁰에 수반되는 감정이다. 세계의 크기를 파악하려고 할 때 우리는 공간적으로 항상 우리가 상정한 것보다 더 큰 것이 존재할 수 있음을 발견하게 되는데, 이렇게 해서 끝없이 더 큰 것에 대한 관념으로 나아가게 된다. 이때 우리를 사로잡는 감정이 수학적 숭고의 감정이다. 따라서 수학적 숭고는 무형의 자연, 가늠할 수 없이 엄청나게 큰 것에 대면할 때 생겨나는 감정이다.

그렇다면 수학적 숭고의 어떤 특질이 권태를 수학적 숭고와 연결시키고 있는 것일까? 칸트에 따르면 인간의 이성은 무한을 향해 나아가고자 하는 운명을 타고났다.³¹ 인간의 이성은 세계 내에서 발견되는 모든 거대한 것으로부터 무한의 관념을 얻으려 하지만, 언제나 그보다 큰 것을 상정할 수 있다면 결국 무한을 파악하고자 하는 시도는 무한에 도달할 수 없다는 좌절감으로 귀결된다. 이로 인해 우리는 유한한 모든 것의 덧없음을 깨닫고 세계 내에 존재하는 모든 것들에게서 의미를 찾지 못하게 되며 그 결과로 나타나는 정서가 권태다.

그렇다면 이러한 권태를 우리는 어떻게 받아들여야 할까? 일반적으로 사람들은 권태를 피해야 할 정서로 생각한다. 특히 현대문명은 권태로부터의 탈출을 향한 끝없는 몸부림으로 가득 차 있다. 신기함과 새로움에 대한 추구, 이전보다 한 발짝이라도 더 나아가려는 끝없는 기록에 대한 집착, 권태를 느낄지도 모른다는 데 대한 끝없는 불안. 이것이 현대인들을 둘러싼 들뜬 분위기 이면에 잠재해 있는 정서다. 다른 한편 현대인들은 '시간 죽이기'에도 열중한다. 이때는 끝없는 새로움에 대한 추구보다는 그저 아무것도 신경 쓰지 않으면서 심심하지도, 불안하거나 고통스럽지도 않은 상황을 만들고자 하는 욕구가 그 원인일 것이다. 이런 식으로 일상은 끝없이 반복된다. 그렇게 한다고 해서 권태가 사라지지는 않기 때문이다. 권태는 끊임없이 우리를 다시 찾아온다.

그런데 왜 사람들은 이토록 무료함을 참지 못하는 것일까? 권태를 피하는 것이 과연 문제의 해결일까? 그렇지 않다고 하이데거는 말한다. 게다가 "깊은 권태로부터 본질적인 것을 귀담아 듣는"[32] 것이 바로 철학의 중요한 과제라고까지 주장한다. 여기서 우리는 저 유명한 시지푸스의 신화를 떠올리게 된다. 끝없이 정상을 향해 바위를 굴려 올려야 하는 천형을 받아야 했던 그. 하지만 정상에 도달할 때쯤이면 바위는 어김없이 다시 기슭으로 굴러 떨어져버린다. 어쩌면 그것은 아무리 권태에서 벗어나려 해도 벗어나지 못하고 다시 권태를 느끼는 현대인의 모습이리라. 그렇다면 그 해결책은 무엇일까? 이카루스처럼 날개를 달고 태양을 향해 날아오르는 것일까? 그렇지 않다. 이카루스도

---

30 여기서 무한 회귀는 동시에 무한 진전(progression à l'infini)과 다르지 않다. 헤겔은 『대논리학』에서 이렇게 무한히 더 큰 숫자나 크기에로의 나아감을 '나쁜 무한'(schlechte Unendlichkeit)이라 부르면서 '진정한 무한'(wahre Unendlichkeit)인 원환운동과 구분하고 있다. 이에 대해서는 WL I, p. 164를 참조하라. 그런데 이러한 '나쁜 무한'은 끝없이 어떤 한계가 나타났다가 사라지는 과정을 반복케 하는데 이러한 지극히 단조로운(monotone) 과정이 결국 권태의 감정을 유발하게 되는 것이다. 하이데거에게서 이 두 가지 무한의 형태는 '나선형적 순환'(spiraler Zirkel)의 형태로 결합된다. 이것은 그의 철학의 근본 방법론인 해석학적 순환과 밀접한 관련이 있다. 해석학적 순환의 나선형적 구조에 대해서는 이 책, pp. 을 참조하라.

31 이에 대해서는 KrV, A VII; 『순수이성비판』, 165쪽을 참조하라.

32 Martin Heidegger, Die Grundbegriff der Metaphysik: Welt - Endlichkeit - Einsamkeit (이하 GMWEE), GA 29/30, Vittorio Klostermann, 1983, p. 240; 『형이상학의 근본개념들』, 272쪽.

결국 다시 땅으로 떨어질 수밖에 없는 운명이니까. 그렇다면 인간은 출구 없는 감옥에서 끝없이 쳇바퀴를 돌려야 하는 다람쥐와 같은 존재인가? 아니다. 그렇다면 도대체 어떻게 이 상황에서 벗어날 수 있단 말인가? '행복한 시지푸스가 됨으로써'이다.[33]

　　　독일 속담에 "Eile mit Weile"라는 말이 있다. 우리말로 번역하자면 "급할수록 돌아가라"는 말이다. 하지만 이 속담 속에는 우리말 번역으로는 다 담을 수 없는 깊은 의미가 숨어 있다. 독일어 단어 Weile는 '틈, 겨를, 여가, 시간' 등의 뜻을 지니고 있다. 권태를 뜻하는 Langeweile를 분석하면 lange Weile, 즉 긴 시간이라는 뜻이 있다. 다른 말로 하면 틈이 많고 여가 시간이 많다는 뜻이다. 권태를 느끼면 우리는 시간이 길어진다고 생각하는 경향이 있다. 반대로 초조하고 급하면 시간이 짧아진다고 느낀다. 하지만 우리가 일상적으로 접하는 시간, 물리적인 시간은 항상 일정하게 흘러간다. 이러한 객관적인 시간은 수십억 분의 일초까지도 정확하게 진행되고 있고 측정할 수 있다고 현대인들은 굳게 믿고 있다. 이 객관적인 시간과 주관적인 시간 사이의 괴리를 어떻게 생각해야 할까? 대부분의 사람들은 객관적인 시간에 맞도록 주관적인 상태를 변화시켜야 한다고 생각한다. 시간이 길어지면 짧게 만들려 하고, 너무 짧다고 느끼면 늘리려 한다. 하지만 과연 그럴까? 오히려 이런 생각이 이 시대의 모든 문제들의 출발점이라고 하이데거는 주장한다.

　　　독일어에서 문자 그대로는 '긴 시간을 가지다'를 뜻하는 lange Zeit haben이라는 숙어는 향수를 느낀다(Heimweh haben)는 뜻을 지닌다.[34] 왜 그럴까? 그것은 권태(Langeweile, 즉 긴 시간)를 통하여 인간현존재가 세계-유한성-고독의 문제에 직면하게 되며 그것이

인간현존재가 시간에 대해서 갖는 모든 관계의 근원에로 유도하기
때문이다. 인간은 시간 속에 존재하면서 언제나 자신의 근원, 즉 본향
(Heim)으로 돌아가고픈 욕구를 느낀다. 덧없는 변화의 과정에서
벗어나서 영원한 행복을 맛보고 싶어 한다. 하지만 시간 속에 존재하는
한 그것이 원천 봉쇄되어 있다고 생각한다. 이것이 수많은 종교에서
내세의 행복을 내세우는 궁극적인 원인일 것이다.

하지만 하이데거는 종교에서 내세우는 내세의 행복에
대해서 말하려 하지는 않는다. 그가 관심을 가지는 것은 이 땅에서
살아가는 인간현존재의 유한성이다. 유한한 인간현존재의 삶 속에서,
달리 말하자면 시간성과 밀접한 관련이 있는 자신의 존재방식 안에서
인간현존재가 어떻게 살아갈 것인가? 이것이 그의 문제의식이었다.
그리고 그 문제의 해결은 '시간을 길게 갖는 것' 즉 권태를 통해 삶의
본질을 마주할 시간을 갖는 것이다. 그에 따르면 시간 죽이기나 끝없는
호기심, 새로운 것의 추구는 인간의 본질에 대한 물음으로부터의
도피이다. 진정한 문제를 직면하려 하지 않고 일상의 '급한 문제'부터
해결해야 한다고 핑계를 대거나, '신경 쓰고 싶지 않다. 지금을 즐기고
싶다'고 말하거나 시간을 죽이는 식으로 본질적인 문제를 회피하고
있다는 것이다.

그렇다면 권태를 통해 어떻게 문제를 해결할 수 있을까?
깊은 권태를 통해 시간이 길어진다는 것은 한편으로는 '자기 자신 속에

---

33 이 문제에 대한 더 자세한 논의로는 이 책의 1장 '행복한 시지푸스에 대하여'를
참조하라.

34 이에 대해서는 GMWEE, p. 120; 『형이상학의 근본 개념들』, 137쪽을 참조하라.

35 GMWEE, p. 240; 같은 책, 272쪽.

머무름'[35]을 뜻한다. 그럼으로써 인간현존재는 자신에 대한 본질적인
물음을 던질 수 있는 여유(Weile)를 지닐 수 있게 된다. 다른 한편 그것은
삶의 진정한 의미가 무엇인지에 대한 깨달음을 얻기까지 '기다림'
을 뜻한다. 이렇게 될 때 우리는 내가 그 안에서 살고 있는 세계란
무엇인가, 인간의 유한한 삶의 의미는 무엇인가, 나는 누구인가 같은
본질적인 문제를 놓고 씨름하게 된다. 철학의 진정한 출발점은 눈앞의
문제 해결을 위해 급하게 뛰어다니거나, 시간을 죽이거나, 경박한
새로움을 추구하지 않고 깊은 권태 속으로 침잠하는 데 있는 것이다.
그래서 하이데거는 우리가 일상에서 자주 느끼는 표면적인, 일시적이고
비본질적인 권태를 본질적인 권태로 변화시켜야 한다고 주장한다.[36]
그것만이 진정한, 의미 있는 삶의 전제조건이다.

       이렇게 해서 느끼게 되는 감정은 우리가 표면적이고
비본질적인 권태에서 비롯한 따분함이나 짜증스러움이 아니다. 그것은
오히려 세계의 본질, 삶의 본질 앞에서 현존재가 느끼는 숭고의
감정이다. 비르노가 권태와 행복(le bonheur)을 함께 다루는 이유가
여기에 있다. "권태는 말하자면 순수한 상태에 머무르는 행복에 대한
열망이다."[37] 이러한 권태는 결국 불안에 대한 분석에서 우리가 파악했던
것처럼 후기 하이데거에게서 발견되는 '놀라움, 경탄'(Er-staunen)의 감정과
밀접한 관계를 지닐 수밖에 없다. 시지푸스는 끊임없이 돌을 굴려
올리면서도 행복할 수 있다. 그것은 일시적이고 덧없는, 경박한 행복이
아니라 내면에서 우러나오는 깊은 행복이며, 진정한 권태를 받아들이고
그 안에 머무르며 본질적인 것에 귀를 기울이는 데서 비롯된다. 그가
굴려 올리는 바위는 이제 귀찮기만 한 짐이 아니다. 그것은 값싼 행복이
아니라 진정한 행복을 느끼게 해주는 경탄의 대상이다.

칸트의 숭고와 하이데거 숭고의 차이점

지금까지 살펴본 대로 하이데거의 존재론적 철학에서 숭고가 본질적인
중요성을 지니고 있다. 비록 숭고라는 말을 쓰지는 않았지만 그의
존재론의 핵심이 숭고를 통해 설명될 수 있기 때문이다. 불안과 권태,
인간의 유한성, 죽음에 대한 그의 실존론적 분석으로부터 칸트의
수학적 숭고나 역학적 숭고의 계기들이 발견된다.

하지만 칸트와 하이데거의 숭고 사이에는 커다란 차이가
존재한다. 특히 숭고에서 발생하는 고양된 감정의 계기에 대한 견해는
크게 다르다. 칸트에게 그것은 자연보다 우리가 우월하며 따라서
숭고함이 오직 우리 마음속에 있다는 사실로 인해 생기는 감정이다.
반면 하이데거에게는 무한한 세계와 죽음을 대면하면서 그에 대한
경탄으로 인해 생기는 감정이다. 이것은 근대철학의 주체성에 대한
하이데거의 비판과도 맞물려 있다. 칸트가 숭고의 감정을 자연에 대한
인간의 우월함과 연결시킬 수밖에 없었던 이유는 그의 근대철학적
기반과 밀접한 관련이 있다. 『순수이성비판』 제2판 서문에서 그는
다음과 같이 주장한다.

> 이성은 자신의 계획에 따라서 스스로 산출하는 것만을
> 인식하며, 일정불변의 법칙에 따르는 이성판단의 원리들을
> 사용하여 […] 자연으로 하여금 자신의 물음에 대답하도록
> 강제해야 한다."[38]

---

36 GMWEE, p. 122; 같은 책, 139쪽 이하.

37 MVM, Deuxieme Essai, L'idée de ≪ monde ≫ entre expérience sensible et
    sphère publique, III. Nature informe.

자연과학의 눈부신 발전을 가능케 한 이러한 코페르니쿠스적인
사고의 전환을 형이상학에도 적용하려는 시도가 바로 그의 비판철학의
내용이었다. 숭고의 감정도 이러한 그의 기획에 따르는 철학체계에서
벗어날 수 없었다. 결국 칸트는 인간의 파악능력을 벗어나는 무한히
큰 것에 대해서도 인간이 결국에는 우월하다고 주장할 수밖에 없었다.
그런데 이것이 바로 하이데거가 끊임없이 비판했던 근대철학의
자연과학적 태도였다. 하이데거에게 숭고는 인간의 우월함이 아니라
겸손함의 표현이다. 인간의 인식능력으로는 다 파악할 수 없는 삶과
우주의 참된 의미 앞에서 경탄하며 그 의미에 대해 깊이 숙고하는 것을
통해서만 자연과학적 태도에 의해 인류에게 닥친 수많은 문제들을
해결할 수 있다고 그는 믿었다.

사실 칸트의 숭고 개념에서도 우리는 그러한 해결의
실마리를 찾을 수 있다. 그가 숭고의 특징으로 파악하는 '부정적
현시'(negative Darstellung)는 리오타르가 파악하듯 '표현할 수 없는
것의 표현'(présentation de l'imprésentable)이다.[39] 과연 그것을 인간이
자신의 발아래 있는 것으로 여기고 우월감을 느낄 수 있을까? 그렇지
않다. 따라서 우리는 칸트가 숭고에 대해 이야기하는 순간, 이미
그의 철학체계 내에는 체계 자체를 해체할 수 있는 계기가 내재하게
되었다고 말할 수 있다. 엄청난 파괴력을 지닌 그 위험한 문제의 뇌관을
실제로 건드려 폭파함으로써 세계에 대한, 예술에 대한 새로운 해석의
길을 놓은 것이 바로 하이데거의 존재론이며, 그 안에서 발견되는
숭고의 계기들이다.

그림 3　파울 클레, 〈죽음과 불〉, 1940, 종이 위에 유화, 46×44cm, 베른 미술관 소장

38　KrV, B XIII; 『순수이성비판』, 180쪽.

39　Cf. Jean-François Lyotard, Leçon sur l'Analytique du sublime (이하 LAS),
　　Galilée, 1991, p. 185ff.를 참조하라.

하이데거 예술철학과 숭고

1962년 1월 31일 프라이부르크 대학의 세미나에서 행한 「시간과 존재」
(Zeit und Sein)라는 제목의 강연 서두에서 하이데거는 파울 클레의
그림에 대해 다음과 같이 말한다.

> 파울 클레가 사망하던 해에 그린 두 작품의 원작을 보게
> 된다면 〔…〕 우리는 그 앞에 오래 머무르고 싶어할 것이며 —
> 직접적인 이해가능성에 대한 어떠한 요구도 포기하려 할
> 것이다.[40]

하이데거가 언급한 두 작품 중 하나를 감상해보자. 과연 우리는 그 앞에
오래 머무르고 어떠한 직접적인 이해도 포기하게 될까?

도대체 이 작품의 어디에서 우리는 제목의 죽음과 불을
발견할 수 있으며 그것이 의미하는 바는 무엇일까? 과연 그 의미를
객관적으로 확정할 수 있을까? 선뜻 이 물음에 그렇다고 대답하기는
어려울 것이다. 그림속의 형태들도 얼핏 보기에는 죽음이나 불과는
별 상관이 없어 보인다. 그렇다면 우리는 아무런 해석의 가능성도
지니고 있지 못한 것일까? 그렇지 않다. 하이데거의 말도 '직접적인
이해'를 포기하라는 것이지 모든 이해를 포기하라는 것은 아니다.
그리고 자세히 들여다보면 어느 정도 해석의 실마리가 보이는 것도
사실이다. 중앙에 있는 흰 얼굴은 일반적으로 죽음으로 해석된다. 금방
드러나지는 않지만, 죽음을 뜻하는 독일어 Tod를 구성하는 철자가
얼굴 안에 이목구비를 표현하는 듯이 아로새겨져 있다. 얼굴도 해골을
암시하듯 희뿌연 색깔을 띠고 있다. 그런데 왜 이 얼굴이 그림의 중앙에

위치하며 클레는 왜 이 그림을 그리려 했을까? 불은 또 어디에 있는가? 불 자체는 직접적으로 나타나 있지 않고 화면 왼쪽 위의 붉은 색을 통해 암시되고 있을 뿐이다. 또 도대체 왜 죽음과 불이 이렇게 한 작품 안에 함께 표현되고 있는 것일까?

이렇듯 힘들여 하나씩 수수께끼를 풀어갈수록 우리는 한층 더 대답하기 힘든 물음들에 부딪히게 된다. 하지만 하이데거가 왜 이 그림을 굳이 언급했는지는 어렴풋이 짐작할 수 있다. 바로 죽음이라는 단어 때문일 것이다. 자신의 임박한 죽음을 마주 대하던 클레가 죽음에 대해서 그린 그림! 인간의 올바른 존재방식을 죽음을 향한 존재로 파악했던 철학자 하이데거에게는 이것이 바로 자신의 사상에 그대로 접목시켜 설명할 수 있는 예술작품의 한 예로 생각되었을 것이 틀림없다. 그리고 바로 이 때문에 우리는 '직접적인 이해'를 포기해야만 한다. 죽음이 우리의 직접적인 이해를 거부하기 때문이다. 그렇다면 하이데거의 예술이해는 죽음과 본질적인 관련이 있는—불안과 권태를 통해서 분석된—숭고 개념을 통해서 해명될 수 있지 않을까? 게다가 후기 하이데거 철학에서 예술철학은 언어철학과 함께 사유방식의 본질적인 계기로 떠오른다. 존재 그 자체를 밝히고자 하는 시도에 예술, 특히 시가 가장 적합하다는 그의 신념 때문이었다.[41] 우리가 하이데거의 예술철학에서 숭고의 계기를 찾아 분석하려는 까닭도 이 때문이다.

---

40 ZSD, p.1; 『사유의 사태로』, 21쪽.

41 이에 대해서는 이 책 p.196f.를 참조하라.

하이데거 예술철학은 예술을 하나의 분야로 설정하고 그 고유한
특징을 고찰하는 식으로 전개되지는 않는다. 그에게 예술은 존재의 전
영역을 포괄하면서 동시에 존재의 진리가 가장 잘 드러나는 분야이기
때문이다. 따라서 예술가와 철학자는 동일한 본질의 영역, 즉 존재에
대해 다루면서 다만 다른 형식으로 말할 뿐이다. 예술은 존재의 본질과
직접적으로 관련을 맺는 분야이며, 예술철학은 단순히 예술 장르만을
다루는 학문이 아니라 존재의 진리 자체를 다루는 학문이다. 이런
의미에서만 우리는 하이데거가 다음과 같이 파악한 예술의 본질을
제대로 이해할 수 있다: "존재자의 진리의 작품 속으로의 정립."[42]
그리고 바로 이 명제 안에서 숭고의 계기가 발견된다는 것이 우리의
주장이다.

하이데거가 말하는 진리는 철학에서 말하는 일반적인 의미,
즉 '사태와 인식의 일치'라는 의미의 진리와는 전혀 다르다.[43] 따라서
그의 예술철학의 근본 명제, 즉 "예술작품 안에서 존재자의 진리가
작품 속으로 정립되었다"는 주장을 이해하기 위해서는 그의 진리
개념을 먼저 파악해야 한다. 앞서 우리가 본 바와 같이 하이데거에게
진리는 존재자가 은폐되어 있지 않고 스스로 우리에게 드러나 있음
(Unverborgenheit)을 의미한다.

하지만 다른 한편 이러한 드러남은 드러나지 않은 존재자의
다른 측면들을 암시하기도 하고, 자신을 드러내는 동시에 자신을
은폐하는 존재와 존재자간의 존재론적 차이를 의미하기도 한다. 그래서
진리는 동시에 비-진리이며, 진리와 비-진리가 동시에 나타나는 장이
바로 예술작품이다. 그렇다면 예술작품은 드러나지 않은 것에 대한

표현, 다시 말하자면 표현할 수 없는 것에 대한 표현이 된다. 하지만 과연 그럴까? 오히려 하이데거는 앞장에서 보았듯 고흐의 구두 그림에 대한 자신의 분석을 통하여 "예술작품은 신발이란 도구가 진실로 무엇인지 알게 해주었다"고 주장하지 않았던가?[44] 이 물음에 대한 답은 어떤 맥락에서 하이데거의 주장이 펼쳐지고 있는지 다시 한 번 자세히 살펴보아야만 얻을 수 있다.

하이데거는 이미 자신이 파악하는 것을 통해서 존재(자)의 진리 전체를 드러낼 수 없다는 사실을 알고 있었다. 존재(자)의 진리는 보편적으로 규정될 수 있는 방식이 아니라 "그때그때 존재하는 존재자의 존재에 대한 사려"를[45] 통해서만 나타나기 때문이다. 따라서 작품을 통해 느끼게 되는 존재(자)의 진리는 근본적으로 일회적 성격을 띤다. 이것은 심지어는 존재 자체와 관련해서도 마찬가지다. 존재(자)의 진리가 나타날 때는 언제나 존재가 자신을 열어 보이는 동시에 자신을 존재자로부터 다시 거두어들이기 때문이다. 존재의 가장 내밀한 속살에 대한 접근은 우리에게 원천적으로 거부되고 있는 것이다. 바로 여기에서 우리가 앞에서 파악했던 숭고의 계기가 드러난다. 하이데거가 말하는 진리는 동시에 비-진리라는 명제는 결국 예술작품은 궁극적으로는 파악할 수 없는 것, 따라서 표현할 수 없는 것에 대한 표현이라는 의미를 지니게 되기 때문이다.

42 HW, p. 21; 『숲길』, 46쪽.

43 이에 대한 자세한 논의는 이 책 pp. 52ff.를 참조하라.

44 Cf. 이 책 p. 157f.

45 HW, p. 15; 『숲길』, 38쪽.

195

대지와 세계의 투쟁

다른 한편 하이데거는 예술작품은 대지와 세계 사이의 끊임없는 투쟁의
장이며, 동시에 그 투쟁의 과정에서 벌어진 틈새(Riß)라고 말한다.
그런데 도대체 세계는 무엇이며, 대지는 무엇인가? 이들은 왜 서로
투쟁을 하는가? 하이데거에게 세계는 손안에 있는 존재자들과 동반
현존재들에 대해 그때그때 나에게 열리는 지평이다. 대지는 성장과
몰락의 근원이면서 동시에 우리에게 드러나지 않는 존재자의 심연, 더
나아가서는 존재의 심연이었다. 그러기에 대지는 세계가 열어 젖혀지는
것을 가능하게 하지만 동시에 자신을 닫아거는 이중적인 성격을 지니고
있다. 둘 사이의 관계가 불가분의 관계이면서 영원한 대립의 관계인
것이다. 이것이 하이데거가 말하는 대지와 세계 사이의 끊임없는
투쟁의 내용이다. 여기서도 숭고의 계기를 발견할 수 있다. 예술작품은
우리에게 항상 자신을 닫아거는, 따라서 파악할 수 없고 표현할 수 없는
대지를 드러내주고 있기 때문이다.

또 고흐의 구두 그림에 대한 하이데거의 해석에서 우리는
『존재와 시간』에서 말하고 있는 세계-내-존재를 엿볼 수 있고 대지에
대한, 죽음을 향한 존재에 대한 암시를 발견할 수 있다. 인간의 힘으로
극복할 수는 없지만 인간의 삶에 근원적인 이러한 요소들은 우리로
하여금 경탄을 느끼게 한다. 이것은 앞서 숭고의 계기로 파악되었던
감정의 고양으로서의 놀라움과 본질적으로 같은 것이다.

새로운 방식으로 말하기

후기로 갈수록 하이데거는 기존의 형이상학적 사유의 특징인 논리적,
규정적 사유에서 벗어나는 방식으로서의 '시작(詩作, Dichtung)'에 점점

더 천착한다. 여기서 시작이라는 말은 단순히 문학 장르로서의 시를
가리키는 것이 아니라 예술 일반을 지시한다. 이런 그의 예술철학은
규정적으로 진술(Aussage)될 수 없는 것에 대해 다른 방식으로 말하기
(Sage)의 특징을 지닌다.[46] 이러한 말하기는 주로 횔덜린이나 릴케,
트라클 등의 시 분석과 고흐, 세잔느, 클레 등의 회화 작품에 대한
분석을 통하여 이루어졌다.

물론 하이데거가 당시 새롭게 등장하고 있던 모든
예술 경향을 다 긍정적으로 평가했던 것은 아니다. 예를 들어 그는
추상회화나 피카소 식의 입체파 그림, 초현실주의 일반에 대해
부정적이었다. 그것들은 여전히 논리적, 규정적 사고에 기반을 둔
형이상학에 얽매여 있다는 것이다. 따라서 단순히 회화에서 구체적인
형태가 사라짐을 통해서 그가 주장하는 예술의 본질이 구현되는 것은
아니다. 오히려 그는 파울 클레의 그림에서 다른 방식으로 말하는
예술가의 모습을 발견하였다고 생각했다. 앞서 살펴본 바와 같이 파울
클레의 그림에는 존재의 진리에 대한 깊은 고뇌와 통찰이 담겨 있지만,
그것은 논리적, 규정적 말하기의 방식으로는 결코 해석될 수 없다.
따라서 그 안에서도 우리는 숭고의 계기를 발견하게 되는 것이다.

하이데거 숭고 개념의 예술 철학적 의의

이렇듯 숭고를 그 중심으로 하는 하이데거 예술철학은 19세기 후반, 20
세기 초반에 나타난 새로운 예술 패러다임의 변화를 감지하여 반영하는

---

[46] 예술의 본질인 시작이 다른 방식으로 말하기의 특징을 지닌다는 그의 주장에
대해서는 HW, p. 59ff; 『숲길』, 107쪽 이하를 참조하라.

한편, 새로운 흐름을 추동하기도 하였다. 그보다 한 세대 정도 먼저 혹은 동시대에 작품 활동을 했던 세잔느, 클레 등의 회화작품 속에서 새로운 사유의 가능성을 보는 한편, 베른하르트 하일리거(Bernhard Heiliger)나 에두아르도 칠리다(Eduardo Chillida) 같은 후대 조각가들의 작품 세계에 많은 사상적 영향을 미쳤다.[47] 이러한 하이데거 예술철학의 의의를 어디에서 찾을 수 있을까?

첫째, 숭고 개념을 통하여 하이데거는 형이상학 극복의 계기를 마련하였다. 하이데거에게 서구의 전통적 형이상학은 진정한 존재의 의미를 망각한 채 오직 대상을 자연과학의 방법론에 따라 수학적으로 규정하는 사유[48]에만 매몰되어 있었기에 진정한 존재의미의 해명을 통해 극복되어야 할 대상이었다. 이러한 형이상학의 토대 위에서 예술현상들을 분석하였던 미학도 마찬가지로 극복의 대상이었다. 숭고는 그가 추구하였던 이러한 극복의 열쇠를 지니고 있었다. 형이상학 극복의 이론적 토대를 제공한 존재론의 근본개념인 불안이나 권태를 분석하다보면 숭고의 계기가 드러나며, 예술철학 논의에서도 마찬가지 계기가 나타난다.

둘째, 숭고 개념을 통해 하이데거는 형이상학에서 예술철학으로의 서구 철학 전반의 연구 중심 변화에 결정적인 기여를 하였다. 하이데거에게서 예술철학은 숭고 개념을 통하여 철학의 중심적인 위치로까지 격상된다. 후기로 갈수록 하이데거는 시작에 점점 더 천착하였다. 그의 후기철학은 이를 통해 횔덜린이나 릴케, 트라클 등의 시 분석과 고흐, 세잔느, 클레 등의 회화 작품에 대한 분석을 통하여 점점 더 예술 철학적 형태를 띠게 되며 이후의 수많은 현대철학 이론에 지대한 영향을 미쳤다. 가다머, 푸코, 데리다, 리오타르

등 많은 현대 철학자들의 이론에서 예술 철학적 저술이 매우 큰 비중을
차지하게 되는 데 하이데거 철학이 직·간접적인 원인제공을 했다는
것은 부인할 수 없는 사실이다. 게다가 데리다, 리오타르, 들뢰즈 등을
중심으로 오늘날 빈번하게 논의되고 있는 숭고 개념의 사상적 근원을
거슬러 올라가면 하이데거의 '은폐된' 숭고 개념을 발견할 수 있다. 이런
의미에서 하이데거의 숭고 개념은 20세기 철학 패러다임의 전환, 즉
(하이데거가 말하는 전통적 의미의) 형이상학에서 (그에 의해 새로운 의미를 부여받게
된) 예술철학으로의 전환을 설명할 수 있는 이론적 단초를 제공한다.

셋째, 이러한 숭고 개념을 통하여 하이데거는 과거의
예술뿐만 아니라 현대예술을 새롭게 해석할 수 있는 가능성뿐만
아니라, 후대의 예술가들이나 예술철학자들에게 새로운 창작과 해석의
가능성을 열어주었다. 따라서 숭고에 입각하여 해석된 하이데거의
현대예술론은 모더니즘 예술을 중심으로 한 20세기 예술 패러다임
전환의 학문적 해명을 위한 중요한 이론적 토대로서 기능할 수 있다.

왜 어떤 시인에게는 절망이 삶의 전부였던 것일까? 아니,
어쩌면 우리의 삶은 절망 그 자체가 아닐까? 죽음이 가장 커다란
절망의 근거이고, 우리의 삶의 궁극적 결말은 죽음이니까 말이다.
그런데 왜 그리운 생각들은 죽음의 편일까? 하이데거의 말에서 짐작할
수 있는 것처럼 우리 모두는 죽음에의 향수를 가진 것일까? 어쨌든
죽음은 끝없이 우리에게 다가오면서 우리에게 삶의 의미에 대해 진지할

---

47 이에 대해서는 Otto Pöggeler, *Bild und Technik: Heidegger, Klee und die
Moderne Kunst* (이하 BT), Wilhelm Fink, 2002를 참조하라. 특히 하일리거와
칠리다가 하이데거에게서 받은 영향에 대해서는 BT, pp. 217-231을 참조하라.

48 이를 하이데거는 '대상화하는 사유'(objektivierendes Denken)라고 불렀다.

것을 요구한다. 그것을 피하지 않고 대면하는 용기를 가진 자만이
진정한 삶을 살 수 있다고 하이데거는 말한다. 그렇게 용감하게 죽음과
맞서는 삶, 그것이 숭고를 통해 우리에게 말을 걸어오는 현대예술에
대한 우리의 실존적 대답일 것이다. 아이러니컬하게도 하이데거가
평생 극복의 대상으로 삼았던 헤겔도 죽음에 대해 비슷한 주장을 펴고
있다. 어쩌면 이 두 위대한 철학가의 사유 사이에는—하이데거 자신은
부정하고 싶겠지만—본질적 유사성이 존재하는 것이 아닐까?

       "[…] 죽음만큼 두려운 것은 없으며, 죽어 있는 것을 확고히
거머쥐는 데에는 더할 수 없이 거대한 힘이 요구된다. 힘이 없이
겉으로만 아름다운 것이 지성을 증오하는 이유는 그로서는 감당할 수
없는 것을 지성이 요구하기 때문이다. 하지만 죽음을 회피하면서
[죽음으로 인한; 필자 주] 황폐함으로부터 자신만을 보전하는 것이 아니라,
죽음을 견디며 그 안에서 자기를 유지해나가는 것이 바로 정신의
삶이다."[49]

그림 8 에두아르도 칠리다, 〈하이데거에게 표하는 경의〉, 1994, 프랑크푸르트

49 G.W.F. Hegel, *Phänomenologie des Geistes* (이하 PhG), Werke 3, Suhrkamp, 1986, p. 36. (번역은 G.W.F. 헤겔, 『정신현상학 I』, 71쪽을 참조하였음.)

6. 키치 개념에 대한 존재론적 고찰: 키치와 숭고의 변증법을 중심으로

"낙원에는 키치가 존재하지 않았을 것이다."

(Richard Egenter, Kitsch und Christenleben in: Dettmar, Ute/Küpper, Thomas: Kitsch: Texte und Theorien, Reclam, 2007, p. 232.)

그림 9 소비에트 시절 메이데이 혹은 10월 혁명 기념행사에 참여한 군중들의 모습, 위에서부터 시계 반대 방향으로 1924년 모스크바 붉은 광장, 1959년 모스크바 붉은 광장, 1955년 루마니아 부카레스트.

키치에 대한 상반된 태도들

키치 개념은 19세기말 등장하여 처음에는 저급한 예술작품이나
솜씨가 좋지 않은 모작을 가리켰다. 이후 점차 의미가 확대되어 지금은
대중예술의 일반적 특성을 지칭하기도 하며 패션이나 디자인, 광고
등의 영역에서는 제품의 구상에서부터 판매 전략을 가리키는 데까지
매우 광범위하게 사용되고 있다. 이에 대한 평가 또한 긍정적인
경우에서부터 매우 부정적인 경우까지 천차만별이다.

21세기 초 대한민국의 문화지형만 살펴보아도 이러한
현상은 두드러지게 나타난다. 진중권에게 키치는 "눈 뜨고 봐주기
민망한 우스꽝스러움 (혹은) 조잡함"[1]이며, 조중걸에게는 "값싼 거짓
낭만과 삶의 역겨운 기만적 행복"[2]이다. 이외에도 조중걸의 책
곳곳에는 키치에 대한 혐오와 경멸이 드러나 있다. "유치한 낭만
[…] 한때 의미 있었던 예술들의 역겨운 잔류물 […] 명백한 거짓 […]
유치하고 구역질나는 쓰레기들"(10쪽); "이 키치처럼 더러운 것"(19쪽);
"상품으로서의 키치가 가장 범람하는 곳은 백화점이다. […] 역겨운
것들이 범람하는 이 물질의 시대 가운데서도 백화점이야말로 역겨움의
표상이며, 거짓의 온상이고, 상스러움과 천박함의 집결지이다."(89쪽
이하); "모든 시대착오는 위안이자 현실도피이다. 그리고 그러한 거짓
위안이야말로 키치이다."(137쪽); "완결성이 없는 이 세상에서 거짓
완결성을 고집하는 것도 구역질나는 키치인 것이다."(141쪽); "모든
감상은 키치이고 역겨운 것이다."(181쪽) 반면 다른 누군가에게는
"유치해도 네가 좋아!"[3]라고 떳떳하게 말하게 만드는 긍정적인
무엇이다. 심지어 키치적 패션을 "자신만의 개성을 표현하는 스타일"[4]
이라고 주장하는 이도 있다. 한술 더 떠 "키치적 사고를 먹고 자라는

문학적 낯설게 하기야말로 문학의 위기를 극복할 수 있을 것"[5]이라는
주장까지 등장하고 있다.

사정이 이렇기에 키치는 명확하게 정의하기가 거의
불가능한 개념처럼 보인다. 저급한 예술작품이나 솜씨가 좋지 않은
모작, 사이비 예술, 저항적 의미를 지닌 새로운 문화 트렌드 등
양립하기 어려운 의미가 모두 키치와 결부되고 있다. 이렇듯 이 개념을
둘러싼 개념상의 혼란이 더욱 극심해지고 있기에 그 의미를 심층적으로
고찰해야 할 필요성은 점점 더 커지고 있다.

이러한 혼란을 극복하고 키치 개념에 대해 깊이 있는
이해에 도달하려면 이 개념을 존재론적으로 파악할 필요가 있다.
하지만 이러한 존재론적 의미에 대해서는 아직 제대로 연구가 수행된
적이 없다. 키치의 신랄한 비판자였던 미국의 비평가 클레멘트
그린버그는 키치를 아방가르드의 동시대 현상으로 파악하고
아방가르드가 전위라면 키치는 후위라고 말할 뿐[6] 키치 개념의
존재론적 의미에 대해서는 함구했다. 독일의 철학자 아도르노는 키치가
필연적 성격을 지니며 예술과 불가분리의 관계를 지닌다는 사실을

1   진중권, 『호모 코레아니쿠스』, 웅진 지식하우스, 2007, 262, 266쪽.

2   조중걸, 『키치, 우리들의 행복한 세계』, 프로네시스, 2007, 19쪽.

3   김수진, 「키치, 유치해도 네가 좋아!」, 2010년 10월 15일자 『방통대학보』.

4   최명진, 「따라 해봐! 재미있는 키치 스타일」, 2010년 8월 30일자, 『중부일보』.

5   한상렬, 「키치적 사고와 문학적 '낯설게 하기'」, 『수필세계』, 2004년 가을 호,
    24쪽.

6   Clement Greenberg, Avantgarde et Kitsch in: *Art et Culture*, Macula, 1988,
    p. 15; 클레멘트 그린버그, 조주연 옮김, 『예술과 문화』, 경성대학교 출판부,
    2004, 20쪽.

꿰뚫어보고 있다. 그에 따르면 "예술은 그 개념 속에 키치를 내포하고 있다."[7] 또 "예술이었던 것이 [언제든] 키치로 [돌]변할 수 있다." 하지만 그에게 키치는 "존재하지 않는 감정을 마치 존재하는 것처럼 속이는 것"이며, "키치에 대한 비판은 절대로 느슨해져서는 안 된다."[8] 키치를 전적으로 부정적으로만 파악하고 존재론적 의미에 대해 함구한다는 점에서 그는 그린버그와 같은 부류에 속한다. 저급한 취미의 구조를 통하여 키치를 분석하는 움베르토 에코의 경우에도 사정은 비슷하다.[9] 그는 아방가르드 예술이 키치로부터 개별적인 양식을 차용하여 자신의 메시지를 전달하기도 한다는 점을 지적함으로써 키치에 일종의 긍정적 기능을 부여하고 있지만 그런 경우에도 키치 자체는 언제나 부정적으로 평가된다.[10] 또 키치에 관한 존재론적 통찰에 이르지 못하고 있다는 점에서는 그도 그린버그, 아도르노와 마찬가지다.

게다가 아도르노나 에코의 키치론에는 매우 비관적인 어조가 서려 있다. 아도르노의 경우에는 키치를 조장하는 문화산업의 톱니바퀴로부터 헤어나올 수 있는 가능성이 거의 없다. "문화산업의 도식이 청취자와 시청자들의 언어와 제스처를 [⋯] 세세한 뉘앙스에 이르기까지 그 어느 때보다도 강력하게 지배하고 있다. [⋯] 소비자들은 문화상품을 꿰뚫어보면서도 어쩔 수 없이 거기에 동화된다."[11] 끊임없는 형식적 실험을 통한 아방가르드적 저항이 유일한 대안이지만 그마저도 극소수의 엘리트들에게만 허용될 뿐 일반대중은 결국 키치의 유혹에 저항하지 못하고 벗어나지 못하게 된다. 에코의 경우에는 아방가르드가 팝아트의 경우에서처럼 키치적 양식을 차용함으로써 키치에게 멋지게 복수할 수 있는 가능성이 열려 있기는 하다. 하지만 그마저도 언제나 키치의 놀라운 적응력에 의해 다시 무화되어버린다. "하지만

키치가 아방가르드에게 복수하기까지는 그리 오랜 시간이 필요하지
않다. 광고디자이너들은 곧 팝아트의 방식을 받아들이고 새로운
아방가르드의 양식을 동원해 새로운 키치를 만들어낸다."[12] 과연 이렇게
부정적이고 비관적으로만 키치를 파악하여야 하는 것일까? 그렇지
않다. 키치에 대한 균형 잡힌 시각과 긍정적 가능성을 발견할 길이 있다.
그리고 그것은 키치 개념을 존재론적으로 분석함으로써만 가능하다.

　　　　우리는 쿤데라의 출세작『참을 수 없는 존재의 가벼움』과
하이데거의『존재와 시간』에 나타난 '사람들'(das Man) 개념의 분석을
통해 키치 개념의 존재론적 성격을 밝혀내고자 한다. 또 이를 토대로
키치와 숭고 개념의 변증법적 상관관계를 해명할 것이다. 그래야만
키치의 본질을 제대로 밝혀낼 수 있다고 믿기 때문이다. 숭고와 키치
개념이 지닌 변증법적 상관관계에 대해서는 아직까지 연구가 활발하게
이루어지지 않고 있다. 비슷한 연구가 있기는 했지만 존재론 전반이

7　　"Kunst impliziert im Begriff den Kitsch." (Theodor W. Adorno, Ästhetische
Theorie {이하 ÄT} in: Gesammelte Schriften Band 7, Wissenschaftliche
Buchgesellschaft, 1998{1997}, p. 181;『미학이론』, 193쪽.

8　　ÄT, p. 466f. ("Was Kunst war, kann Kitsch werden."; "Vortäuschung nicht
vorhandener Gefühle"; "Nichts ist von Kritik am Kitsch nachzulassen.")

9　　Umberto Eco, Die Struktur des schlechten Geschmacks in: *Apokalyptiker und
Integrierte — Zur kritischen Kritik der Massenkultur* (이하 AI), Fischer,
1989(1986), pp. 59-115;『스누피에게도 철학은 있다』, 93-188쪽.

10　　'아방가르드와 키치의 변증법'이라 명명할 수 있을 이러한 관계에 대한 그의 논의에
대해서는 AI, p. 103, 114f;『스누피에게도 철학은 있다』, 155, 173쪽 이하를
참조하라.

11　　Theodor Adorno, Max Horkheimer, *Dialektik der Aufklärung* (이하 DA),
Fischer, 1998(1944), p. 176.

12　　AI, p. 114;『스누피에게도 철학은 있다』, 173쪽.

아니라 주로 현대예술, 특히 아방가르드 예술과 키치의 관계에 대한 변증법적 고찰에 국한되었다. 게다가 이런 경우에도 논의는 대부분 생산 미학적 논의에 국한되었다. 앞서 언급한 아도르노, 에코의 경우가 이러한 논의의 좋은 예라 할 수 있다. 상황이 이렇기 때문에 쿤데라와 하이데거의 키치 개념과 숭고 개념 사이에 존재하는 밀접한 상관관계를 밝혀내는 것이 더욱 중요하다.[13]

키치 인간과 키치의 현상학

키치의 어원에 대한 여러 가지 연구들에 공통적으로 암시되어 있는 것처럼[14], 원래 이 개념은 일정한 특성을 지닌 사물을 가리켰다. 아니면 그 사물의 발생과 밀접한 관련을 갖는 생산자나 판매자의 의도와 밀접한 관련이 있었다. 두 경우 모두 사람들은 이러한 작품을 구매하고 소비하는 수용자들은 그러한 사정을 그대로 받아들인다고 여긴다. 하지만 어느 순간부터인가 사람들은 키치와 관련하여 생산자나 수용자, 특히 수용자의 태도에 더 주목하기 시작했다. 아주 위대한 예술작품이라도 그것을 감상하는 사람의 태도에 따라 그에 합당하지 않은 방식으로 감상될 수 있기 때문이다. 감상자가 속물적인 태도를 지니고 있다면 베토벤이나 바흐가 작곡한 불후의 명곡을 듣더라도— 적어도 그 순간에는—그 작품이 지니고 있는 의미를 제대로 느낄 수 없다. 키치의 중요한 특징이라 여겨졌던 저급한 취향이 생산자나 판매자뿐만 아니라 수용자와 관련되어서도 논의되기 시작한 것이다.

이러한 경향의 단적인 예가 헤르만 브로흐가 창안해낸 키치 인간(Kitsch-Mensch)이라는 개념이다. "([…] 키치를 사랑하기에 예술 생산자로서는 키치를 생산하려 하고 예술 소비자로서는 후한 가격을 지불하고라도 키치를 살 용의가 있는 키치 인간이 존재하지 않는다면 키치는 생겨날 수도 존속할 수도 없다. […])"15 그에 따르면 키치는 예술작품이나 어떤 사물, 대상의 속성이 아니라 그것을 받아들이는 인간의 특성이다. 이렇게 되면 키치냐 아니냐를 가름하는 결정적 심급은 사물이 아니라 생산자나 판매자 혹은 수용자의 의도나 성향이 된다. 사물의 특징은 키치를 결정하는 필요조건은 될 수 있지만 결코 충분조건은 될 수 없다.

프랑스의 심리학자 아브라함 몰르는 이런 문제의식을 더욱 확장시켜 키치를 인간의 존재방식 자체와 연결시킨다. 『키치의 현상학』에서 그는 키치가 "하나의 구체적인 사물에 대한 관계 내지는 하나의 양식"이라기보다는 "인간 존재방식의 한 유형"이라고 주장하였다.16 이를 통해 그는 키치를 예술작품, 즉 사물의 속성으로 간주하던 종래의 견해를 근본적으로 뒤집어 놓았고, 키치 개념과 관련된 문화현상을 더욱 근원적으로 이해할 수 있는 가능성을 열어놓았다. 키치는 더 이상 단순히 걸작의 짝퉁이나 사이비 예술작품 정도로 폄하되어야 하는 어떤 것이 아니다. 그것은 이제 인간의 존재방식 자체라는 매우 광범위한 영역과 관련을 맺게 되었다.

13 앞장에서 필자는 하이데거가 명시적으로 숭고를 거론하지는 않지만 숭고가 그의 철학의 핵심개념임을 밝힌 바 있다.

14 키치의 어원에 대한 연구들에 대한 소개로는 김소연, 「미적, 미 외적 현상으로서의 키치, 그 가치평가를 위한 소론」, 『미학 예술학 연구』 Vol. 3/4, No. 0, 한국미학예술학회, 1994, 24쪽 이하를 참조하라.

15 Hermann Broch, Einige Bemerkungen zum Problem des Kitsches in: Ute Dettmar und Thomas Küpper (ed.), *Kitsch: Texte und Theorien, Reclam*, 2007, p. 214.

16 아브라함 몰르, 『키치란 무엇인가?』 (이하 『키치란 무엇인가?』), 엄광현 옮김, 시각과 언어, 1995, 12쪽.

물론 몰르가 키치의 특성으로 파악한 존재방식은 인간의 존재방식
전체보다는 여전히 인간을 둘러싸고 있는 사물과 관련된 존재방식에
국한된다. "키치적 태도란 인간이 자신의 주변에 놓여 있는 사물 일반에
대하여 갖는 관계들의 유형 중 하나"이며, 키치는 "인공적인 환경과
인간이 맺는 관계의 한 유형"이다.[17] 하지만 과연 그렇기만 할까? 그렇지
않다. 인간의 존재방식은 주변사물과의 관계만으로는 다 설명될 수
없는 훨씬 더 광범위한 영역과 관계를 맺고 있기 때문이다. 그것은 우선
인공물만이 아니라 자연사물 자체와도 관계가 있다. 더 나아가서는
인공물이나 자연사물과는 전혀 다른 차원에서 설명할 수밖에 없는
타인과의 관계도 인간의 존재방식을 결정하는 중요한 요인이다.
게다가 이 모든 것들을 그 안에 품고 있는, 우리가 그 안에 살고 있는
세계의 의미는 이러한 요소들의 단순한 총합만으로는 다 설명될 수
없다. 인간 자신의 존재 의미도 앞서 언급한 사항들과 밀접한 연관을
맺지만, 그것만으로는 다 설명될 수 없다. 따라서 키치적 존재방식은
단순히 인공적 사물들로 이루어진 주변 환경과의 관계를 통해 설명하는
방식으로는 제대로 해명될 수 없고 그보다 훨씬 더 복잡하고 다양한
관계를 고려해야 한다.

존재론적 키치 개념의 필요성

인간이 키치적 태도를 갖게 되는 이유를 앞서 지적했듯 내 앞에
나타나는 인공물과의 관계로만은 설명할 수 없다. 어떤 사람에게는
혐오스러운 사이비 짝퉁이거나 저급한 취향을 대변하는 구역질나는
대상에 불과한 인공물이 왜 다른 이에게는 신기하거나 사랑스러운 것이
되는지는 그 인공물과 관련해서만은 해명될 수 없는 복잡한 계기를

포함하고 있기 때문이다.

　　　　베토벤의 교향곡을 듣는 사람들 중 대부분은 그 작품이 서양음악사에 길이 남을 불후의 명작이라는 사실을 알고 있다. 하지만 어떤 사람이 베토벤의 교향곡이 자신이 다른 사람들보다 더 교양인이라는 사실을 과시하기 위한 수단으로 사용한다고 가정해보자. 이 상황은 어떤 인공물(여기서는 베토벤이 작곡한 곡과 그것을 해석하여 연주하는 오케스트라의 음악일 것이다)과 그 사람의 관계만으로는 설명될 수 없다. 거기에는 그가 살고자 하는 삶, 그가 다른 이들과 맺고 있고 앞으로 맺고자 하는 여러 관계들이 복합적으로 얽혀 있다. 따라서 베토벤의 교향곡을 둘러싸고 발생하는 키치 현상을 설명하려면, 어떤 사람이 주위의 인공물과 맺는 관계보다는 훨씬 더 복잡한 사항들이 고려되어야 한다.

　　　　또 예를 들어 김홍도의 풍속화로 표지를 장식한 그림엽서나 노트가 있다고 치자. 이럴 경우 이 팬시상품과 그것을 구입하는 소비자가 맺는 관계는 어떻게 설명될 수 있을까? 팬시상품은 모두 키치적인 것이고 이것의 소비 또한 소비자가 그러한 키치적인 존재방식에 동의한 것이니까 두말할 필요 없이 그 관계도 그저 키치적이기만 할까? 대부분의 경우는 그렇다고 말할 수 있을 것이다. 하지만 어떤 사람이 그것을 여러 번 들여다보면서 김홍도의 작품세계에 흥미를 느끼게 되고 더 나아가 김홍도의 진짜 작품들을 찾아 감상하고 감동을 느끼게 된다면 어떨까? 이 경우에는 키치적 상품의 소비가 곧 키치적 존재방식을 의미하지는 않는다. 따라서 이 소비자가 키치적

17　『키치란 무엇인가?』, 20쪽.

인공물과 맺는 관계만으로 이 현상이 설명될 수는 없다. 그가 이전에
예술작품, 예술가, 예술 일반에 대해 가지고 있던 생각, 더 나아가서는
전통문화에 대해 가지고 있던 관념 등 수많은 것들이 이 현상을
설명하기 위해 필요할 것이다. 또 그가 어떤 교육을 받았는지, 그의
성정이 어떠한지 등등도 밝혀져야 한다.

　　　이렇듯 왜 명작이 키치적으로 수용되는가를 설명해야 할
때는 물론이고, 왜 키치적 산물이 키치적으로 소비되거나 수용되지
않는가를 해명해야 할 때도 수용자 혹은 소비자가 사물들과 맺고 있는
관계에만 주목해서는 안 되고 인간의 전 존재영역을 아우르는 연구가
필요하다.

『참을 수 없는 존재의 가벼움』에 나타난 존재론적 키치 개념

『참을 수 없는 존재의 가벼움』은 체코 출신 소설가 밀란 쿤데라의
출세작이다. 그는 이 소설에서 1968년 프라하의 봄을 전후하여 무엇이
체코 지식인들로 하여금 민주화를 열망하게 했으며 소련군의 탱크에
맞서 열광적으로 투쟁하게 했는지,[18] 민주화의 단꿈에서 깨어난 뒤
그들이 어떻게 다시 끔찍한 일상으로 돌아가야 했는지를 토마스와
테레사, 사비나와 프란츠라는 주요 등장인물들을 통해 매우 잘
그려내고 있다.

　　　우리는 이러한 이야기들 이면에 담겨 있는 이 소설의
진정한 의미를 엿볼 수 있게 해주는 한 개념에 주목하고 그것이 지닌
의의를 밝혀내고자 한다. 그 개념이 바로 키치다. 쿤데라에게 키치는
우선 존재의 무거움을 대변한다. 왜 그럴까? 이 물음에 대한 답은
사비나를 통해 얻어질 수 있다. 그녀는 본능적으로, 그리고 온 힘을

다해 키치를 거부하는 자유로운 영혼을 지닌 예술가로 묘사된다. 이런 그녀에게 키치는 인간을 짓누르는 숭고(?!)할 정도로 미화된 일상의 단조로움이다. 그녀가 견딜 수 없었던 것은 소비에트 치하의 고통스러운 삶이 아니라 그것을 완전히 무시해버리고 마치 현실이 과학적 사회주의가 실현된 지상천국인 양 미화하는 것이었다.

그녀가 자신의 정부(情夫)였던 토마스를 좋아했던 이유는 그가 이러한 키치와 거리가 멀었기 때문이다. "당신은 모든 점에서 키치와는 정반대라서 당신을 사랑하는 거예요. 키치의 왕국에서 당신은 괴물이에요."[19] 예술작품이나 예술작품을 감상하는 태도가 아니라 인간 자체가, 인간의 삶의 방식이나 존재방식 자체가 키치인가 아닌가가 문제가 되고 있다. 그녀가 이렇게 생각하는 근거는 무엇일까? 그것은 기이하게도 그가 여인들을 만나는 방식이었다. "그는 애인들에게 이렇게 못을 박았다: 두 사람 중 누구도 상대방의 인생과 자유에 대한 독점권을 내세우지 않고 감상이 배제된 관계만이 두 사람 모두에게 행복을 줄 수 있다고."[20]

그렇다면 키치는 인생과 자유에 대한 독점권을 의미할 것이다. 하지만 과연 그렇기만 할까? 이러한 독점권에 병적으로 매달리는 인물이 토마스의 부인 테레사다. 그녀는 토마스와 관련된 모든 것에 '운명의 낙인'을 찍으려 하며, 그를 어떻게 해서든 자신에게

---

18 "소련군의 침공은 비극만은 아니었다. 그것은 누구도 그 이상한 도취감을 이해하지 못한 증오의 축제이기도 했다." (밀란 쿤데라, 『참을 수 없는 존재의 가벼움』, 이재룡 옮김, 민음사, 1999, 79쪽.)

19 『참을 수 없는 존재의 가벼움』, 19쪽.

20 같은 곳.

붙잡아두려 한다. "그는 술집 입구를 볼 수 있는 노란 벤치에 앉아 있었다. 전날 그녀가 무릎에 책을 얹고 앉아 있던 바로 그 벤치였다! 그 순간 […] 그녀는 이 낯선 남자가 그녀의 미래의 운명임을 알아챘다."[21] 그리고 바로 그 때문에 그녀는 우리가 일상적으로 키치적이라 부르는 행위를 감행하기도 한다. 토마스의 마음에 들기 위해 그녀는 톨스토이의 소설책을 겨드랑이에 낀 채 그를 만난다. 그러나 "그녀가 그날 겨드랑이에 끼고 있었던 『안나 카레니나』는 토마스를 속이기 위해 그녀가 사용했던 가짜 신분증이었다."[22] 하지만 그 외의 모든 것으로부터 그녀는 가장 자유롭다. 심지어 그녀는 안락함이 보장된 망명지 스위스에서의 삶을 너무나 가볍게 떨쳐버리고 감시와 협박, 처벌이 기다리고 있는 프라하로 돌아온다. 그것이 그녀가 지닌— 토마스로서는—풀 수 없는 수수께끼였고 모순이었다.

이러한 수수께끼와 모순 때문에 끊임없이 자신의 원칙으로부터 벗어나 동정심으로 인한 무거움으로 가라앉는 인물이 토마스다. 동정심은 감정적 텔레파시라는 저주이고 "동정심보다 무거운 것은 없다"[23]던 자신의 원칙을 깨고 토마스는 그녀를 쫓아 프라하로 돌아온다. 테레사를 사랑하기 때문에 자신이 추구하던 가벼움으로부터 벗어나 무거움으로 나아간 것이다. 그렇다고 해서 그가 키치와 타협한 것은 아니었다. 그는 사실 여자관계 외에는 언제나 무거운 것을 추구했다. 의사로서 그리고 지식인으로서 그는 언제나 자신의 임무에 충실하려 노력하며 자신의 동지들을 배반하라는 압력을 거부하고 스스로 몰락의 길을 택한다. 그에게는 무거움이 두 가지 형태로 나타난다. 똑같아야 한다는, 모두가 하나여야 한다는 외부에서 주어지는 무거움과 자신이 스스로 선택하는 무거움이 그것이다. 토마스가 선택한 무거움은 언제나 후자였다.

이 소설의 주요 등장인물 중 가장 키치적인 인물은
프란츠다. 하지만 다른 각도에서 보면 그는 우리가 보통 키치라고
생각하는 것을 가장 혐오하고 거부하는 인물이다. 그는 미국 문화의
가벼움을 경멸하고 유럽 문화의 깊이와 섬세함을 사랑한다. 진정한
사랑을 위해 자신의 모든 것을 버릴 준비가 되어 있고 언제나 남을
배려하는 세심한 마음의 소유자다. 모든 것을 표피적으로만 파악하는
그의 부인과 딸은 그에게 가벼운 키치의 전형이었다. 그러나 그
자신은 언제나 사이비 이상만을 추구한다. 그가 대장정이라는 키치에
매혹되었던 것도 그런 성향 때문이었다. 그는 현실의 고통, 모순을
들여다보려 하지 않았고 다만 세계의 모든 진보적 좌파 지식인들이
해방과 혁명을 향해 함께 어깨 걸고 나아가는 대장정이라는 장밋빛
환상만을 추구하였다.

보편적 감성에 뿌리박은 감정의 독재

이 소설에서 가장 키치를 혐오하고 키치에 대해 항상 생각하는
등장인물은 사비나다. 그녀는 전체주의 왕국에서의 기만적인 행복의
과시인 소비에트 키치를 너무도 경멸한 나머지 그것으로부터 가능한
멀리 벗어나려 한다. 그녀가 미국을 그토록 동경했던 이유도 거기에
있었다. "그녀의 작품들은 실수의 아름다움 위에 구축된 것이고

<hr>

21　『참을 수 없는 존재의 가벼움』, 61쪽.

22　같은 책, 88쪽.

23　같은 책, 40쪽.

뉴욕이야말로 그녀 그림의 은밀하고 진정한 조국이었다. […] 뉴욕의
아름다움이 지닌 낯섦이 사비나를 광적으로 매료시켰다."[24] 그러나
그녀는 자신의 조국을 떠나 찾아간 미국에서도 똑같은 키치의 왕국을
발견하고는 좌절한다.

　　　　그녀는 왜 소비에트 키치를 혐오했을까? "공산주의에
대한 사비나의 첫 번째 내면적 저항은 윤리적인 것이 아니라 미학적인
성격을 지녔다. 그녀에게 혐오감을 일으켰던 것은 공산주의 세계의
추함보다는 공산주의가 뒤집어쓰고 있는 아름다움의 가면, 달리
말하자면 공산주의라는 키치였다. 이러한 키치의 모델은 소위 5월 1일
축제였다."[25] 중요한 것은 이러한 5월 1일의 축제는 추하고 고통스러운
소비에트의 현실을 미화하는, 축제를 통한 "존재에 대한 확고부동한
동의"였고 메이데이의 "행진 대열이 내건 묵시적 슬로건은 〈공산주의
만세!〉가 아니라 〈인생 만세!〉"였다는[26] 사실이다. 공산주의가 키치가
되는 것은 그것이 추하고 고통스러운 현실을 만들어내기 때문이
아니라, 현실을 감추고 마치 그 안에서의 삶이 아름다운 것처럼
기만하기 때문이었다. 현실 공산주의의 삶이 고통스럽다 해도 그 이상
(理想)은 여전히 아름다울 수 있다. 하지만 고통스러운 삶을 미화하는
순간 공산주의는 키치로 화하고 마는 것이다.

　　　　그런데 그녀가 조국을 떠나 10여 년이 지난 후 미국에서
만난 한 상원의원이 잔디밭을 달려가는 아이들을 보면서 그녀에게
이렇게 말한다. "저 애들을 봐요. 저 손이 휘두르며 그리는 원 안에
체육관, 잔디밭, 그리고 어린 아이들이 들어 있어요. 내가 행복이라
부르는 것이 바로 저런 것입니다." 그녀는 이 상원의원을 보면서 이렇게
생각한다. "그의 얼굴은 공산주의 국가의 사람들이 높은 연단에서

그들의 발 아래로 행진하며 미소 짓는 시민들에게 보내는 것과 똑같은
미소를 짓고 있었다."[27]

이것이 사비나로 하여금 어디에도 정착할 수 없게 만든
원인이었다. 그 상원의원의 모습 또한 메이데이의 행진에서 나타났던
것과 마찬가지로 키치적이었던 것이다. 이러한 상황을 묘사한 다음
쿤데라는 키치에 대해 다음과 같이 서술한다. "상원의원이 자신의
주장을 옹호하기 위한 논거는 하나밖에 없다. 그의 감수성. 가슴이 말할
때 이성이 반박의 목청을 높이는 것은 예의에 어긋난 것이다. 키치의
왕국에서는 가슴이 독재를 행사한다. / 물론 키치에 의해 유발된 느낌은
가장 많은 사람들에 의해 공감될 수 있어야만 한다. [⋯] / 키치는
백발백중 두 방울의 감동적 눈물을 흘리게 한다. 첫 번째 눈물은 이렇게
말한다: 잔디밭을 뛰어가는 어린아이, 저들이 얼마나 아름다운지! / 두
번째 눈물은 이렇게 말한다: 잔디밭을 뛰어가는 어린아이를 보고 모든
인류와 더불어 감동하는 것이 얼마나 아름다운가! 키치가 키치다워지는
것은 오로지 이 두 번째 눈물에 의해서이다. / 모든 인간 사이의
유대감은 오로지 이 키치 위에 근거할 수밖에 없다."[28]

키치에 관한 연구문헌들에서 가장 많이 인용되는 이
구절은 키치의 속성이 무엇인지 매우 날카롭게 통찰하고 있다. 중요한
것은 혼자서 어떤 사물이나 사태, 사상, 어떤 어린 아이의 모습을

24 같은 책, 120쪽.
25 같은 책, 285쪽.
26 같은 곳.
27 같은 책, 286쪽.
28 같은 책, 287쪽.

보고 감동하는 것이 아니라 거기에 다른 사람들, 심지어는 온 인류를
끌어들이는 일이다. 키치가 발생하는 지점이 바로 여기다. 혼자
무언가에 감동하거나 즐거움을 느끼는 것 자체는 키치가 아니다. 물론
이에 대해서도 누군가는 그것이 옳다거나 옳지 못하다거나 하는 평가를
내릴 수 있다. 어떤 사람들은 그것이 저급한 취미라고 주장하기도 한다.
핑크빛 팬시상품을 보고 좋아하는 것을 두고 저급한 취미이고 키치에
해당한다고 말하기도 한다. 하지만 쿤데라에 따르면 그것은 키치가
아니다. 키치는 적어도 개인의 감정 자체와는 아무런 상관이 없다.
문제는 그것이 보편성의 가면을 쓰고 다른 이들에게 자신의 감정을
강요하는 순간부터다. 이렇게 되면 이제 키치는 인류의 보편적 감성에
뿌리박은 것으로, 이성의 저항을 무화시키는 감정의 독재로 나타난다.
게다가 그것은 보편적인 공감을 불러일으키기까지 한다. 바로 이런
보편적인 공감이 키치를 키치답게 한다고 그는 주장한다.

그런데 이러한 보편적 공감을 사비나는 왜 그토록 혐오하는
것일까? 심지어 모든 인간 사이의 유대감이 오로지 이 키치 위에
근거할 수밖에 없다면 그녀의 혐오는 더더욱 이해하기 힘들다. 여기서
키치는 혼자 감동을 느끼는 것만으로는 부족해서 다른 이들의 공감을
불러일으키려는 삶의 태도를 의미한다. 하지만 이러한 삶의 태도가
어떨 때는 많은 사람들에게 자신들이 진정한 삶의 가치라고 생각하는
것을 위해 분연히 일어나 현실의 제약을 넘어서는 영웅적, 초월적
행위를 하도록 부추기지 않는가? 이를 부정적으로만 평가할 수 있을까?
게다가 사비나 자신도 자신의 존재가 지닌 가벼움을 참을 수 없어하고
어딘가에 내려앉고 싶어 하지 않았던가? "그녀의 드라마는 무거움의
드라마가 아니라 가벼움의 드라마였다. 그녀를 짓눌렀던 것은 짐이

아니라 존재의 참을 수 없는 가벼움이었다."[29] 심지어 그녀는 "여자들
중 가장 평범한 여자들이 하는 말을 하고 싶었다: 나를 버리지 마세요.
당신 곁에 있게 해주세요. 나를 노예로 만들고 당신은 강해지세요!"

　　　하지만 그녀는 그럴 수 없었다. "그것은 그녀가 말할 수
없고 말할 줄도 몰랐던 이야기들이었다."[30] 왜냐하면 키치가 가져다주는
보편적 유대감과 전체주의적 억압 사이에는 아주 미세한 차이만이
존재하기 때문이다. 그녀가 메이데이의 행진에서 느꼈던 것은 모두가
"인생만세!"의 대열에 빠짐없이 동참하고 똑같이 열광해야 한다는
유형·무형의 압력이었다. 그런데 몇 년 뒤 파리에서 일어난 소련의
프라하 침공 1주년 기념 항의 시위에 참가했을 때 그녀는 "자신이
다른 사람들과 입을 맞추어 구호를 외칠 수 없다는 것을 확인하고
스스로 놀랐다." 그 이야기를 들은 프랑스 친구들은 그녀를 이해하지
못했다. 그들은 "점령당한 너의 나라를 위해 투쟁하기를 원치 않는다는
소리야?"라고 그녀에게 되물었다. 하지만 그녀가 말하고 싶었던 것은
프라하에서든 파리에서든 그녀가 경험한 이 모든 것이 무거움, 즉
키치라는 사실이었다. "공산주의, 파시즘, 모든 점령, 모든 침공은 보다
근본적이고 보편적인 어떤 악을 은폐하고 있다. […] 이 악의 이미지는
팔을 치켜들고 입을 맞춰 똑같은 단어를 외치며 행진하는 사람들의
대열이었다."[31]

　　　보편적인 공감은 얼핏 생각되는 것처럼 언제나 좋은 것만은

29　같은 책, 144쪽.

30　같은 책, 115쪽.

31　같은 책, 118쪽.

아니다. 아니, 그녀에게는 이 보편적인 공감이 모든 자유를 억누르고
질식시키는 보다 근원적인 악의 원천이었다. "사비나에게 진리 속에서
산다거나 자기 자신이나 타인에게 거짓말을 하지 않는다는 것은 군중
없이 산다는 조건하에서만 가능한 일이다. 우리 행위의 목격자가 있는
그 순간부터 우리는 좋건 싫건 간에 우리를 관찰하는 눈에 자신을
맞추게 되며, 우리가 하는 것의 그 무엇도 더 이상 진실이 아니다.
군중이 있다는 것, 군중을 염두에 둔다는 것은 거짓 속에 사는 것이다."[32]

키치와 숭고의 변증법: 인간 실존의 본질적 모순

여기서 우리는 해소될 길 없어 보이는 모순에 직면한다. 인간은 다른
인간과의 유대감 없이 존재할 수 없다. "우리 모두는 우리 자신을
도와주는 누군가를 필요로 한다."[33] 그런데 그러한 유대감의 근거인
키치는 엄청난 무거움으로 우리를 내리누른다. 이 소설의 주요
등장인물들을 통해서 쿤데라는 인간이 이러한 실존적 모순에 반응하는
여러 가지 방식들을 극적으로 드러내고 있다. 가볍고 싶어 하지만 점점
무거움으로 가라앉는 토마스, 가볍고 싶어 하고 실제로도 가볍지만
언제나 무거움을 동경하는 사비나, 무거움의 대명사처럼 무거움을
추구하지만 아이러니컬하게도 사랑 외의 모든 문제에 대해서는 너무나
가벼운 테레사, 이상이라는 무거움을 가벼움이라 생각하고 철저하게
이상만을 추구하는 프란츠.

　　　　물론 이들 중에 가장 키치적인 인물은 프란츠다. 하지만
그도 사비나가 그토록 혐오했던 메이데이의 키치와는 다른 무언가를
추구한다. 우리가 보통의 경우 키치라고 부르는 경박한 키치의 화신처럼
묘사되는 자신의 아내 마리클로드로부터 그는 끝없이 벗어나고 싶어

한다. 어쨌든 이들은 모두 "그래야만 한다!"(무거움)와 "얼마든지
달라질 수도 있어!(Es könnte auch anders sein!)"[34] (가벼움) 사이에서
나름대로 선택하며 살아간다. (한글판에는 "얼마든지 달라질 수도 있었는데…"로
번역되어 있지만, 이렇게 되면 과거에 대한 후회로 해석될 수 있기에 명백한 오역이다.
여기서 중요한 것은 얼마든지 다르게 판단하고 행동할 수도 있다는 사실이기
때문이다.)

쿤데라 자신은 이들에 대해 어떤 생각을 가지고
있었을까? 우선 그에게 소설의 인물들은 "살아 있는 사람들처럼
어머니의 육체에서 태어나는 것이 아니다. 그들은 하나의 상황, 문장,
그리고 작가가 생각하기에는 아직까지 발견되지 않았거나, 본질적인
것은 언급되지 않았던, 근본적인 인간 가능성의 씨앗을 품고 있는
메타포에서 생겨난다. [⋯] 내 소설의 인물들은 실현되지 않은 내 자신의
가능성들이다. [⋯] 소설은 작가의 고백이 아니라 함정으로 변한 이 세계
속에서 인간적 삶을 탐사하는 것이다."[35] 이들은 인간이 처한 실존적
상황 속에서 그 삶의 본질을 탐구하는 작가의 몸짓의 표현인 것이다.
그러기에 그들은 쿤데라 자신의 가능성들이다. 이렇게 해서 소설 속의
키치는 쿤데라의, 더 나아가서는 인간 일반의 실존적 상황과 본질적인
연관을 맺고 있다.

32 같은 책, 133쪽.

33 같은 책, 307쪽.

34 Cf. Milan Kundera, *Die unerträgliche Leichtigkeit des Seins*, aus dem
    Tschechischen übersetzt von Susanna Roth, Fischer, 1988, p. 37;『참을 수 없는
    존재의 가벼움』, 44쪽.

35 『참을 수 없는 존재의 가벼움』, 254쪽.

그렇다면 쿤데라에게 키치는 무엇이었을까? 우선 키치는 무거움이다. 하지만 무거움에는 두 종류가 있다. 외부로부터 나를 압박하는 무거움 외에도 내면적이고 자발적인 진지함으로서의 무거움이 존재한다. 이렇듯 진지함으로서의 무거움 (테레사와 토마스) 때문에 키치는 전적으로 부정적일 수만은 없다. 이것이 극명하게 드러나는 것이 끊임없이 사비나를 괴롭혔던 다음과 같은 갈등이다. "그녀는 일생동안 자신의 적은 키치라고 단언했다. 그러나 그녀 자신조차도 자신의 존재 깊숙한 곳에 키치를 품고 살았던 것은 아니었을까? 그녀의 키치, 그것은 사랑하는 어머니와 지혜로운 아버지가 군림하는 평화롭고 부드럽고 조화로운 가정의 모습이다."[36]

그녀의 이러한 키치적 이상향을 상징하는 것은 그녀가 미국의 한 시골 별장에서 보았던 "석양 속에서 반짝이는 두 개의 창문"이었다.[37] 하지만 그녀는 "다시금 배신의 길로 들어설 것이며 이따금 가슴속 깊은 곳이 참을 수 없는 존재의 가벼움 속에서 행복한 가족이 살고 있는 두 개의 환한 창문에 대해 이야기하는 유치하고 감상적인 노래가 울려퍼질 것이다. / 그녀는 이 노래에 감동했지만 자신의 감동을 진지한 어조로 받아들이진 않았다. 그녀는 이 노래가 아름다운 거짓말에 불과하다는 것을 너무도 잘 알고 있었다. 키치가 거짓말로 인식되는 순간, 그것은 비-키치의 맥락에 자리 잡게 된다. 키치가 권위적인 힘을 상실하면 그것은 모든 인간의 약점처럼 감동적인 것이 된다. 왜냐하면 우리 중 어느 누구도 초인이 아니며 키치로부터 완전하게 벗어날 수는 없기 때문이다. 우리가 아무리 키치를 경멸해도 키치는 인간 조건의 한 부분인 셈이다."[38]

쿤데라에게 키치는 우리가 벗어날 수 없는 인간실존의

한 부분인 것이다. 그리고 권위의 힘을 상실하게 될 때 그것은 오히려 비-키치의 맥락에서 숭고한 외피를 입게 된다. 그러나 문제는 그것을 어떻게 확인하느냐는 것이다. 권위적인 키치에 대해서도 우리가 너무도 자주 자발적으로 숭고의 외피를 씌우고 있으니까 말이다.

그렇다면 쿤데라에게 숭고는 무엇인가? 적어도 이 소설 안에서 그는 직접적으로는 숭고에 대해 언급하지 않는다. 하지만 그가 숭고를 어떻게 생각하는지 엿볼 수 있는 몇 가지 단서를 제공하기는 한다. "내 소설의 인물들은 실현되지 않은 내 자신의 가능성들이다. 그런 까닭에 나는 그들 모두를 사랑하며 동시에 그 모두가 한결같이 나를 두렵게 한다. 그들은 하나같이 내가 우회해 갔던 경계선을 뛰어넘었다. 바로 이 경계선(그 너머에서 나의 자아가 끝나는)이 나를 끌어당긴다. 그리고 오로지 경계선 저편에서만 소설이 의문을 제기하는 신비가 시작된다."[39] 그가 말하듯 경계선을 넘는 행위는 두려움의 원인을 제공한다. 그것은 그 너머에 무엇이 있는지 가늠할 수 없기 때문이다. 그런데 동시에 그것이 우리로 하여금 거기에 끌리게 하는 원인이 된다. 그리고 바로 그 경계선 너머에서만 신비가 시작된다.

그 신비의 실체는 바로 죽음이다. 쿤데라에게 키치는 "존재에 대한 절대적인 긍정"이면서 동시에 "똥에 대한 절대적 부정" 이다. "키치는 자신의 시야에서 인간 존재가 지닌 것 중에서 본질적으로 수락할 수 없는 모든 것을 배제한다."[40] 그런데 가장 근원적으로 존재를

36　같은 책, 292쪽.

37　같은 곳.

38　같은 책, 293쪽. (강조는 인용자의 것.)

39　같은 책, 255쪽.

부정하는 사건이 바로 죽음이다. 죽음은 존재의 절대적인 부정이기 때문이다. 키치가 죽음을 절대적으로 부정하는 이유다. 쿤데라에게 키치는 '죽음을 은폐하는 바람막이'다. "내 생각에 소련의 키치가 사비나에게 불러일으키는 느낌은, 테레사가 나체의 여자들과 함께 수영장 주위를 행진하며 경쾌한 노래를 불러야만 했던 꿈에서 느꼈던 공포와 유사하다. 시체들이 수면 위로 둥둥 떠다녔다. 테레사가 한마디 말을 걸거나 질문을 할 수 있는 여자는 하나도 없었다. 그녀가 들을 수 있는 모든 대답이란 노래 뒤에 나오는 후렴구뿐이었을 것이다. 그녀가 은근한 눈길을 던질 수 있는 여자는 한 명도 없었다. 그랬다면 여자들은 수영장 위의 바구니 속에 서 있는 남자에게 일러바쳐, 그 남자가 테레사에게 총을 쏘도록 했을 것이다. / 테레사의 꿈은 키치의 진정한 기능을 고발하고 있다. 키치는 죽음을 은폐하는 바람막이다."[41]

키치의 왕국에서는 모두가 동일화되어야 한다. 심지어 우리는 그것을 즐겁게 받아들여야 한다. 사실은 우리 앞에 시체가 널려 있음에도 "행진하며 경쾌한 노래를 불러야만" 하는 것이다. 전체주의 키치왕국에서 그것을 거부하는 자는 존재에 대한 이 절대적 긍정의 물결로부터 배제 당한다. 그곳에서 자신이 존재할 권리를 박탈당하는 것이다. 그들은 마치 존재하지 않는 것처럼, 보이지 않는 유령처럼 취급받는다.

키치가 쳐놓은 이런 거짓의 장벽을 파괴하는 행위, 쿤데라의 말을 빌자면 "무대장치의 화폭을 찢는" 행위로부터 존재의 신비가 시작되며 그 내용은 "이해가 가능한 거짓말"과 "이해가 불가능한 진실"의 변증법이다. "전체주의적인 키치왕국에서 대답은 미리 주어져 있으며, 모든 새로운 질문은 배제 당한다. 따라서 전체주의 키치의 진정한 경쟁자는 질문하는 사람인 셈이다. 질문이란 이면에 숨겨져 있는 것을 볼 수 있도록 무대장치의 화폭을 찢는 칼과 같은 것이다. 사비나가 테레사에게 자기 그림의 의미를 이런 식으로 설명했다. 앞에는 이해가 가능한 거짓말이고 그 뒤로 가야 이해가 불가능한 진실이 투명하게 나타난다."[42]

사비나의 그림 속에 나타났던 이해가 불가능한 진실의 극단은 죽음이다. 찢어진 화폭을 통해 보이는 이해가 불가능한 진실, 그 극단인 죽음을 마주하면서 우리는 숭고의 체험을 하게 된다.[43] 그것을 은폐하고 "인생만세!"를 외치게 하는 것이 키치다. 그러므로 키치를 극복할 수 있는 방법은 화폭을 찢는 행위다. 하지만 한 번 화폭을 찢었다고 해서 문제가 해결되는 것은 아니다. 우리 앞에는 언제 그랬냐는 듯 깨끗하게 정돈된 새로운 화폭이 다시 나타난다. 그것이 키치가 부리는 마술이다. 그럼 어떻게 해야 하는가? 끊임없이 새로 화폭을 찢어야 한다. 그러나 화폭이 없으면 찢을 수도 없다. 화폭은 언제나 숭고의 체험을 위해 미리 존재해야만 한다. 이렇듯 키치와 숭고는 서로 떼려야 뗄 수 없는 관계를 갖는다. 죽음 뒤에 남는 것은 무엇인가? 아무것도 없다. 키치의 바람막이가 없다면, 그 궁극적인 결말은 죽음이다. 존재하기를 그치는 순간, 키치도 숭고도 모두 함께 사라지고 마는 것이다. 존재하는 한 우리가 언제나 숭고와 키치의 변증법 속에 살아야만 하는 것이다.

40　같은 책, 285쪽.

41　같은 책, 290쪽.

42　같은 책, 291쪽.

43　죽음에 대한 불안을 통해 숭고의 계기가 도출될 수 있음에 관해서는 5장 참조.

동반현존재와 평균적 일상성

하이데거에 따르면 모든 존재자의 존재방식은 세 가지로 구분된다. 그 중 첫 번째로 언급되는 눈앞에 있음은 존재자들을 수학적·자연과학적으로 규정하는 방식이다. 이것이 근대철학 이래로 서구철학의 존재 규정을 지배했고 지금도 여전히 그렇다. 하지만 이러한 방식으로만 존재자를 규정하면 존재자의 진정한 특성들을 간과하게 된다. 세계 내에서 우리가 접하게 되는 인간 이외의 존재자들은 본래 도구로서의 존재자가 갖는 존재방식인 손안에 있음의 존재방식을 지니기 때문이다.

예를 들어보자. 망치라는 사물이 지니는 존재의미는 무엇인가? 자연과학적 사유에 따라 눈앞에 있음의 방식으로 이 사물의 존재를 설명하려면 이 망치의 재료가 무엇이고 무게는 얼마이며 길이는 얼마인지, 모양은 어떻게 생겼는지 등으로 규정할 수 있을 것이다. 하지만 그렇게 한다고 해서 망치가 무엇으로 어떻게 존재하는가가 제대로 해명되지는 않는다. 망치가 자신의 존재의미를 가장 잘 구현하는 순간은 사람의 손안에서 못을 박거나 하는 데 사용될 때다. 길이 잘 들어서 사용하는 사람에게 아무런 불편을 주지 않을 때 망치는 자신의 이러한 존재의의를 가장 잘 실현한다. 이때 망치의 사용자는 심지어 그것에 대해서는 거의 생각하지 않게 되고 오로지 자신이 해결해야 할 일, 예를 들어 나무에 못을 박아서 의자나 탁자를 만드는 일에 대해서만 생각하게 된다.

하지만 망치가 갖는 존재의미는 이것이 전부가 아니다. 어떨 때는 망치가 가족에 대한 아련한 옛 추억을 떠올리게 하는 정겨운 물건일 수도 있다. 이럴 경우 망치는 단순한 물리적 제원이나 용도만으로는 설명할 수 없는 다양한 의미의 층위를 갖는다. 물리적 성질이나 용도만으로는 그 존재의미를 다 설명할 수 없는 식물이나 동물과 같은 존재자들에게서는 사정이 훨씬 더 복잡해진다.

위의 예에서 볼 수 있듯 어떤 존재자의 존재의미는 그것의 물리적 제원이나 용도만으로 다 설명되지는 않는다. 또 어떤 사물을 만나든 우리는―직접 그것을 의식하지는 않더라도―그것을 통하여 우리와 관련되어 있는 다른 사람의 존재와 만나게 된다. 다른 사람에게 속하거나 다른 사람을 떠올리게 하는 도구, 토지, 반려동물 등으로 말이다. 이러한 타인의 존재를 하이데거는 동반현존재(Mitdasein)[44] 라고 부른다. 우리가 살고 있는 세계는 눈앞에 있음의 방식으로 존재하는 사물들로만 구성되지는 않는다. 그것은 오히려 손안에 있음의 방식으로 존재하는 사물들과 타인들과의 공존에 의해 형성되는 복잡한 의미연관에 의해 구성된다.

인간현존재의 존재방식은 근원적으로 세계-내-존재(In-der-Welt-sein)다. 존재하는 한 인간은 언제나 세계 안에 존재하기 때문이다. 이렇듯 세계 안에 존재하면서 언제나 타인들과 더불어 존재하고 있다는 사실이 인간 존재방식의 본질적 요소이므로 하이데거는 다른 사람들과 "더불어 존재함이 세계-내-존재의 실존론적 구성요소"라고 주장한다.[45] "현존재의 세계는 **공동세계**"인 것이다.[46] 그렇다면 다른 사람들이 나와 맺는 관계는 어떤 형태를 띠는가? 그것은 일차적으로 평균적 일상성

---

44 SZ, pp. 114, 118;『존재와 시간』, 160, 166쪽.

45 SZ, p. 125; 같은 책, 175쪽.

46 SZ, p. 118; 같은 책, 166쪽. 강조는 하이데거의 것임.

(durchschnittliche Alltäglichkeit)[47]의 형태로 나타난다.

평균적 일상성이 무엇인가를 제대로 알기 위해서는 하이데거가 『존재와 시간』에서 제시한 철학적 성찰의 출발점에 대해 살펴보아야 한다. 고대 그리스의 수학자 아르키메데스는 지구에서 적당한 거리에 있는 한 점을 찾을 수 있고 그에 알맞은 긴 장대가 있다면 지구 전체라도 들어 올릴 수 있다고 말했다고 한다. 여기서 착안하여 사람들은 거기서부터 출발하면 모든 것을 설명할 수 있는, 다른 어떤 전제도 필요 없이 순수하게 그곳으로부터 출발할 수 있는 지점을 아르키메데스의 점이라고 불렀다. 근대 철학의 창시자 데카르트도 자신의 철학체계를 그러한 지점으로부터 출발하여 구축하고자 하였다. 그렇게 되면 그것은 절대로 흔들리지 않는 학문의 굳건한 토대(fundamentum inconcussum)가 될 것이다. "아르키메데스는 지구 전체를 그 자리에서 움직이기 위해 하나의 확고하고 움직일 수 없는 점 외에는 아무것도 요구하지 않았다. 아주 작은 것이라 할지라도 확실하고 전혀 흔들리지 않는 무언가를 찾을 수 있다면 나도 이렇듯 위대한 무언가를 기대할 수 있다."[48]

그것을 어떻게 찾아낼 수 있을까? 이 문제에 대한 데카르트의 해결책은 다음과 같다. '내가 여태까지 당연하다고, 확실하다고 믿고 의심해보지 않았던 모든 것들을 한 번 다 의심해보자. 그렇게 모든 것을 다 의심해보았는데도 그 존재를 부정할 수 없는 것이 있다면 그것으로부터 출발하면 되지 않겠는가?' 주지하다시피 그 결과로 찾아낸 것이 바로 사유하는 자아였다. 하지만 오늘 우리가 주목하고자 하는 것은 결과가 아니라 바로 그 결과에 도달하기 위해 처음 출발하는 지점이다. 데카르트의 철학적 사유는 두 번 시작한다.

한 번은 우리가 당연하다고 알고 있던 일상의 세계에서 시작한다.
우리가 매일 만나는 모든 것들이 정말 그러한지 살펴보는 일로부터
출발하는 것이다. 이렇게 모든 것을 회의해보고 난 뒤에 확인하게 되는
절대불변의 기초로부터 데카르트의 철학적 사유는 다시 시작한다.
어쨌든 최초의 출발점은 바로 우리가 일상적으로 그 안에서 살아가며
존재하는 바로 그곳, 즉 일상의 세계다.

　　　　『존재와 시간』에서 하이데거도 이렇듯 일상의 세계로부터
자신의 철학적 사유를 시작한다. 이때 중요한 것은 다른 사물이나
사람들이 어떻게 존재하고 있는지, 존재한다는 말의 의미가 무엇인지를
인간이 이미 어렴풋하게나마 알고 있다는 사실이었다. 그는 이것을
존재이해라고 불렀다.[49] 이러한 존재이해는 우리가 존재의 의미에 대해
진지한 철학적 성찰을 시작하기에 앞서 이미 언제나 우리에게 주어져
있다. 그래서 그는 바로 일상적 존재이해로부터 자신의 존재론 연구를
시작하고자 한다. 이러한 일상적 존재이해의 특성이 바로 평균적
일상성이다. 우리가 일상적으로 알고 있는 존재에 관한 지식들은 모두
비슷비슷하다. 우리에게 위화감을 불러일으키는 너무 특별하거나 너무
기이한 것들에는 거부감이 들거나 의문이 들기 마련이다. 달리 말하면
우리는 그것을 이해하지 못한다. 하지만 우리의 일상적 존재이해에는

47　Cf. SZ, p. 16; 같은 책, 34쪽.

48　"Nihil nisi punctum petebat Archimedes, quod esset firmum & immobile, ut
　　integram terram loco dimoveret; magna quoque speranda sunt, si vel minimum
　　quid invenero quod certum sit & inconcussum." (MPPh, AT 7, p. 24; 『성찰』,
　　42쪽.)

49　Cf. SZ. p. 12f; 『존재와 시간』, 29쪽.

그러한 특이점들이 존재하지 않는다. 누구나 다 "맞아 그게 그렇지 뭐"라고 이야기하게 만드는 것이 바로 우리의 일상적 존재이해다. 지능의 차이에 따라 누구는 이해하고 누구는 이해하지 못할 게 아니라, 보통의 지능과 능력을 갖추었다면 누구나 다 소유할 수 있는 존재이해의 특성이 바로 평균적 일상성이다.

여기서 하이데거의 논의가 출발한다. 하지만 그렇다고 해서 평균적 일상성이 존재의미의 절대적 기준이 되는 것은 아니다. 데카르트가 그랬듯 이것은 어디까지나 출발점일 뿐이다. 일상적 존재이해가 언제나 진리의 절대적 근거일 수는 없다. 그것은 어떤 경우에는 진리로 드러날 수 있지만 반대로 기만과 오류투성이로 판명날 수도 있다. 따라서 일상적 존재이해에서 출발한다고 해도 우리는 데카르트와 유사한 검증과정을 밟아가야 한다. 그러려면 우선 평균적 일상성에서 벗어나 존재자 그 자체, 세계 그 자체와 대면하는 시간을 가져야 한다. 하이데거에 따르면 그것을 가능하게 하는 것이 바로 불안을 향한 용기다.[50] 그러므로 이제 우리는 이러한 불안을 향한 용기가 평균적 일상성과 어떤 상관관계를 갖는가 하는 것에 주목하려고 한다. 이를 위해 평균적 일상성과 밀접한 관계가 있는 빠져있음이라는 존재방식을 먼저 살펴보자.

'사람들'그리고 키치

평균적 일상성 속에서 살아가는 인간의 모습을 하이데거는 빠져있음(Verfallenheit)이라 규정한다.[51] 어디에 빠져있다는 말일까? 일상적 존재이해가 제시해주는 삶의 방식이나 지혜에 빠져있다는 말이다. 그런데 이러한 일상적 존재이해에 빠져있지 않으면 인간은 단 하루도

제대로 살아갈 수가 없다. 예를 들어보자. 아침에 일어나 출근 준비를
하고 거리로 나왔다고 치자. 우리 앞에는 수많은 사람들이 스쳐
지나가고 수많은 자동차와 버스, 트럭들이 지나간다. 만일 일상적으로
부딪히는 이 많은 사람들과 차량들이 어떻게 움직일 것인가를 전혀
예측할 수 없다면 어떻게 될까. 그야말로 언제 어디서 어떤 일이
벌어질지 모르는 위험천만한 상황일 것이다. 하지만 수많은 사람들은
주어진 방식에 따라 아주 편안하고 익숙하게 자신의 갈 길을 간다.

이는 우리가 다른 사람들과 공유하고 있는 존재이해의
특성인 평균적 일상성 때문에 가능하다. 대부분의 사람들은 모두
일정한 방식에 따라 행동할 것이고 그에 따라 행동한다면 아무런 해가
미치지 않으리라는 것을 우리는 알고 있다. 이렇듯 평균적 일상성은
사람들로 하여금 익숙하고 편안하게 살아갈 수 있게 해준다. 그런데
문제는 이러한 일상적 존재이해의 내용이 어떤 경우에는 모호할
뿐만 아니라 심지어는 상호 배치되기까지 한다는 사실이다. 우리는
어딘가에서 "튀지 마라, 중간만 가라, 적당히 묻어가라, 순리대로
살라" 등의 말을 듣는다. 그런 말을 처음 한 사람이 누구일까? 그것은
중요하지 않다. 그저 이렇게 행동하는 것이 삶의 지혜라는 사실이
중요하다. 그런데 우리는 이와는 정반대의 말들도 여기저기서 듣게
된다. "튀어야 산다, 톡톡 튀는 아이디어, 자신만의 개성을 연출하라"
등. 이런 말들은 분명 앞에서 우리가 들었던 말과는 상반된다. 물론
자세하게 그 이면을 들여다보면 달리 해석될 여지도 있겠지만 얼핏

---

50 Cf. SZ, p. 254; 같은 책, 340쪽.

51 Cf. SZ, pp. 175–180; 같은 책, 240–246쪽.

듣기에 분명 앞의 말과는 정반대다. 어떤 말을 따라야 하는가? 그리고 이런 말을 우리에게 들려주는 사람들은 누구일까?

그런데 이러한 일상적 존재이해에서 발견되는 특이점은 그 속에서 접하게 되는 수많은 지식과 지혜들의 주체가 모호하다는 점이다. 앞에서 든 예에서처럼 "중간만 가라"고 말한 주체는 누구일까? 세상 사람들이다. 그렇다면 그 세상 사람들은 구체적으로 누구일까? 실제로 사람들에게 물어보면 대부분의 사람들은 자신은 아니라고 말한다. 사실 세상 사람들이라고 말할 때 우리는 거의 언제나 자신은 거기로부터 제외시킨다. 이렇게 찾아나가다 보면 결국 세상 사람들은 그 누구도 아니다. 독일어로 말하자면 '사람들'(das Man)은 아무도 아닌 사람(das Niemand)인 것이다.[52]

그럼에도 불구하고 '사람들'은 대부분의 경우 나를 대신해서 판단을 내려주고 편안하게 행동하고 살아갈 수 있게 해준다. 앞서 언급한 교통질서의 예는 그것이 긍정적으로 작용하는 경우일 것이다. 하지만 '사람들'이 내게 말해주는 모든 것이 이렇듯 긍정적으로만 작용하지는 않는다. 아니, 많은 경우 '사람들'은 우리의 자유로운 선택과 개성을 억압하고 우리 자신의 바람이나 의지와는 다른 선택을 하게 만든다. 또 '사람들'이 해주는 말이 결과적으로는 옳은 것이라 하더라도 그것을 직접 따져보고 스스로 결정하여 행동에 옮긴 경우와 무비판적으로 수용하고 그대로 따른 경우는 그 의미가 전혀 다르다.

바로 여기서부터 키치의 계기가 작동한다. 앞서 쿤데라의 소설을 분석하면서 우리는 키치가 많은 사람들로 하여금 획일적으로 반응하고 행동하게 만든다는 사실을 지적한 바 있다. 이 경우에도 마찬가지다. 모두가 '사람들'의 말을 무비판적으로 따르게 되면 그 행동은 획일적이 될 수밖에 없다. 이렇듯 획일적으로 행동하게 되는 이유는 '사람들'이 옳다고 하는 것을 그대로 따르게 되면 그것이 우리에게 익숙함과 편안함을 제공해주기 때문이다. 이것이 바로 키치의 가장 중요한 특징 중 하나다. 키치는 스스로의 결단이 아니라 무비판적으로 사람들의 말을 따르고자 하는 유혹에서 생겨난다. "[…] 현존재는 자신에게 끊임없이 빠져있음의 유혹을 마련한다. 세계-내-존재는 그 자체로 유혹적이다."53 우리는 자신에게 무엇이 적합한가를 따지기 보다는 익숙하고 편안하기 때문에 '사람들'의 마음에 드는 방향으로 우리의 삶을 선택한다.

　　　여기서 한 가지 중요한 사실이 드러난다. 『참을 수 없는 존재의 가벼움』에서 키치는 사비나와 토마스의 경우 무거움으로 나타났다. 하지만 이미 거기서 지적한 바와 같이 무거움이라는 특성이 반드시 키치와 동일시되어야 하는 것은 아니다. 중요한 것은 어떻게 선택하느냐이다. 무거움을 선택하든, 가벼움을 선택하든 자신의 결단에 따른 선택인 경우 그것은 키치가 아니다. 하지만 무비판적으로 어떤 것에 — 그것이 이상(理想)이든 "인생만세!"든 간에 — 휘돌려서 하는 결정과 행동이라면 그것은 키치가 된다. 세상 사람들의 말을 무비판적으로 따르는 것, 거기서부터 키치가 시작된다. 그것은 언제나 대상없는 모방이 된다. 이때 우리가 따르는 '사람들'은 사실 그 누구도 아니니까.

52　Cf. SZ, p. 128; 같은 책, 178쪽.

53　SZ, p. 177; 같은 책, 242쪽 이하.

물론 다음과 같은 반론이 제기될 수도 있다. '그렇다고 해서 우리가 평균적 일상성의 안락함과 익숙함에 빠져 사는 것을 무조건 부정적으로만 평가할 수 있는가? 어떤 경우에는 그것이 오히려 훨씬 더 나쁜 결과로부터 우리를 보호해주기도 하지 않는가?' 이러한 키치 변호에 대한 하이데거의 답은 분명하다. 그것은 참된 의미의 본래적 실존이 아니다. 우연히 그것이 긍정적인 결과를 가져왔다 하더라도 그 결과는 엄밀한 의미에서는 자신의 것이 아니다. 결국 자신의 존재 의미를 결정하는 데는 아무런 도움이 되지 못한다. '사람들'이 우리에게 요구하는 것들을 행한다고 해서 무조건 나쁜 것은 아니다. 하지만 그렇게 한다 하더라도 그것은 나의 진지한 성찰과 고민, 결단에 의거한 결과여야 한다.

　　　　게다가 한 순간 진지하게 고민하고 난 후 결단하고 행동했다고 해서 자신의 존재의미가 완결되는 것은 아니다. 살아 있는 동안 인간은 언제나 다시 새롭게 결단하고 행동해야 한다. 한 번 진지하게 결단하고 행동했다고 해서 다음에도 다시 그와 똑같이 행동해야 되는 법은 없는 것이다. 오히려 한 번의 진지한 결단과 행동의 결과가 나중에는 자신을 옭아매는 족쇄가 될 수도 있다. 과거 자신의 영웅적 결단에 맞게만 행동하려는 경향도 키치가 될 수 있는 것이다. 어쨌든 미래에 대한 결단은 곧 과거가 되어 평균적 일상성의 한 구성요소가 된다. 이렇듯 삶이 진행되어갈수록 평균적 일상성의 지평도 변화해나간다. 그러기에 우리는 언제나 '사람들'이 제공해주는 평균적 일상성에서 벗어나 끊임없이 새롭게 자신의 존재의미를 발견하고 그에 근거해 결단하고 행동해야 한다.

불안을 향한 용기와 '사람들'로의 도피

그렇다고 해서 '사람들'을 언제나 부정적으로 평가해야 하는 것은
아니다. 하이데거는 '사람들'이 본질적인 실존범주이므로 이것을
부정적으로만 평가해서는 안 된다고 주장한다.[54] '사람들'의 존재가
없다면 우리는 일거수일투족을 그때그때 새롭게 결정해야 한다. 하지만
이것은 불가능하다. 매일 아침 일어날 때마다 내가 만나는 모든 사람들,
내가 접하게 되는 모든 대상들과의 관계를 새롭게 설정해야 한다고
상상해보라. 그것은 끔찍한 일이기도 하거니와 가능하지도 않은 일이다.
우리는 언제나 '사람들'이 우리 앞에 펼쳐 보이는 지침 속에서 살아갈
수밖에 없다. 우리는 '사람들'로부터 벗어날 수 없다. "인간현존재는
성장하면서 우선 이러한 일상적인 해석을 접하게 되고 그 안에서
살아가게 되는데, 이로부터 결코 벗어날 수 없다."[55]

　　　　물론 이렇게 평균적 일상성 속에서 살아가는 것만이 인간의
존재방식 전부는 아니다. 살아 있는 한 인간은 언제나 미래를 향하여
나아가는 존재자이고 자신의 존재의미에 대해 물을 수 있는 존재자다.
자신의 미래에 대해 결단하고 미래를 향하여 자신을 투사하는 행위를
통해 인간은 자신의 존재의미를 끊임없이 새롭게 실현해 간다. 하지만
우리는 유한한 존재자이기에 언젠가는 그 끝을 보게 된다. 그 끝이
바로 죽음이다. 이러한 죽음의 순간을 마주한다는 것은 바로 나
자신의 존재가 소멸되는 순간을 마주한다는 것이고 그것은 누구나
피하고 싶은 순간이다. 그래서 인간들은 일상 속에서 죽음이 마치

54　Cf. SZ, p. 129, 167; 같은 책, 179, 230쪽.

55　SZ, p. 169; 같은 책, 233쪽.

나와는 상관이 없는 무엇인양 회피하며 '사람들'이 제시하는 일상의
익숙함과 편안함에 안주한다. 이러한 키치적 삶을 벗어나려면 인간은
죽음까지도 포함하여 스스로의 존재의미에 대한 진지한 성찰을 하여야
한다. 아이러니컬하게도 죽음의 순간이 바로 인간의 존재가 완성되는
순간이기 때문이다. 그러고 나서는 그 성찰에 근거하여 자신에게 맞는
선택을 하고 그것을 실천에 옮겨야 한다. 이것을 하이데거는 죽음을
향한 존재(Sein zum Tode)라고 불렀다. 그리고 이러한 결단과 행동을
가능하게 해주는 것이 바로 불안을 향한 용기다.

　　　하이데거가 말하는 불안은 우리가 일상적으로 생각하는
그런 불안은 아니다. 간략하게 다시 소개하자면 어떤 사람 때문에
불안하다든가, 사랑을 잃을까 불안하다든가, 직장을 잃을까봐
불안하다든가 하는 말들은 따라서 오히려 공포, 두려움에 가까운
말이다. 불안은 어떤 구체적이고 개별적인 존재자에 대해서 느끼는
것이 아니다. "불안의 대상은 전혀 규정되어 있지 않다."[56] 불안이
해소되고 나면 사람들은 "그건 원래 아무것도 아니었어."[57]라고 말하곤
한다. 하이데거가 불안의 대상을 무(無)라고 정의하는 이유가 여기에
있다.

　　　그러나 이때의 무는 존재자의 단순한 소멸이나 부재가
아니다. 물론 불안 속에서 세계 내에 존재하는 모든 개별적 존재자와의
관계가 차단되기는 한다. 하지만 그런 순간에도 인간은 '파악할 수 없는
무엇'으로서의 세계 자체와 마주하게 된다. 더 나아가 진정한 불안은
이러한 세계 내에서의 자신의 존재 자체에 대한 불안이다. 그런데 바로
이런 불안의 특성이 인간으로 하여금 모든 다른 개별적 존재자들로부터
절연되어 철저하게 홀로 서서 '그들'의 견해에 휘돌리지 않고 스스로

자신의 삶에 대해 결단할 수 있게 해준다. 개별적인 존재자들에서
벗어나야 인간은 자신의 존재 전체에 대해 생각하게 되고, 존재 전체의
완성인 죽음에 대해 생각하게 되며, 죽음을 염두에 둔 결단과 행동을
하게 된다. 따라서 불안의 정서를 갖는 데는 용기가 필요하며 불안을
향한 용기는 동시에 죽음에 대한 용기다.

이것이 바로 불안 속에서 존재론적 숭고의 계기를 발견하게
되는 근거다.[58] 쿤데라의 소설을 분석하면서 살펴본 바와 같이 죽음은
모든 것의 경계를 넘어 서 있고 따라서 숭고의 계기를 내포하고 있기
때문이다. 하지만 우리는 언제나 다시 '사람들'이 제공하는 평균적
일상성의 세계로 빠져들게 된다. 그러므로 불안을 향한 결단을
감행해야 한다. 그렇지 않으면 키치적 삶과 행동을 선택하게 된다.
이런 이유로 숭고와 키치는 각각 인간현존재의 실존적 존재방식
자체의 특성이면서 서로 다양한 상호작용을 주고받는다고 해석될 수
있다. 아도르노나 에코의 키치론이 간과한 이러한 복잡한 상관관계를
존재론적 지평에서 해석할 수 있는 가능성을 제공하는 것이 바로
평균적 일상성과 빠져있음, 불안을 향한 용기 사이에 존재하는 밀접한
상호연관 관계이다. 하이데거가 제시하는 존재론적 숭고와 키치의
변증법이 바로 이것이다. 어떤 예술작품의 생산이나 유통, 수용과정에서
키치적 현상이 나타나는가 여부는 바로 이러한 숭고와 키치의 변증법적
성격에 대한 존재론적 이해의 토대 위에서만 제대로 판단될 수 있다.

56 SZ, p. 186; 같은 책, 254쪽.

57 SZ, p. 187; 같은 책, 255쪽.

58 이에 대한 더 상세한 논의로는 이 책, pp. 162-169를 참조하라.

그렇다면 또 하나의 물음이 떠오른다. 과연 키치는 무조건
부정적으로만 평가되어야 하는가? 꼭 그렇지는 않다. 우선 하이데거도
쿤데라와 마찬가지로 키치를 '인간 실존의 본질적 조건'으로 파악하기
때문이다. 키치의 근원이 되는 평균적 일상성이 없다면 인간의 실존
자체가 불가능해지는 것이다. 물론 키치를 '평균적 일상성에 대한
의지적 추종'이라 정의한다면 키치는 숭고와 절대적으로 대립되는
개념이 되며 부정적으로 평가받아야 한다. 하지만 이렇게 키치를
무조건 주의주의(主意主義)적으로 해석하는 데는 무리가 따른다.
대부분의 경우 인간은 '그저 좋아서 혹은 부지불식간에' 키치에
빠지기 때문이다. 그렇다면 상당히 많은 경우 키치는 '때를 기다려'
극복되어야 할 존재론적 결함 정도이지 언제나 부정적으로 평가되고
바로 제거되어야 하는 어떤 것은 아니다. 초등학생이 팬시상품을
좋아하는 현상을 키치로 폄하하고 부정적 평가를 내려 그 아이에게
수치감을 갖도록 하는 것이 과연 올바른 해결책일까? 그렇지는 않을
것이다. 하이데거가 말하는 존재론적 키치가 '죽음에 대한 불안을
회피하고 평균적 일상성이 제시해주는 안락함을 의식적, 의도적으로
추구하는' 성향일 경우에는 철저하게 부정적으로 평가되고 배격되어야
한다. 하지만 대부분의 경우 키치는 팬시상품을 좋아하는 초등학생의
예에서처럼 어느 정도는 용인하면서 점차 극복해 나가야 할 것으로
파악될 수 있다. 심지어 키치가 진정한 실존적 결단에로 이끄는 통로의
역할을 수행할 수도 있다고 파악할 경우에는 일정 정도 긍정적 평가도
가능할 것이다. 앞서 언급한 김홍도의 풍속화가 그려진 필통을 통해
김홍도의 예술 세계로 나아가게 되는 예가 후자에 해당할 것이다.

　　지금까지 논의한 바에 따르면, 쿤데라와 하이데거의

이론에서는 키치를 아방가르드와 저급예술의 관계를 통해서만
파악하려 했던 아도르노나 에코에게서보다는 훨씬 더 폭넓고 깊이 있게
키치를 파악할 수 있는 가능성이 열린다. 키치는 인간 실존의 본질적
조건이기 때문이다. 게다가 쿤데라에 따르면 키치가 그 보편적 성격을
잃어버리게 될 경우 그것은 비-키치의 맥락에 서게 되고 그럴 경우에는
오히려 그것이 감동적인 성격을 띠기까지 한다. 무거움의 대명사였던
테레사, 그 무거움에 함께 잠겨야 했던 토마스가 죽기 직전에 나누었던
대화에서 토마스는 자신이 바로 그렇게 살았기 때문에 어느 때보다도
행복하다고 말한다. "토마스, 당신 인생에서 내가 모든 악의 원인이에요.
당신이 여기까지 오게 된 것은 나 때문이에요. 더 이상 내려갈 곳도
없을 정도로 밑바닥까지 당신을 끌어내린 것이 바로 나예요. […]
테레사, 내가 이곳에서 얼마나 행복한지 당신은 모르겠어?"[59] 겉으로
보기에 나락으로 떨어져 무겁게만 보였던 이들의 삶은 사실 전혀
그렇지 않았다. 세상적인 모든 것을 잃은 순간 그들의 삶은 어느 때보다
가벼웠던 것이다. 게다가 사비나의 경우처럼 키치는 숭고를 추구하는
사람들에게 언제나 부정할 수밖에 없으면서도 돌아가고 싶은 고향과
같은 역할을 하기도 한다.

　　　　하이데거는 여기서 한 걸음 더 나아간다. 키치는 전적으로
인간현존재의 본래적 결단의 결여에 관련된 경우에만 부정적으로
평가된다. 그렇지만 않다면 무겁든, 가볍든, 사람들이 하는 말에
순응하든 거역하든 그것은 중요하지 않다. 언제나 순간적으로
키치적으로 변할 것인가, 숭고로 나아갈 것인가가 결정된다. 이는

59 『참을 수 없는 존재의 가벼움』, p. 357.

언제나 이 둘의 관계가 끊임없는 상호작용을 주고받고 있다는 것을 의미한다. 죽음에 대한 불안에의 용기를 통한 결단은 우리에게 숭고의 체험을 제공한다. 하지만 이러한 체험은 곧 다시 평균적 일상성의 세계로 침몰해 버린다. 그러면 우리는 처음부터 다시 미래를 향해 자신을 투사하는 숭고한 결단을 시작해야 한다. 이렇듯 키치와 숭고는 일상과 인간현존재의 본래적 결단이라는 예외적 상황 사이에서 끊임없이 변증법적 상호관계를 주고받는 것이다.

이러한 변증법적 시각에서 오늘날의 키치를 어떻게 파악하고 평가할 수 있을까? 서두에서 살펴본 경우처럼 유치해도 키치가 좋다는 식의 태도는 그렇게 바람직하지 않아 보인다. 키치 스타일이 재미있을 수는 있겠지만 그것을 따라하는 게 좋아보이지는 않는다. 그리고 키치적 사고의 특징이 낯설게 하기라는 주장은 키치 개념에 대한 전적인 오해에서 비롯된 것으로 역시 부정적으로 평가될 수밖에 없다. 공포 영화와 같은 시큼한 키치가 잠깐 일상과는 다른 어떤 것을 제공하는 듯이 보이지만 결국에는 평균적 일상성의 세계로 우리를 안전하게 데려다주는 것처럼 말이다. 하지만 무조건 "눈 뜨고 봐주기 민망한 우스꽝스러움, 조잡함"이나 "값싼 거짓 낭만과 삶의 역겨운 기만적 행복"으로 폄하하는 것도 결코 바람직해 보이지 않는다. 거기에는 일상 속에 살아가는 수많은 이들의 삶을 무시하고 자신만이 진리에 근접해 있다는 엘리트주의적 오만함이 깃들 위험성이 언제나 존재하기 때문이다. 이러한 양 극단 사이에서 균형 잡힌 시각을 견지하면서 숭고와 키치의 변증법을 제대로 통찰하는 것이 오늘날 문화·예술 영역에서 나타나는 수많은 현상들을 제대로 파악하고 평가하여 미래의 발전 방향을 제시하기 위해 반드시 필요한 일일 것이다.

7. 공간-마련과 깃들임의 사유: 하이데거 사유를 통해 본 도시 공간의 의미

"모든 정치적인 것(πολιτικόν)은 언제나 폴리스(πόλις),
그러니까 폴리테이아(πολιτεία)의 본질에 따른 결과이다."

(Martin Heidegger, *Parmenides*, GA 54, 1982, p. 142)

그림 10　에두아르도 칠리다, 〈대화를 통한 관용〉 1993, 뮌스터 베스트팔렌 평화광장

공간 개념의 근대적 의미와 그 문제들

공간이라 말할 때 우리는 흔히 감각을 통해 확인하는 대상이 그 안에
존재하는, 비어 있는 존재의 틀을 떠올린다. 공간을 이렇게 해석하는
대표적 예가 근대 물리학의 선구자 아이자크 뉴턴이 제시한 공간
개념이다. 이 개념에 따르면 공간을 구성하는 부분들은 서로 똑같은
모양을 지녔고 따라서 어느 하나도 다른 것에 비해 특출한 데가 없이
나란히 존재하고 있다.[1] 하지만 우리의 감각으로는 그것을 인지할 수
없고 오직 그 일부를 차지하는 대상을 통해서만 간접적으로 지각할 수
있다. 이러한 공간은 다시 절대 공간과 상대 공간으로 나뉜다. "절대
공간의 본질은 외부에 존재하는 어떤 것과도 상관이 없으며, [그 부분들은]
언제나 서로 비슷하고 움직이지 않는다."[2] 반면 상대 공간은 절대
공간의 변화 가능한 척도나 차원이며, 우리는 서로 다른 물체들 사이의
관계를 통해 그것을 정의한다. 예를 들어 상대 공간은 대기권이 지구의
표면과 관계를 맺는가, 태양과 관계를 맺는가에 따라 달라진다. 이렇게
정의된 절대 공간과 상대 공간은 형태나 크기에 있어서는 같지만
위치의 측면에서는[3] 항상 같지는 않다. 예를 들어 지구가 움직이게 되면
대기권은 지구와 함께 움직이게 되므로 지구와 대기권 사이의 공간
관계는 변하지 않는다. 하지만 그런 경우에도 지구와 대기권은 함께
이동하였고 따라서 절대 공간에서는 그에 따라 다른 위치를 차지하게
된다. 뉴턴은 또 그때그때 "물체가 차지하는 공간의 일부"를 장소라고
부른다.[4] 이러한 의미를 지닌 장소도 공간과 마찬가지로 절대 장소와
상대 장소로 나뉜다.

　　　뉴턴의 이러한 설명에 따르면 공간은 아무런 실체가 없이
다른 물체를 담는 일종의 용기와 같은 것이며, 그것을 규정할 수 있는

길은 오직 너비, 높이, 깊이를 통한 삼차원의 측정 방식밖에 없다.
이렇게 철저하게 자연과학, 수학의 방식으로 규정된 공간 개념이 도시
공간의 설계와 관련하여 갖는 일차적 의미는 가능하면 많은 물체들을
효율적으로 그 안에 담을 수 있는 물리적 공간의 창출이다. 이것이
고층빌딩과 아파트 단지로 대변되는 도시계획의 사상적 근원이다.
이것이 얼마나 삭막하고 비인간적인 주거환경을 낳았는가를 우리는
오늘날 대도시 아파트 단지에서 분명하게 목격하고 있다. 가능한 한
모든 편의시설이 그 주변에 모여 있으며 냉난방이 잘 되는 쾌적한
주거시설로 만들어졌다지만, 아파트 단지는 삶을 파편화시키고 이웃
간의 의사소통을 질식시켜버리는 삭막한 주거공간이 된 지 오래다.
물론 예외가 없는 것은 아니지만 대부분의 아파트 주민들은 특별한
일이 없는 한 서로의 삶에 무관심한 채 자신만의 삶을 살아간다.
이들에게 주거공간은 얼마나 넓은지에 따라 평수로 규정되는 숫자에
불과할 뿐이다. 여기에 '주위에 녹지공간은 얼마나 조성되어 있는지,

1　Cf. Martin Heidegger, *Die Kunst und der Raum* (이하 KR),
Vittorio Klostermann, 2007, p. 6.

2　Isaac Newton, *Newton's Principia* (이하 Principia), Macmillan & Co., 1871,
p. 6. "Spatium absolutum, natura sua sine relatione ad externum quodvis,
semper manet similare & immobile."

3　Cf. Ibid. 원전에서는 numero, 즉 '수적인 측면에서는'이라고 되어 있다. 이 글의
본문에서 든 예에 비추어 보자면 대기권과 땅이 맺고 있는 관계는 상대 공간의
구성요소로서 변하지 않는다. 하지만 대기권과 땅은 지구의 공전을 통해 절대
공간 안에서 계속 그 위치를 바꾼다. 원래의 위치에서 얼마나 움직였느냐에
따라 그것들이 차지하는 공간의 의미가 달라진다. 그리고 이러한 위치의 변화는
수적으로만 파악 가능하다. 이것은 뉴턴이 공간의 의미를 본질적으로 수(학)적인
측면에서 파악하고 있음을 매우 분명하게 보여준다.

4　*Principia*, p. 7. "Locus est pars spatii quam corpus occupat."

행정기관이나 기타 서비스 시설들이 얼마나 잘 갖추어져 있는지' 등이
추가로 고려될 뿐이다. 이러한 상황은 자라나는 세대들에게도 그대로
대물림되어 우리나라의 경우에는 초등학교 학생들도 집의 평수에 따라
자신들의 놀이집단을 형성하게 되는 사태까지 발생하였다.

이런 사태가 바람직하다고 생각하는 사람들은 아마 거의
없으리라. 그러므로 이렇듯 왜곡된 의식구조를 바로잡을 수 있는
방법을 찾는 일은 우리에게 주어진 매우 중요한 과제라 할 수 있다.
이러한 과제의 해결을 위해서는 공간의 본래 의미에 대해 심오한
통찰을 제시한 독일의 철학자 하이데거의 사유에 귀를 기울여볼 필요가
있다. 실제로 하이데거의 공간 개념이나 거주 개념은 건축학자들이나
도시계획을 연구하는 학자들에게 많은 영향을 미쳐왔다.[5] 하지만
대부분의 경우 건축의 의미와 관련된 논의를 주로 제시할 뿐, 도시
공간의 의미를 집중적으로 조명하지는 못하고 있다. 이 장에서는
이러한 상황인식을 토대로 하이데거의 공간 개념과 주거 개념에 대한
고찰을 통하여 바람직한 도시 공간의 의미를 제시하고자 한다. 그리고
이런 공간 개념이 도시 공간에서 갖는 구체적 의미를 최근 노숙인의
주거권과 관련하여 일본 법원에서 내린 판결을 사례로 삼아 생각해보려
한다.

예술과 공간

뉴턴에 따르면 장소는 물체가 차지하는 공간의 일부다. 그렇다면
물체는 장소를 차지할 뿐 장소 자체는 될 수 없다. 아리스토텔레스의
『자연학』 제4권에서도 마찬가지 주장을 확인할 수 있을 정도로 이러한
견해는 오랜 역사를 지니고 있다. "그것은 [장소는] 그 안에 들어와서는

다른 장소로 이동해가는 다른 모든 것들과는 다르다."[6] 하이데거는
여기에 정면으로 반박한다. 그는 스페인의 조각가 에두아르도
칠리다에게 헌정한 글 「예술과 공간」에서 "사물들 자체가 장소이지
단순히 어떤 장소에 속하기만 하는 것이 아니라는 사실을 인식하는
법을 배워야"[7] 한다고 주장한다. 어떻게 이렇게 주장할 수 있는 것일까?
그것은 공간 개념을 물리학에서와는 전혀 다르게 규정함으로써만
가능하다. 그렇다면 하이데거는 공간을 어떻게 파악하고 있는가?

5   우리나라의 경우에도 하이데거의 공간 개념에 힘입어 논지를 전개한 다양한
논문들이 발표되었다. 건축 관련 논문이 주를 이루기는 하지만 환경문제, 고미술
해석의 문제 등에 철학을 접목하는 형태의 논문들에서도 하이데거의 공간 개념이
집중적으로 다뤄지고 있다. 몇 가지 예를 들자면 다음과 같다. 변태호, 「건축에
있어서 본질과 존재를 위한 소나타 – 루이스 칸과 하이데거의 건축에 대한 사색」,
1994; 이종관, 「공간·시적 건축·프라하의 비밀」, 2001; 이승헌/ 이동헌,
「건축에서 지역성의 탈은폐–하이데거의 "열린 터"(the Open)와 "틈새내기"(Rift-
design) 사유를 바탕으로-」, 2003; 이종관, 「시적 도시를 향한 현상학적 시도」,
2004; 윤병렬, 「플라톤과 하이데거 및 고구려의 고분 벽화가 표명한 '사방'
으로서의 코스모스」, 2004; 윤병렬, 「'거주함'의 철학적 지평 – 하이데거의 사유와
고구려의 고분 벽화를 중심으로 -」, 2005; 김경호/ 최주영, 「하이데거의 거주함의
의미와 Alberto Perez-Gomez의 근대건축비평에 관한 연구」, 2006; 강혁,
「근대화의 충격과 이 땅에서의 거주와 건립」, 2008. 이외에는 대부분 하이데거의
거주 개념과 공간 개념의 철학적 의미를 밝히는 논문들이 주를 이루고 있다.
하지만 하이데거의 공간 개념을 토대로 도시 공간의 의미를 집중적으로 다루는
연구는 거의 없다. 「공간·시적 건축·프라하의 비밀」이나 「시적 도시를 향한
현상학적 시도」 같은 논문이 이러한 시도를 하고 있기는 하지만 여전히 그 내용은
건축 논의에 집중되어 있다. 해외의 경우에도 건축과 관련하여 하이데거의 공간
개념을 연구하는 경우는 많이 있지만 도시 공간의 의미 자체를 하이데거의 공간
개념에 접목시키는 연구는 찾아보기 어렵다. 따라서 하이데거 철학에서 나타나는
공간과 거주 개념을 통해 도시 공간의 의미를 새롭게 조명하는 연구는 이제 막
걸음마 단계에 있다 할 수 있다.

6   Aristotle, Physica, 208 b 4-5. "τοῦτο δὴ τῶν ἐγγινεμένων καὶ μεταβαλλόντων
ἕτερον πάντων εἶναι."

7   KR, p. 11.

「예술과 공간」에서 하이데거는 주로 조형예술, 특히 조각예술을 다루고
있다. 그에 따르면 조형예술의 재료가 되는 물체가 차지하는 물리적
공간만이 아니라 그 공간과 밀접한 관계 속에 놓이게 되는 빈 공간도
조형예술의 본질적 구성요소가 되어야 한다. 조각 작품의 제작과정에는
구체적인 형상과 이 형상의 안팎에서 그것을 감싸는 빈 공간이 반드시
함께 고려되어야 하기 때문이다. 그렇지 않으면 작품은 그 모습을
드러낼 수가 없다. 따라서 빈 공간은 단순히 물체의 결핍에 불과한
무엇이 아니다. 게다가 "빈 공간은 조형을 통한 구체화 과정에서 장소를
탐색하고 기획 투사하는 설립의 기능을 수행한다."[8] 여기서 장소는
구체적 형상과 빈 공간이 함께 어우러져 만들어내는 작품의 영역
전체를 가리킨다. 이렇게 되면 조형예술의 창작활동은 어떤 물체를
가지고 미리 주어져 있는 물리적 공간을 메우는 것이 아니라, "구체화를
통하여 장소들을 작품 속으로 가져오는 일"[9]이다. 따라서 장소는 작품과
별개로 생각될 수 없다.

하이데거에 따르면 장소를 뜻하는 독일어 명사 오르트(Ort)
는 원래 창의 뾰족한 끝이라는 의미를 지니고 있었다. 이 창끝에 그와
관련된 모든 것이 함께 모이게 된다. 창이 지니는 목적이 창끝에 가장
분명하게 나타나며 창끝과 만나는 대상이 곧 그 목적 달성의 대상이
되기 때문이다. 이러한 의미를 확대하여 적용해보면 장소는 단순히
물리적 공간의 일부가 아니라 어떤 존재자의 본질이 다른 존재자들과의
상호 연관관계 속에서 가장 잘 드러나는 어떤 곳이다. "장소는 자신의
가장 높고 가장 먼 곳으로 무언가를 모은다. [⋯] 장소, 즉 모으는
것은 [이렇듯] 자신에게로 무언가를 들여와서 그것을 보존한다. 하지만
상자가 내용물을 그 안에 잠가두고 보존하는 방식이 아니라, 모여진

것을 관통하여 빛을 비춰줌으로써 비로소 그것의 본질이 발휘되도록 해주는 방식으로 보존한다."[10] 따라서 조형예술을 통하여 작품 속에 장소가 설립된다는 말은 작품 속에 모아진 모든 것들의 본질이 그대로 드러나게 된다는 것을 뜻한다. 이제 하이데거가 왜 사물들 자체가 장소라고 주장했는지가 밝혀진다. 장소가 단순히 물리적 공간의 일부에 불과한 것이 아니라 자신도 사물의 형태를 띠면서 다른 사물들과의 상호연관관계 속에서 그것들의 본질이 드러나도록 해주는 역할을 하기 때문이다. 이렇기에 하이데거가 말하는 사물들은 데카르트의 말처럼 연장을 가진 실체로서 물리적 대상에 불과한 것이 아니라 그 스스로 하나의 장소를 구성하는 것이다.

빈 공간과 구체적 형상이 함께 만들어내는 위와 같은 상관관계는 조형예술 작품만이 아니라 우리가 일상에서 접하는 모든 사물들, 특히 도구의 형태로 존재하는 모든 존재자들에도 마찬가지로 적용될 수 있다. 따라서 장소에 대한 하이데거의 주장은 조형예술의 영역을 떠나 우리가 일상에서 접하는 모든 사물들에까지 자연스럽게 확장될 수 있다. 예를 들어보자. 항아리는 하나의 사물이며 무언가를 담는 그릇으로 이것은 흙을 구워서 만든 바닥과 벽으로 이루어져 있다. 하지만 그 본질은 흙이나 흙으로 만들어진 항아리의 바닥과 벽만으로는 설명될 수 없다. 이것들이 만들어내는 빈 공간이 그것의 본질을 함께 구성하기 때문이다. 무언가를 항아리에 채우는 역할을 하는 것은 바로

---

8   KR, p. 12. (강조는 인용자의 것임.)

9   KR, p. 13.

10   Martin Heidegger, *Die Sprache im Gedicht* in: US, p. 33;
　　　『언어로의 도상에서』, 56쪽.

이 빈 공간이다. "빈 공간은 용기에서 채우는 [역할을 하는] 것이다."[11]

하이데거는 현대 독일어에서 '비우다'는 뜻을 지닌 레렌(leeren)이라는 동사의 어원으로부터 이러한 의미를 유추해낸다. 그에 따르면 이 단어의 어원은 '모으다'는 뜻을 지닌 레젠(lesen)이라는 동사다. 따라서 빈 공간이라는 말은 동시에 무언가를 모으는 공간이라는 뜻을 함께 지닌다. '잔을 비운다(das Glas leeren)'는 표현은 잔을 그 원래의 기능인 무언가를 담는 일을 할 수 있는 상태로 돌려준다는 의미를 지니고, 주워 모은 과일들을 '바구니에 쏟아 붓는다(in einen Korb leeren)'라는 표현은 과일들에게 이 장소를 마련해준다는 의미를 지닌다고 하이데거는 해석한다.[12] 그리고 이러한 역할을 할 수 있도록 빈 공간을 유지해주는 것은 흙과 그것으로 만들어진 항아리의 바닥과 벽이다. 이렇게 빈 공간과 구체화된 형태의 상호작용을 통해 이루어진 항아리라는 사물이 하이데거에 따르면 바로 장소 그 자체인 것이다.

그렇다면 하이데거에게 공간(Raum)이란 무엇인가? 그에게 공간은 '비움'을 뜻하는 독일어 동사 로이멘(räumen)과 밀접한 관련이 있다. 이 동사는 또 '우거진 숲에 빈터를 만들다, 벌목하다'라는 뜻을 지닌 로덴(roden)이라는 동사와 밀접한 연관이 있다.[13] 벌목을 하는 목적은 무엇인가? 인간이 그 안에 정착하여 깃들게 하기 위함이다. 그래서 벌목을 통해 비어 있는, 개방된 공간을 창출하는 것이다.[14] 이러한 행위를 하이데거는 공간-마련(Ein-räumen)이라고 부른다. 이것은 그 안에 무언가를 짓고 그 안에 깃들여 살아갈 수 있도록 허락해주는 행위다. 그러기에 이 행위는 그렇게 지어진 사물들이 장소로서 나타날 수 있게 해주는 행위이기도 하다. "공간 마련은 장소들을 제공하는 행위다."[15] 따라서 공간을 만들어내는 행위와 장소를 제공하는 행위는 본질적으로 같은 관점에서 해석되어야 한다. 그렇다면 장소의 설립과 공간마련, 정착하며 깃들이는 행위 사이에는 떼려야 뗄 수 없는 긴밀한 관계가 존재한다. 이러한 관계를 제대로 파악하기 위해서는, 하이데거가 『존재와 시간』에서 상세히 논한 공간마련의 의미를 살펴볼 필요가 있다.

세계 내부적 존재자들의 공간성과 구역 개념

『존재와 시간』에서 하이데거는 인간의 존재방식을 세계-내-존재로 규정한다. 인간은 자신의 의지와는 상관없이 이 세상 속에 내던져진 존재자다. 따라서 그는 존재하는 한 언제나 그를 둘러싸고 있는 세계 안에 존재할 수밖에 없다. 인간현존재가 이렇게 세계 안에 존재하면서 맞닥뜨리게 되는 인간 이외의 존재자들을 그는 세계 내부적 존재자라고 부른다. 이러한 세계 내부적 존재자들의 존재방식을 그는 눈앞에 있음과 손안에 있음으로 구분한다. 이중 더 근원적인 존재방식은 도구의 존재방식을 뜻하는 손안에 있음이다. 왜냐하면 인간은 세계 안에서 다른 존재자들을 만날 때 일차적으로 그것들이 자신의 삶과 맺고 있는 관계를 통해 만나기 때문이다. 이럴 경우 그 존재자들은 어떤 목적을 위해 존재하는 것으로 파악된다. 반면 수학적으로 규정 가능한 물리적 존재방식인 눈앞에 있음은 이러한 연관관계로부터

---

11   Cf. Martin Heidegger, Das Ding (이하 D) in: VA, p. 161; 『강연과 논문』, 217쪽.

12   Cf. KR, p. 12.

13   Cf. KR, p. 8.

14   Cf. KR, p. 9.

15   Cf. Ibid.

벗어나 오로지 측정 가능한 삼차원 공간 안에서 존재자들이 맺는 상호 관계에 따라서만 그것들을 규정함으로써 얻어진다. 이것은 데카르트가 정신적 실체인 인간의 사유를 제외한 모든 실체의 본질을 연장(extensio) 으로 정의한 뒤 세계 내부적 존재자에 관하여 가장 확실하고 유일하게 신뢰할 수 있는 존재 개념으로 여겨져 왔다. "[연장의 성질을 가진] 이 존재자에게로 들어가는 유일하고 참된 통로는 수학적·물리적 의미의 인식, 즉 인텔렉치오(intellectio)다."[16] 반면 다른 존재개념은 과학성을 결여하고 있기에 믿기 어렵다고 여겨져 왔다.

하이데거는 손안에 있음에 대한 논의를 통하여 이러한 이론을 정면으로 반박한다. 손안에 있는 존재자들은 말 그대로 손안에 있기에 우리에게 가까이 있다. 하지만 이러한 가까움은 물리적 거리와는 아무런 상관이 없다. 오히려 우리가 그것을 얼마나 필요로 하고 그래서 얼마나 자주 사용하는가와 관련이 있다. 이렇게 해서 손안에 있는 존재자들은 자신에게 합당한 자리를 갖게 된다. 그것은 어떤 임의의 위치에 순전히 물질로만 존재하는 것과는 전혀 다른 존재방식이다. "각각의 자리는 […] 어떠어떠한 목적을 지닌 이 도구의 자리로서 규정된다."[17] 그런데 이러한 자리는 손안에 있음의 방식으로 존재하는 하나의 존재자만으로 성립되는 것이 아니라 이와 마찬가지 방식으로 존재하는 수많은 존재자들이 맺고 있는 관계 전체로부터만 제대로 규정될 수 있다. 그리고 이러한 존재자들의 전체 연관관계는 다시 그것들이 함께 지시하는 어떤 방향을 전제한다.[18] 이러한 방향과 그 방향 쪽에 놓여 있는 존재자들을 둘러싸고 있는 영역이라는 두 가지 의미를 동시에 지니고 있는 구역(Gegend)[19] 개념을 통해 하이데거는 이제 진정한 공간 개념의 규정을 시도한다. 그에 따르면 우리를

둘러싸고 존재하는 세계 내부적 존재자들의 의미는 바로 이러한 구역
개념을 통해서만 해명될 수 있다.

얼핏 보기에 매우 난해한 이 말의 이해를 돕기 위해 예를
하나 들어보자. 지금 어떤 사람이 한가한 주말 오후 거실 소파 위에
앉아 책을 읽고 있다고 가정하자. 이 순간 그의 앞에는 거실용 탁자가
놓여 있고 그 위에는 은은한 향기를 피우는 찻잔과 군것질거리를 담은
접시가 놓여 있다. 이러한 여러 사물들을 규정하는 방식은 앞서 말한
바와 마찬가지로 두 가지다. 하나는 이것들을 수학적 · 물리적으로
규정하는 방식이다. 그것은 차의 용량을 무게나 부피로 측정하고
찻잔의 제원을 측정하며 그것의 위치를 일정한 기준점(대개는 책을 읽고
있는 사람이 있는 곳이 될 것이다)으로부터의 거리로 환산해내는 방식 등이다.
접시에 담겨 있는 군것질거리나 접시 자체도 마찬가지다. 탁자와 소파
등 모든 것은 이렇게 수학적 · 물리적으로 측정 가능한 데이터에 의해

16 Cf. SZ, p. 95; 『존재와 시간』, 136쪽.

17 SZ, p. 102; 같은 책, 145쪽.

18 SZ, p. 103; 같은 곳.

19 Ibid. 이렇게 '구역'이라 번역한 게겐트(Gegend)란 단어를 하이데거가 사용하는
    의미와 같게 번역할 수 있는 우리말은 존재하지 않는다. 이 단어의 근간을 이루는
    게겐(gegen)이라는 전치사가 '~을 향하여'라는 뜻을 지니기에 이 말에 방향의
    의미가 포함되어 있기 때문이다. 굳이 비슷한 말을 들자면 한자어로 방역(方域)
    이라는 말을 들 수 있겠다. 실제로 몇몇 하이데거 연구자들은 이것을 역어로
    채택하여 사용하고 있다. 하지만 독일어의 게겐트(Gegend)는 일상에서 '지역,
    부근, 방면' 등 여러 가지 뜻으로 쓰이는 말인데, 이 말을 번역하기 위해 일상어에
    없는 새로운 말을 만들어 쓰는 것이 바람직하지 않고 용어사용에도 혼란을
    주리라 여겨지기에 일단 가장 비슷한 의미를 지닌 '구역'이라는 - 이기상 교수가
    채택한 - 번역어를 그대로 사용하기로 하겠다. 물론 이기상 교수는 때에 따라
    '방면'이라는 역어를 채택하기도 한다. 이 말 또한 방향의 의미를 살릴 수 있는
    장점이 있는 대신 영역이라는 의미가 잘 드러나지 않는 단점이 있다.

규정된다. 그들이 차지하고 있는 위치도 마찬가지다.

하지만 이것만으로 과연 이 상황을 제대로 설명했다고 말할 수 있을까? 절대로 그렇지 않다. 다른 하나의 방법은 손안에 있음의 방식으로 설명하는 것이다. 우선 찻잔이 탁자 위에 놓여 있는 이유는 책을 읽는 사람이 편하게 손을 뻗어 차를 마시면서 편안한 분위기에서 책을 읽고 그 내용을 되씹어보는 데 도움이 되게 하기 위해서다. 군것질거리도 마찬가지다. 그러기 위해서는 이미 탁자가 거기에 소파와 적당한 거리를 유지하면서 존재하고 있어야 한다. 그가 그 위에서 책을 읽고 있는 소파도 위에 앉아 책을 읽을 수 있도록 햇볕이 잘 드는 창가에 위치해 있는 것이 좋겠다. 이렇듯 탁자와 소파, 찻잔과 접시, 그 안에 담겨 있는 차와 군것질거리는 이 순간 한가한 오후의 독서라는 목적을 위해 서로 관계를 맺으면서 각자의 자리를 차지하고 있다. 물론 이 시간이 지나면 찻잔과 접시는 부엌의 설거지통 안에 던져 넣어질 것이고 설거지가 끝난 뒤에는 다음에 다른 용도로 사용될 때까지 찬장 속에 놓일 것이다. 그렇게 된다면 이 존재자들과 소파, 탁자의 관계는 그 이전과는 전혀 다른 의미를 지니게 된다.

찻잔이 물리적으로 차지하는 자리는 오후의 독서라는 목적을 이루기 위한 전체 연관관계의 틀 안에서 그것이 갖는 의미가 규정되어야만 비로소 정해질 수 있다. 우선 오후의 독서라는 큰 틀이 그것에 소용이 되는 여러 존재자들의 자리를 규정하고 그것에 따라 각각의 위치가 규정되는 것이다. 앞서 제시한 하이데거의 용어에 따라 설명하자면 이 경우 오후의 독서는 그와 관련된 존재자들의 연관관계 전체를 지시하는 방향과 그것을 둘러싸고 있는 주변을 규정하는 가장 포괄적인 존재의 차원이다. 오후의 독서라는 목적이 전체 의미연관의

방향과 그 주변 환경을 모두 좌우하는 것이다. 이것이 하이데거가 '구역'
이라는 개념을 통해 이야기하고자 하는 것이다.

이러한 사항이 정해지면 그 다음에는 그에 소용되는 각각의
존재자들의 의미와 그에 걸맞은 자리가 정해진다. 그리고 이러한
자리는 전체 연관관계를 규정하는 포괄적인 존재의 차원이 변화함에
따라 그때그때 달라진다. "구역들은 눈앞에 있음의 방식으로 함께
존재하는 사물들에 의해서 비로소 형성되는 것이 아니라, 그때마다
이미 각각의 자리들에 손안에 있음의 방식으로 존재한다."[20] 예를 들어
찻잔은 아까와 같은 순간에는 거실 탁자 위에서 자신의 자리를 찾지만,
어떤 경우에는 찬장 안에서, 또 다른 경우에는 피크닉 나온 부부가
잔디밭에 펼쳐놓은 돗자리 위에서 자신의 자리를 발견한다. 이렇듯
존재자들 사이의 관계와 그로 인해 그것들이 차지하는 자리는 물리적
제원만으로는 결코 제대로 설명될 수 없다. 아니, 오히려 이들이 갖는
관계와 그로부터 규정되는 자리를 통해서야 비로소 그들의 물리적
제원과 위치가 규정될 수 있는 것이다.

그런데 태양의 뜨고 짐과 같이 상당히 규칙적으로 반복되는
주변상황이 인간현존재가 삶을 영위하는 방향을 미리 규정하는
경우에는 구역들이 상당한 지속성을 유지한다. 이에 따라 집이나 교회,
무덤 등의 위치도 정해진다. 앞서 언급한 오후의 독서에서는 그 상황이
종료되면 다시 각각의 존재자의 위치와 그 의미가 변화하게 되지만 이
경우에는 존재자들 사이의 의미연관과 그로 인해 각각의 존재자에게
주어지는 위치가 상당히 오래도록 비슷하게 유지되는 것이다.

---

20 SZ, p. 103; 같은 책, 146쪽.

오후의 독서도 이렇게 지속성을 지닌 더 광범위한 구역에 따라 그
방향을 미리 제시받는다. 햇빛이 잘 비치는 쪽을 향해 난 창문가에
소파가 놓여 있고 탁자는 그 앞에 놓여 있는 식으로 말이다. 이런 경우
우리는 구역을 언제나 미리 발견할 수 있게 된다. 이렇게 구역들이
일상적인 의미를 갖게 되면 그것들은 "눈에 띄지 않는 친숙함의 성격"을
지니게 된다.[21] 이것들이 눈에 띄게 되는 것은 손안에 있음의 방식으로
존재하는 존재자들이 이렇게 그것들에게 부여된 자리에 있지 않게 될
때뿐이다. 예를 들어 톱과 같은 연장은 목수의 작업실에서는 너무나
친숙한 사물이기에 눈에 띄지 않지만, 파티분위기가 한껏 무르익은
연회장 한가운데 놓여 있을 경우 모든 이들의 시선을 사로잡을 것이
분명하다.

인간현존재의 공간성: 거리-없앰과 방향잡음

그렇다면 인간현존재가 그 안에 존재하는 공간은 어떤 특성을
지니고 있을까? 우선 인간현존재가 존재하는 공간은 물리적 · 수학적
공간만으로는 제대로 설명할 수 없다. 이점에서 인간현존재의 공간은
손안에 있음의 방식으로 존재하는 세계 내부적 존재자들의 공간과
유사하다. 하지만 인간의 존재방식인 실존이 세계 내부적 존재자의
존재방식인 손안에 있음만으로는 온전히 규정될 수 없기에,
손안에 있음의 방식으로 존재하는 존재자들이 차지하는 공간을
설명하기 위해 사용되는 구역 개념이나 구역을 통해 이 존재자들에게
주어지는 자리의 개념만으로 인간현존재의 공간을 다 설명할 수는
없다. 이렇듯 수학적 · 물리적 공간으로도, 구역과 자리의 공간성으로도
다 설명될 수 없는 인간현존재의 공간은 하이데거에 따르면 세계-

내-존재의 특징인 거리 없앰(Ent-fernung)과 방향잡음(Ausrichtung)에
근거해서만 해명될 수 있다.

　　　　원래 엔트페르눙(Entfernung)이라는 독일어 명사는
일상적으로 하나의 사물로부터 다른 사물까지의 거리를 뜻한다.
하지만 하이데거는 ‘-’ 표시를 통하여 이탈, 부정의 의미를 지닌 접두어
엔트(ent)와 멀어짐이라는 뜻을 지닌 명사 페르눙(Fernung)의 의미를
부각시킴으로써 이 말에 거리를 없앤다는 새로운 의미를 부여한다.
“거리 없앰은 거리, 즉 어떤 사물의 멀리 떨어져 있음을 사라지게
만드는 일, 그러니까 [인간현존재와 그 사물을] 가까워지게 만드는 일이다.”[22]
인간현존재는 언제나 이렇게 거리를 없애고자 하는 경향을 지닌다.[23]
그런데 여기서 그가 말하는 거리는 물리적인 거리와는 다르다.
‘거기까지는 산책으로 다녀올 수 있는 거리’라든가, ‘한달음에 갈 수
있는 거리’라든가, ‘담배 한 대 피울 사이에 다녀올 수 있는 거리’라든가
하는 표현들은 거리를 물리적으로 측정하는 것이 아니라 인간현존재가
영위하는 일상의 삶과의 관계에 따라 평가한다는 것을 암시한다.

　　　　이해를 돕기 위해 예를 하나 들어보자. KTX로 두 시간
여에 갈 수 있는 부산은 물리적 거리로는 강원도 산골마을에 비해 훨씬
멀다. 하지만 산골마을에는 교통시설이 잘 갖추어져 있지 않기에 거기
가려면 부산보다 더 많은 시간이 걸린다. 그렇다면 우리가 더 가깝게
느끼는 곳은 어디일까? 당연히 부산일 것이다. 심지어 매일 미국이나

21　SZ, p. 104; 같은 책, 147쪽.

22　SZ, p. 105; 같은 책, 148쪽.

23　Ibid; 같은 책, 149쪽.

유럽에서 방송되는 라디오나 텔레비전을 시청하지만 대한민국 방송에
대해서는 아무 것도 알지 못한다면, 비록 물리적으로는 대한민국 땅에
살고 있다 하더라도 미국이나 유럽이 훨씬 더 친숙하고 가까운 곳이
된다. 하이데거는 이를 라디오가 "일상적 주위세계를 확장하는 방법을
통한 '세계'의 거리 없앰"[24]을 수행하고 있다고 말한다. 같은 이유로
물리적으로는 똑같은 거리에 있는 곳도 매일 그 '거리'가 달라질 수
있다. 따라서 인간현존재를 둘러싸고 형성되는 공간은 우선 이러한
거리-없앰과의 관계를 통하여 해명되어야 한다. 물리적인 거리를
통한 공간 개념의 창출은 이러한 거리-없앰의 토대 위에서야 비로소
가능해진다. 그렇지 않고 측정된 물리적 간격으로서의 거리에만 초점을
맞추게 되면, 위에서 해명된 공간의 근원적 의미가 은폐되어 버린다.
심지어 물리적으로 너무 가까운 것은 우리의 시야에서 벗어나는 경우가
많다. 예를 들어 안경을 쓴 사람에게 안경은 대부분의 경우 건너편 벽에
걸려 있는 그림보다 훨씬 더 멀리 떨어져 있다.

      그렇다면 인간현존재의 공간이 지닌 특성인 이러한 거리
없앰은 세계 내부적 존재자들의 공간이 지닌 특성인 구역과는 어떤
관계를 지닐까? 우선 거리 없앰은 두 가지 방식으로 나타난다. 하나는
세계 내부적 존재자와 인간현존재 간의 거리를 없애는 방식이다. 다른
하나는 인간현존재들 사이의 거리를 없애는 방식이다. 하지만 후자의
경우에도 언제나 세계 내부적 존재자가 개입되게 마련이다. 앞서
든 예에서는 라디오나 텔레비전이 대한민국과 미국에 있는 사람들
사이를 연결시켜 준다. 그러므로 거리 없앰을 통해 얻어지는 공간적
관계는 손안에 있음의 방식으로 존재하는 존재자와 밀접한 관련이
있다. 인간현존재가 세계 내에서 차지하는 자리가 언제나 손안에 있는

존재자들 곁에 있음으로부터 이해되어야 하는 이유가 여기에 있다.

하지만 그렇다고 해서 인간이 차지하는 자리가 손안에 있는 존재자들처럼 구역으로부터 직접 규정되는 것은 아니다. 인간현존재는 미리 발견한 구역 안으로 주변에서 만나게 되는 손안에 있는 존재자를 들여보내는 방식으로 그것과의 거리를 없앤다. 그리고 이를 통하여 자신도 하나의 자리를 차지하게 된다. 앞서 든 오후의 독서의 예를 통해 설명하자면 인간현존재는 햇살이 따스하게 비치는 창문 옆에 놓인 소파와 탁자가 위치한 구역 안에 읽을 책과 찻잔, 접시, 과자, 찻물 등을 가져옴으로써 이 존재자들과의 거리를 없애고 이를 통해 자신의 자리 또한 규정하게 된다. "인간현존재는 자신의 여기를 언제나 주위세계적인 저기로부터 이해한다."[25] 손안에 있는 존재자들이 차지하는 위치를 규정해주는 구역이 이처럼 간접적으로 인간이 차지하는 위치 또한 규정하는 것이다.

여기서 하이데거가 인간현존재의 공간 개념이 지니는 또 하나의 특성으로 제시한 방향잡음의 의미가 분명해진다. "모든 가깝게 함은 이미 어떤 구역을 향하여 하나의 방향을 취함"[26] 을 통해서 발생한다. 태양이나 산과 같이 규칙적이고 지속적으로 존재하는 존재자들에 따라 정해진 방향을 지닌 구역을 선택함으로써 인간현존재는 방향을 설정하는 것이다. 그런데 인간현존재가 선택한 목적, 앞의 예에서 보자면 독서가 거리 없앰의 방향을 함께 규정하기도

---

24 Ibid; 같은 곳, 비행기, 라디오를 비롯해서 영화, TV를 망라하는 이러한 거리
       없앰의 다양한 예들에 관해서는 D, p. 157을 참조하라.

25 SZ, p. 107; 같은 책, 152쪽.

26 SZ, p. 108; 같은 곳.

한다. 우리 스스로 방향을 설정하기도 하는 것이다. 이러한 방향잡음의 가장 기본적이고 일상적인 형태가 왼쪽과 오른쪽을 통한 방향 설정이다. 하지만 이러한 방향잡음 또한 언제나 인간현존재에게 이미 알려진 세계 안에서 일어날 수밖에 없다. 그러므로 이때에도 칸트가 말한 것처럼 "나의 양 측면의 차이에 대한 순전한 느낌만 가지고는"[27] 제대로 방향을 잡을 수 없고 반드시 그때그때 인간현존재가 그 안에 존재하는 세계가 항상 함께 고려되어야 한다. 이렇게 인간현존재가 그때그때 설정하는 방향과 그가 손안에 있는 존재자를 통하여 미리 발견하게 되는 구역의 상호작용에 따라 인간현존재가 차지하는 장소가 규정되는 것이다.

인간현존재와 공간 마련

인간현존재가 세계 내에 존재하면서 다른 존재자들과 맺는 공간적 관계는 방향 잡는 거리-없앰(ausrichtendes Ent-fernen)의 특징을 지닌다. 그렇다면 앞서 '벌목하다'는 말과 관련하여 언급되었던 공간마련이라는 개념은 이러한 거리 없앰과 방향잡음을 통하여 어떻게 설명될 수 있을까?

우선 인간현존재의 공간은 앞서 말한 바와 같이 세계 내부적 존재자들과 인간현존재가 맺는 의미연관 전체와 언제나 긴밀하게 연결되어 있다. 그런데 이러한 의미연관은 한편으로는 과거로부터 축적되어 온 도구들 사이의 의미연관에 의해 이미 우리에게 주어져 있는 경우도 있고 이제 막 나의 결단과 그에 따른 행동에 의해 형성되는 경우도 있다. 그 중 후자의 경우는 다시 당장의 필요에 따른 행동과 미래에 대한 결단에 따른 행동으로 나뉠 수 있다. 당장 배가

고파 음식을 챙겨먹는 경우가 전자에 해당되고, 내가 갖고 싶은 직업에
필요한 능력을 기르려고 책을 읽는 경우는 후자에 해당한다. 둘 중 어떤
경우에도 세계 내부적 존재자들과의 관계—전자의 경우에는 음식,
후자의 경우에는 책이 차지하는 공간—는 미리 발견하게 되는 구역에
의해 결정되지만 그와 동시에 지금 나의 필요를 채우거나 앞으로의
희망을 실현하려는 목적에 따라 결정되기도 한다. 구체적으로 그것을
위해 할당되는 장소가 집이던 식당이든, 서재이든 도서관이든 그것은
다음 문제다.

인간현존재는 이렇게 세계 안에 존재하면서 언제나 세계
내부적 존재자들에게 그 장소를 마련해주는 역할을 한다. 인간은
배고픔을 해결하기 위해 밥을 마련하고 미래의 직업에 필요한 지식
함양을 위해 책을 마련한다. 이것들을 마련하기 위해 인간은 미리
그것들이 주위의 어디에 있는지 둘러보고 그것을 발견해야 한다.
그래야 자신의 필요에 따라 그것들에게 알맞은 자리를 할당해줄 수
있기 때문이다. 그렇기에 하이데거는 "둘러보는 세계-내-존재가
공간적"[28]이라고 주장한다. 사정이 이러하다면 세계 내부적 존재자들이
차지하는 위치와 그것의 주변, 의미 생성의 방향을 결정하는 구역과
인간현존재의 공간의 특징인 거리 없앰, 방향잡음 사이에는 어떤
관계가 존재하는가? "인간현존재가 거리 없앰과 방향잡음의 방식을
통해 공간적으로 존재하는 사실을 근거로 해서만 주위 세계에 손안에

---

27 Immanuel Kant, Was heißt: Sich im Denken orientieren? (1786) in: Kant's
gesammelte Schriften (Akad. Ausgabe) Bd. VIII, 1923, p. 135. SZ, p. 109;
『존재와 시간』, 153쪽에서 재인용.

28 SZ, p. 110; 같은 책, 155쪽.

있음의 방식으로 존재하는 존재자에게 공간이 부여된다."[29] 이러한
사실을 근거로 해서만 데카르트가 연장을 가진 실체(res extensa)라고
불렀던 물리적 존재자가 차지하는 공간, 즉 수학적·물리적 공간의
개념이 비로소 형성된다.

　　　　다시 예를 들어보자. 배가 고파서 음식을 먹으려 할 경우
나와 밥솥, 밥그릇의 관계는 물리적으로도 매우 긴밀해진다. 하지만
공부를 하기 위해 책을 찾을 경우 이것들과의 사이는 당연히 멀어지게
된다. 이렇듯 어떤 세계 내부적 존재자들과 인간현존재 사이의 물리적
거리는 언제나 이미 발견되는 구역과 거리 없앰과 방향잡음을 통하여
그것들이 차지할 위치가 결정되고 난 후에야 정해진다. 의사소통이나
정보 전달과 같은 목적과 관련된 세계 내부적 존재자와 그것을 통한
인간현존재들 상호간에 존재하는 거리의 경우에는 상황이 더욱
복잡해진다. 우선 물리적으로 멀리 떨어져 있는 사람을 직접 만나려 할
경우에는 운송 수단의 빠르기, 도로 사정, 운송 수단의 운행 간격 등에
따라 그 거리가 다르게 정해진다. 물리적 거리보다 시간적 거리가 훨씬
중요한 것이다. 편지나 전화, 인터넷 등을 통한 의사소통의 경우에는
우편체계나 전화선, 인터넷 시스템의 발달 정도에 따라 거리가 다르게
정해진다. 바로 산 너머 마을이라 지리적으로 무척 가까이 있다
할지라도 평생 그 마을 사람들과 아무런 의사소통이 없을 수 있다.
심지어 바로 옆집에 사는 사람도 마찬가지다. 이들은 우리에게서 멀리
떨어져 있다. 하지만 수천, 수만 킬로미터의 물리적 거리를 사이에
두고서도 우리는 매일, 바로 옆에 있는 듯 얼굴을 마주 대하고 대화를
나눌 수 있다. 이들은 우리와 아주 가까이에 있다.

　　　　그러므로 물리적 거리가 인간현존재 상호간의 거리를

결정하는 가장 중요한 요인은 아니다. 중요한 것은 바로 인간현존재의 거리 없앰과 방향잡음이다. 이러한 것이 선행되고 난 후라야 인간은 미리 발견하게 되는 구역들 중 하나를 선택하고 거기에 자신이 만나게 되는 세계 내부적 존재자들의 자리를 마련하게 된다. 그리고 이러한 세계 내부적 존재자들을 위한 공간마련을 통하여 인간은 자기 자신을 위해서도 공간을 마련하게 된다. 공간마련이 인간으로 하여금 정착하여 깃들이게 하기 위한 행위이면서 동시에 사물들이 장소로서 나타날 수 있게 해주는 행위이기도 하다는—「예술과 공간」에서 하이데거가 제시한—주장의 근거가 이렇게 해서 분명하게 드러난다. 그렇기에 "공간이 인간의 내면에 존재하는 것도 아니고 세계가 공간 속에 존재하는 것도 아니다. 오히려 공간이 세계 안에 존재하는 것이다."[30] 물론 세계-내-존재의 특성인 거리 없앰과 방향잡음을 통하여 공간이 마련됨을 인정한다는 전제 하에서.

깃들임의 의미

이렇게 이해된 공간 개념이 글 앞머리에서 살펴본 도시 공간의 삭막함에 어떤 해결책을 제시해줄 수 있을까? 이 물음에 대한 답은 인간현존재가 세계 내부적 존재자들에게, 그리고 그를 통해 자신에게 공간을 마련하는 목적인 정착과 거주의 의미를 해명함으로써 얻어질 수 있다. 인간이 어디엔가 깃들이며 살아간다는 것은 무엇을 뜻하는가? 그리고 이러한 거주의 진정한 의미는 도시 공간에서 어떻게 실현될 수

---

29 Ibid; 같은 곳.

30 SZ, p. 111; 같은 책, 156쪽.

있는가?

하이데거는 1950년대 초 독일의 주택난이 심각하던 시절 건축학자들을 대상으로 「짓기 깃들이기 사유하기」(Bauen Wohnen Denken)라는 강연을 행한 바 있다. 이 강연에서 나타난 거주의 의미에서 위의 질문들에 대한 답의 실마리를 찾아보자.

하이데거에 따르면 '짓다'는 뜻을 지닌 동사 바우엔(bauen)의 어원이 된 옛 독일어 단어 부안(buan)은 '머물다, 거주하다, 깃들다'라는 의미를 지닌다.[31] 그러기에 무언가를 짓는다는 것은 단순히 거주하기 위한 수단과 방편에 불과한 것이 아니라 이미 그 자체로 깃들이는 행위다. 다른 말로 하면 무언가를 짓는다는 것은 물리적 공간을 구획하고 막아 그 안에 누군가가 물리적으로 존재할 수 있도록 하는 행위에 불과한 것이 아니라, 인간이 그렇게 지어진 장소 안에 깃들여 살아가는 모든 행위를 포함한다.

그런데 이 말과 존재한다는 말 사이에도 본질적인 연관관계가 존재한다. '짓다'는 뜻을 지닌 부안, 부, 베오(buan, bhu, beo) 같은 단어들의 흔적은 오늘날 '존재하다'라는 뜻을 지닌 동사의 현재 일인칭과 이인칭 형태인 이히 빈, 두 비스트(ich bin, du bist) 안에 남아 있다. 그러므로 원래 의미대로 해석하면 이 표현들은 '내가 거주한다', '네가 거주한다'는 뜻을 지닌다.[32] 이렇게 보면 짓는다는 말과 존재한다는 말은 밀접하게 상호 연관되어 있으며 거주 행위와도 직접적인 관계를 지닌다. 그런데 바우엔(bauen)은 동시에 '가슴에 품다, 보살피다'라는 뜻도 지닌다. '밭을 경작하다(Acker bauen)'라는 말이나 '포도원을 경작하다(Reben bauen)'라는 표현 속에서 이 단어는 땅을 잘 일구어 식물이 자연스럽게 생장하도록 보살피는 것을 가리킨다. 하지만

선박건조(Schiffsbau)나 신전건축(Tempelbau) 같은 경우에는 무언가를
제작한다는 뜻을 지니기도 한다.[33] 이러한 의미들이 '거주하다'라는
원래의 의미를 밀어내고 이 단어의 주된 의미로 자리 잡았던 것이다.[34]

　　　　　물론 누군가는 이러한 해석이 독일어에서만 가능하다
반박할 수 있을 것이다. 영어에서는 '건물을 짓다'는 뜻을 가진 빌드
(build)라는 동사와 '농사를 짓다'는 뜻을 지닌 팜, 컬티베이트(farm,
cultivate)라는 동사들이 전혀 다른 어원을 지니고 있고 따로따로
분리되어 사용되니까 말이다. 하지만 우리말의 경우에도 '짓다'라는
동사가 두 경우 모두에 사용되고 있다. 집을 짓고, 농사를 짓는다.
오늘날 특히 대도시의 삶에 근거해 생각해보면 전혀 다르게 여겨지는
두 행위를 우리 조상들은 왜 같은 말로 지칭했던 것일까? 수렵과 채집을
주로 하던 인류는 분명 한 곳에 정착하지 않고 방랑생활을 했다. 그들이
추위를 피하고 쉴 수 있는 곳은 굴처럼 인간의 손이 닿지 않고 저절로
만들어진 장소였다. 하지만 인류가 농경생활을 하게 되어 한 곳에
정착하게 되면서 삶의 방식 자체가 전적으로 바뀌게 되었으리라. 한
곳에 정착하여 식물을 기르고 동물을 길들여 가축으로 삼게 되자 땅을
개간하고 구획하여 울타리를 치는 일이 필요했을 것이다. 그러기에
농사는 무언가를 짓는 일이었다. 이렇듯 이제는 더 이상 방랑하지
않고 한 곳에 정착하여 농사를 짓고 살겠다는 의지가 마침내 자신들의

31　Martin Heidegger, Bauen Wohnen Denken (이하 BWD) in: VA, p. 140;
　　『강연과 논문』, 186쪽.

32　Cf. BWD, p. 141; 같은 곳.

33　Cf. Ibid; 같은 책, 187쪽.

34　BWD, p. 142; 같은 책, 188쪽.

집을 짓는 행위로 나타나며 농사를 짓는 일과 집을 짓는 일은 따라서
동일한 삶의 결단과 실천을 그 근원으로 갖는다. 즉 한 곳에 정착하여
그곳에 깃들이며 살아가겠다는 결단과 실천이 농사를 짓고 집을 짓게
한 것이다. 그러니까 깃들임의 결단이 가장 근원적인 결단이라면
이를 통해 작물과 가축을 품고 보듬어 기르는 일이 그 다음이었고
마지막으로 집을 짓게 되었을 것이다.

그러므로 대도시에서 물리적 공간으로서만 집을 건조하는
행위는 이러한 근원으로부터 아주 멀리 파생되어 나온 일이다. 그래서
우리는 건물을 짓고 농사를 짓는다고 말하면서도 둘 사이의 밀접한
연관관계에 대해서는 더 이상 아무것도 눈치 채지 못한다. 하지만 원래
짓는다는 말은 인간이 어디엔가 정착하여 깃들임을 뜻하고, 이러한
사실은 오늘날 대도시의 삭막한 공간에서도 그 의미를 완전히 잃지는
않았다. '내 집을 마련한다, 장만한다'고 말하고 그 집을
'보금자리'라고 부르지 않는가. 비록 자신이 직접 짓지도 않았고 그
공간이 매우 삭막한데도 우리는 집을 장만하여 거기에 깃들여 살고
그곳을 보금자리라고 부른다. 우리가 그 안에 존재하고 깃들이며 삶을
영위하기 때문이다. 독일어와 우리말에 이렇듯 이 말의 본래 의미가
완전히 사라지지 않고 남아 있기에 우리가 깃들임의 진정한 의미에
대해 더 깊이 생각해볼 수 있는 기회를 얻을 수 있는 것이다.

도시 공간의 의미

그런데 이러한 깃들임의 행위는 혼자서 하는 것이 아니라 동반현존재,
즉 이웃들과의 공동의 삶을 통하여 이루어진다. 그리고 이렇게
이웃들과 함께 이루는 공동의 삶은 도시든 농촌이든 이웃과 함께

만들어내고 그 안에서 움직이게 되는 공간을 통하여 이루어진다. 앞서 살펴본 바와 같이 인간은 방향 잡는 거리 없앰을 통하여 각자 자신의 공간을 마련하고 자신을 둘러싼 세계 내부적 존재자들에게 각각의 자리를 마련해준다. 하지만 다른 인간들과의 관계는 세계 내부적 존재자들과의 관계처럼 설명될 수가 없다. 왜냐하면 이들도 우리와 함께 마찬가지로 깃들여 살면서 무언가를 짓는 사람들이기 때문이다.

하이데거에 따르면 이웃을 뜻하는 독일어 나흐바(Nachbar)의 어원은 나흐게부어, 나흐게바우어(Nachgebur, Nachgebauer)다. 그런데 이 옛 명사들에 들어 있는 부리, 뷔렌, 보이렌, 보이론(buri, büren, beuren, beuron)과 같은 옛 동사들이 모두 깃들임, 거주함을 뜻한다.[35] 이들은 단순히 우리를 통하여 어떤 장소를 마련 받는 존재자들이 아니다. 우리와 마찬가지로 스스로 자신들의 장소와 자신들을 둘러싼 세계 내부적 존재자들의 장소를 마련할 줄 아는 존재자들인 것이다. 사실은 우리가 앞서 예를 들었던 오후의 독서에서도 직접 나타나지는 않지만 이런 이웃들이 언제나 함께 관련되어 있다. 오늘날에는 더더욱 그러하다. 찻잔이나 접시, 찬장, 차의 재료가 되는 나무나 풀의 잎사귀, 탁자나 소파, 읽는 책 모두를 스스로 기르거나 제작할 수는 없다. 그것은 함께 이 땅위에 깃들이며 살아가는 다른 사람들이 나를 위해 기르거나 만들어준 것들이다.

그렇다면 이렇게 이웃들과 함께 이루게 되는 공동의 삶을 우리는 어떻게 꾸려나가야 할까? 횔덜린의 송가 『이스터』(Ister)에 관한 강의록에서 하이데거는 폴리스(πόλις) 개념을 상세히 분석한다.

---

35 cf. BWD, p. 140f; 같은 책, 186쪽.

폴리스라는 단어는 고대 그리스의 도시 국가 형태를 일컫는 말이다. 이것이 오늘날 인도 게르만 계통의 언어들에서 정치를 뜻하는 politics, politique, Politk 같은 단어들의 어원이 되었다. 따라서 정치가 무엇인가를 제대로 알려면 이 단어의 의미가 먼저 해명되어야 한다. 도시가 무엇인가 알고자 할 때도 마찬가지다. "폴리스를 국가나 도시와의 관계로부터 사유하는 것이 아니라 […] 폴리스와의 관계로부터 이것들을 사유함."[36] 하지만 더 근원적으로 말하자면 이 말은 사실 우리가 다른 사람들과 더불어 살아가는 삶의 자리 그 자체를, 따라서 이웃과 더불어 살아가는 공동의 삶 전체를 말한다. "폴리스는 정치적으로 규정할 수 없다. 폴리스는 절대로 '정치적인' 개념이 아니다."[37] 심지어 폴리스와 관계가 있는 모든 것에 관하여 서술한 플라톤의 대화편 『국가』($\pi o\lambda\iota\tau\epsilon\acute{\iota}\alpha$)나 인간을 정치적 동물($\zeta\tilde{\omega}ov$ $\pi o\lambda\iota\tau\iota\kappa\acute{o}v$)로 규정한 아리스토텔레스의 강의록 『정치학』($\dot{\epsilon}\pi\iota\sigma\tau\acute{\eta}\mu\eta$ $\pi o\lambda\iota\tau\iota\kappa\acute{\eta}$) 조차도 폴리스의 본질을 제대로 인식하지 못하고 있다고 하이데거는 주장한다.[38]

그렇다면 이 개념의 진정한 의미를 어떻게 밝힐 수 있는가? 하이데거에 따르면 폴리스는 폴로스($\pi\acute{o}\lambda o\varsigma$)다. 폴로스는 모든 것이 그 안에서 그리고 그것을 둘러싸고 움직이는 하나의 극(極)을 가리킨다.[39] 이 단어는 오늘날 남극(North pole), 북극(South pole)을 지칭할 때 사용되는 단어 폴(pole)의 어원이 되었다. 그런데 지구는 남극과 북극을 관통하는 축을 중심으로 자전하고 있다. 따라서 폴리스는 그 안에 살고 있는 사람들이 모두 그것을 중심으로 생활하는 무엇을 뜻한다. 하이데거에 따르면 폴리스는 그리스인들에게 자신들의 존재의 중심이었다.[40] 이에 따르면 도시란 단순히 사람들이 그 안에 살고 있는 물리적 공간이 아니라 사람들의 삶이 그것을 중심으로 돌아가는 무엇이다. 폴리스는 "인간의 현존 자체가 발생하는 근거이면서 그 자리"[41]인 것이다.

그런데 하이데거는 폴리스와 폴로스를 다시 '움직이다, 생기다, 나타나다, 자신이 있을 곳을 발견하고 거기 머물다'는 여러 가지 뜻을 지닌 동사 펠레인(πέλειν)과 연결시킨다. 헤시오도스나 호메로스가 이 단어를 '존재하다'(εἶναι)라는 뜻으로 자주 사용하였음을 지적하면서 하이데거는 그 의미를 다음과 같이 정의한다. "은폐되지 않고 끊임없이 발생하는 부재와 현전 가운데서, 말하자면 변화의 나타남 속에서 드러나지 않은 채 현전하는 정적과 안식."[42] 외면적인 변화에도 불구하고 겉으로 드러나지는 않지만 언제나 그 모든 변화의 과정 가운데서 변하지 않으면서 존재하는 것, 그것은 정적과 안식 속에 존재할 수밖에 없다.

그 구체적인 예로 하이데거는 바다를 들고 있다. 바다를 뜻하는 그리스어가 이 단어에서 파생한 펠라고스(πέλαγος)이기 때문이다. 그런데 이러한 방식으로 존재한다는 것은 단순히 아무런 움직임

36 Cf. HHI, p. 101; 『횔덜린의 송가〈이스터〉』, 129쪽.

37 HHI, p. 99; 같은 책, 126쪽 이하.

38 HHI, p. 99f; 같은 책, 127쪽 이하.

39 HHI, p. 100; 같은 책, 128쪽.

40 Cf. Martin Heidegger, *Parmenides* (이하 P), GA Band 54, Vittorio Klostermann, 1982, p. 132.

41 EM, p. 161.

42 HHI, p. 88; 『횔덜린과 송가〈이스터〉』, 114쪽.

없이 눈앞에 있음의 방식으로 존재하는 것이 아니라 "스스로 나타나 이리로 앞에 와서 그렇게 현전함"⁴³을 뜻한다. 이러한 존재 방식은 또한 인간현존재뿐만 아니라 바로 우리 곁에 존재하는 이웃에게도 해당된다. 이웃을 가리키는 그리스어가 펠라스(πέλας)인 이유가 여기에 있다. 그러므로 폴리스는 인간이 이웃들과 함께 존재하며 살아가는 삶의 중심인 것이다. 하이데거가 폴리스를 인간의 역사적 장소라 부르는 이유도 여기에 있다.⁴⁴ 게다가 폴리스는 존재자 전체가 은폐되지 않고 우리에게 자신을 드러내 보이는 장소이기도 하다. "폴리스는 은폐되어 있지 않은 존재자들이 그 안에 함께 모여 있게 되는 장소다."⁴⁵

　　　　　이렇게 파악한다면 도시 공간과 그 안에서 깃들이며 살아가는 인간의 존재에 대해서도 완전히 다르게 생각해볼 수 있다. 이제 도시 공간은 가능하면 많은 사람과 집기, 가구들이 그 안에 존재할 수 있게 기획되어야 하는 물리적인 공간이 아니다. 그것은 오히려 인간의 삶과 그 삶과의 의미연관 속에서 존재하게 되는 모든 세계 내부적 존재자들이 만들어내는 의미연관의 총체로서 열어 젖혀지며, 그러한 삶의 중심으로 존재하게 된다. 그리고 바로 이 안에서 인간의 삶이 펼쳐지는 것이다. 그래서 하이데거는 폴리스를 "그 안에서 그리고 그것으로서 인간의 현존이 역사가 되는 장소"⁴⁶로 파악한다. 우리가 도시 공간의 구체적 예로 생각하는 도심과 부심, 변두리나 공장지역, 녹지, 공원, 주거지역, 상업지역들도 모두 이러한 의미연관을 통해서만 그 진정한 의미를 부여받게 된다. 또 이러한 공간 개념이 제대로 규정되어야만 도로 체계나 대중교통체계 등도 제대로 이해되고 운영될 수 있다. 이웃은 이렇게 우리 삶의 중심인 폴리스에서 우리와 함께 우리와 같은 방식으로 존재하는 존재자다. 따라서 이러한 존재자는

단순히 물리적, 생물학적으로 우리 곁에 존재하는 것이 아니라 그가
우리와 함께 만들어내는 세계 내부적 존재자들과의 의미연관 속에서
존재한다.

박탈된 주거권과 그 회복조건

인간은 도시 공간에서 앞서 말한 의미에서 지으며 깃들일 권리와
의무를 동시에 지니고 있다. 그런데 이러한 권리와 의무의 실현과
이행은 혼자 하는 것이 아니다. 마찬가지로 동등한 권리와 의무를 지닌
이웃들이 존재하기 때문이다. 이들이 주거의 권리에서 배제되거나
의무를 이행하지 않게 되면 그 결과는 바로 내게도 영향을 미치게 된다.
따라서 우리는 이러한 권리와 의무의 실현과 이행을 위해 이웃들과
함께 힘써야 한다. 그런데 이러한 협력이 불가능하게 보이는 상황들이
존재한다. 특히 우리와 함께 살아가는 어떤 사람들에게 지으며 깃들일
수 있는 권리가 박탈되는 경우가 그러하다.

그 대표적인 예가 우리가 홈리스 혹은 노숙인이라 부르는
사람들이다. 어떤 이유가 되었든 이들에게는 우리가 살아가고 있는
공간을 함께 마련하고 거기에 깃들일 수 있는 권리가 박탈된 듯이
보인다. 어떤 사람들은 이들을 사회불안요인으로 파악하고 가능하면
도시 공간으로부터 어떤 방식으로든 배제하거나 심지어는 한 곳에

---

43 Ibid; 같은 곳.

44 Cf. HHI, p. 101; 같은 책, 129쪽. P, p. 135ff., 141.

45 P, p. 133.

46 EM, p. 161.

집단적으로 수용하여 눈에 띄지 않게 해야 한다고 생각한다. 그래서
이전의 독재 정권들은 이들을 복지원, 갱생원이라고 이름붙인
수용시설에 가두어 사람들의 눈에서 사라지게 하는 해결책을 생각해
냈다. 이것이 어떤 참혹한 결과를 낳았던가를 우리는 1987년 세상을
떠들썩하게 했던 형제복지원 사건※ 등을 통해서 생생하게 기억하고
있다. 이들에게도 우리와 함께 이 도시 공간 안에 깃들여 살아갈 수
있는 권리가 보장되어야 한다고 우리가 주장하는 이유가 여기에 있다.

　　　　하지만 어떻게 이들에게 도시 공간 안에서의 주거권을
보장할 수 있을까? 그 근거는 어디에서 찾아져야 할까? 얼마 전
일본에서 화제가 되었던 한 노숙인 관련 판결은 이 물음에 대한 해답의
실마리를 제공해주는 듯하다. 이 판결의 내용과 의미를 살피는 한 일본
헌법학자의 글을 통해 도시 공간 안에서 노숙인들이, 더 나아가서는
모든 인간이 지니는 주거권의 의미에 대해 살펴보기로 하자.

공원이 주소가 될 수 있을까?

서울역 지하보도가, 종묘공원 벤치가 자신의 삶의 공간인 사람들이
있다. 이들에게 사람들과 교류하며 자신의 삶을 영위하는 공간은
동시에 바로 자신들이 지친 몸을 누이는 바로 그 공간일 것이다. 그런데
사람들이 그에게 편지나 택배로 무언가를 보내고 싶다면 어떻게 해야
할까? '서울특별시 종로구 종로4가 종묘광장공원 맨 뒷줄 왼쪽에서
다섯 번째 벤치 김 아무개.' 이렇게 보내야 할까? 얼핏 듣기에 너무나
허황되어 보이는 이러한 상상이 현실화되는 사건이 이웃나라 일본에서
발생했다. 2006년 오사카 지방재판소가 어떤 남성이 4년간 계속
거주해왔던 장소라는 이유로 공원을 그의 주소로 인정했던 것이다.[47]

그런데 그는 공원 관리인이 아니라 노숙인이었고, 그의 거처는 공원 관리사무소가 아니라 그가 공원 경내에 친 천막이었다.

그렇다면 그는 공원을 자신의 집으로, 소유로 할 수 있을까? 자본주의 체제 내에서 그런 일은 당연히 불가능하다. 주소와 소유권 사이에는 너무나 많은 자본주의 경제체제의 장벽들이 둘러쳐져 있기 때문이다. 재판부의 판결취지도 그 노숙인이 "공원 내에 천막을 치고 거주하기 위한 점용권을 갖고 있지 않다는 것을 전제로 하고 있었다."[48] 그렇다면 이 판결은 그저 편지나 소포를 받을 수 있게 해주는 임시방편에 불과한 것일까? 이 판결을 계기로 홈리스의 거주권의 의미에 대한 이론적 고찰을 본격적으로 시도하고 있는 일본의 헌법학자 사사누마 히로시 교수는 이 판결의 의의를 "쓰레기처럼 배제돼야 할 존재였던 홈리스들도 이 세계에 거주할 자격이 있는 인간이며 시민이라는 걸 인정하는 것"[49]이라고 파악하였다. 그렇다면 과연 인간에게 이 세계의 어딘가에 거주한다는 것은 도대체 무엇을 의미하는가? 히로시 교수는 그 해답을 하이데거의 불안 개념 속에서 찾는다.

※ 1987년 부랑인 수용시설인 부산 형제복지원에서 원생 1명이 사망하고 35명이 탈출함으로써 세상에 알려진 사건. 부랑인 선도를 명목으로 길거리에서 주민등록증이 없는 사람들을 잡아다가 불법 감금하고 강제 노역을 시켰으며, 저항하면 굶기고 구타하거나 심지어는 살해하여 암매장까지 하였다. 12년 동안 이러한 학대를 견디다 못해 사망하는 사람의 숫자가 무려 531명이었고 일부 시신은 3-5백만원에 의과대학 해부학 실습용으로 팔려 나갔던 것으로 밝혀졌다.

47 사사누마 히로시, 김영수 옮김, 「홈리스, 또는 세계의 상실」 (이하 「홈리스」), 『부커진 R』 1.5호, 연구공간 수유+너머, 도서출판 그린비, 2008, p. 94.

48 「홈리스」, 95쪽.

49 같은 곳.

불안을 통한 주거권의 회복

앞에서 상세하게 논의한 바와 같이 하이데거가 말하는 불안이란
한편으로는 우리가 일상적으로 생각하는 뭔가 모를, 까닭모를 불안과
맞닿아 있지만 다른 한편으로는 그보다 훨씬 심오한 의미를 지닌다.
이를 설명하기 위해 그는 우선 불안과 공포를 구별한다. 공포는 무언가
구체적인 대상이 (그것이 무엇인지 정확하게 확인하고 규정할 수는 없다 할지라도)
위협적으로 다가오고 있다는 사실이나 그에 대한 예견으로부터
발생한다. 하지만 불안은 그렇지 않다. 불안은 구체적인 대상과는
아무런 상관이 없다. 불안이 해소되고 나면 사람들이 '그건 아무것도
아니었어'라고 말하게 되는 것은 불안에는 실재적인 대상이 존재하지
않는다는 것을 의미한다.

그렇다면 이러한 불안이 인간이 어디엔가 깃들이며
살아간다는 사실과 도대체 무슨 상관이 있단 말인가? 더군다나
노숙을 하거나 쪽방 같은 곳에서 살아가는 사람들에게 불안은 오히려
일상다반사가 아닌가? 얼핏 보기에는 이러한 물음에 대한 답을 찾기가
매우 어려워 보인다. 그러나 불안이라는 현상을 깊이 들여다보면
분명히 인간의 삶 자체에 대한 좀 더 깊은 통찰에 이를 수 있다. 불안은
인간이 이 세상을 살아가면서 지니게 되는 가장 근본적인 정서이며,
이러한 불안을 통해 진정한 자기 자신과, 자신을 둘러싸고 있는 세계
자체와 맞닥뜨리게 되기 때문이다.

우선, 하이데거가 말하는 불안을 둘러싸고 생길 수 있는
오해에 대해서 생각해보자. 사람들은 하이데거가 불안에 대해서 말하기
때문에 그의 사상을 세상에 대해 부정적인 시각을 지니고 있는 것으로
간주한다. 히로시 교수의 글에서도 이러한 경향이 나타난다. 그는

홈리스 상태와 불안을 직접적으로 연결시켜 설명하고 있다. "홈리스 상태에 있다는 것은 이 세계 안에서의 거주 장소가 없다는 것이며, 세계 내에 공간을 갖지 못하고 존재하는 것을 허용 받지 못하는 것, 그래서 타자와 만나는 것이 허용되지 않는 것이다. 따라서 당연하지만, 홈리스들은 세계 안에서 안심하고 살 수가 없다."[50] 이렇게 말하고 나서 그는 곧바로 하이데거가 말하는 불안과 직접 연결시킨다.

어찌 보면 정당한 이의제기 같지만 이것은 하이데거의 불안 개념에 대한 명백한 오해다. 하이데거는 오히려 불안은 인간이 진정한 거주를 위해 일깨워야 할 근본 정서로 파악하고 있으며 그러기에 불안을 향한 용기를 가져야 한다고 주장하고 있다. 히로시 교수에게서와 마찬가지로 하이데거에게도 홈리스란 세계를 박탈당하는 것을 의미한다. 하지만 그렇게 세계를 박탈당한 사람들이 느끼는 정서가 하이데거가 말하는 불안은 아니다. 오히려 그것은 하이데거가 말하는 공포에 훨씬 가깝다. 게다가 사람들이 불안이라고 말하는 대부분의 정서는 하이데거에 따르면 공포다.[51] 이를테면 '나 해고될 거 같아 불안해'라고 말할 때 불안은 사실은 공포의 감정이다. 구체적인 대상이나 사태, 즉 해고의 상황이 나를 위협한다고 느끼기 때문에 느끼는 정서는 하이데거에 따르면 공포의 정서다.

이렇게 구체적인 대상이나 사태로 인해 느끼는 위협에는 불안이란 말을 사용하지 않기로 하고 나면, 불안은 실체가 없는 대상, 더 나아가서는 아무것도 아닌 '무(無)'에 대한 불안이 된다. 이것을

50　같은 글, 100쪽.

51　공포에 대한 하이데거의 상세한 논의에 대해서는 SZ, pp. 140-142; 『존재와 시간』, 194-198쪽을 참조하라.

하이데거는 이 세계 속에서 만나게 되는 어떤 존재자와의 의미연관도
사라져버린 순수한 고독, 실존과 연결시킨다. 이렇게 생각하면 불안의
대상인 무(無)는 사실은 자기 자신, 더 나아가서는 우리가 그 안에서
살고 있는 세계 자체와 밀접한 연관이 있다. 다른 모든 존재자에 대한
일상적인 관심, 의미연관으로부터 절연되게 되면 인간은 오로지 자기
자신만을 접하게 된다. 그렇게 될 때 인간은 자신이 이 세계 속에
존재하는 의미를 그 자체로, 그러니까 다른 어떤 개별적인 존재자와의
관련으로부터도 분리하여 생각하게 된다는 것이다.[52]

이때 사람들은 일상에서 너무나 당연하다고 생각하고 한
번도 의심하거나 깊이 생각해보지 않았던 문제들에 대해 생각하고
반응하게 된다. 하이데거가 불안이 '섬뜩하게' 한다고 했을 때
섬뜩하다는 뜻으로 사용된 독일어 단어는 운하임리히(unheimlich)
다. 독일어로 하임(Heim)은 집을 뜻한다. 이 말은 또 고향이라는 뜻을
지닌 하이마트(Heimat)와도 연결되어 자신에게 익숙하고 친근한
거주의 장소라는 의미를 강하게 내포하고 있다. 이런 의미로 해석하면
운하임리히(unheimlich)라는 말은 우리가 일상 속에서 친근하고
익숙하게 알고 있던 모든 것으로부터 멀어지게 한다는 뜻을 지닌다.
그가 불안을 편치 않음(Unzuhause; 이 말은 영어의 not at home와 동일한 의미를
지니는 말이다)과 관련시켜 해석하는 이유도 여기에 있다.[53] 따라서 불안의
대상인 무(無)는 어떠한 친숙한 대상과의 관계로부터도 절연되는 것을
뜻한다. 그렇다면 이러한 섬뜩함은 우리 모두가 무슨 수단을 써서라도
피하고 싶어 하는 것이 아닐까? 하이데거는 그렇지 않다고 말한다.

우리를 둘러싸고 있는 모든 것들의 의미에 대해서 진정으로
확신하고 있는 순간에도 우리는 언제나 그 모든 것들이 사실은 덧없는

것이라는 사실도 동시에 알고 있다. 왜냐하면 우리는 이곳에서 영원히 살 수 없고 죽을 수밖에 없는 존재이기 때문이다. 궁극적으로 우리 존재의 목적이 무엇인가라고 묻는다면 거기에 대해 어떻게 대답할 수 있을까? 종교인이라면 그것이 내세의 행복이나 해탈이라고 말할 것이다. 그리고 이생의 행복이나 부귀, 명예는 다 헛된 것이기에 내세의 행복이나 해탈을 위해서라면 그것들을 기꺼이 포기할 수도 있다고 말할 것이다.

하지만 그러기 이전에 지금 여기에서 영위하고 있는 삶에 대해서는 태어나 살아가면서 죽음을 향해 가고 있다는 사실이 우리가 확인할 수 있는 전부일 것이다. 종교인이든 종교인이 아니든, 부자든 가난한 자든, 권력자든 그렇지 않든 간에 모두에게 똑같이 해당되는 인간 삶의 근본조건은, 모든 인간이 이 세상에서 지니고 있는 모든 것의 궁극적인 결말은 무, 즉 죽음이라는 사실이다. 이는 우리를 언제나 섬뜩하게 만든다. 수많은 사람들은 이러한 사실을 직시하려 하지 않고 외면한다. 죽음은 우리 곁에 있고 수많은 사람들이 지금도 죽어가고 있지만, 그래서 죽음이란 피할 수 없는 것이고 인간에게는 누구에게나 닥치는 것이지만 사람들은 그것이 지금 당장 나와는 상관없는 일이라고 생각한다. 하지만 삶의 진정한 의미에 대해 생각할 때면 우리는 일상의 여러 가지 걱정거리나 욕심 등에서 벗어나 순수하게 자기 자신의 삶의 의미에 대해서 생각하게 되고 그때마다 가장 중요하게 생각하게 되는 것이 바로 '이 세상에 태어나 한 번 살고 한 번 죽는데 도대체 내 인생의

52   Cf. SZ, p. 186f; 같은 책, 254쪽 이하.

53   SZ, p. 189; 같은 책, 258쪽.

진정한 의미는 무엇인가, 나는 어떻게 살고 또 어떻게 죽어야 하는가?'
이다.

이런 의미에서 죽음은 사실 삶의 깊숙한 내면에서는
언제나 우리의 존재 자체를 규정하는 매우 중요한 문제다. 따라서
불안이 주는 섬뜩함은 바로 이렇게 우리가 살아가는 일상적인 삶을
영위하기 위해 중요하다고 느끼는 모든 것과의 관계에서 일단 절연되어
자신의 삶 자체에 맞닥뜨리게 될 때 느끼는 정서인 것이다. 이렇게 될
때에야 비로소 우리는 이 땅에서 깃들이며 살고 있는 사실의 진정한
의미에 대해서 생각하게 된다. '삶의 의미는 무엇인가?'에 대해 진지한
물음을 던지기 위해 익숙하고 편안한, 우리를 안심시켜주는 일상의
화법으로부터 벗어나 자신을 무(無)에게로 던지지 않으면 안 된다.

물론 단순하게 물리적이거나 외적인 방식으로
일상으로부터 절연된다고 해서 곧장 불안의 정서와 연결되는 것은
아니다. 오히려 그것은 더 빼앗길지도 모른다는 공포, 빼앗긴 것에 대한
분노, 빼앗긴 것을 되찾고 싶어 하는 욕망, 집착 등을 불러일으키는
경우가 많다. 진정한 불안은 이러한 공포, 분노, 욕망, 집착으로부터
멀어지는 것이다. 그래야만 우리가 이 땅에서 살고 깃들인다는 사실의
의미가 무엇인지에 대한 진정한 통찰에 이를 수 있기 때문이다.
그것은 또 우리가 만일 부당하게 빼앗긴 것이 있다면 그것을 어떻게
되찾아야 하는가에 대한 통찰에로 이끌 것이다. 그래야만 우리는 모든
인간에게 진정한 의미의 주거권이 무엇인가에 대해서도 말할 수 있을
것이다. 그리고 이는 노숙인 뿐만이 아니라 모든 인간에게 진정한 삶이
무엇인가에 대해 통찰할 수 있게 만드는 지난한 과정의 출발점이 될 수
있을 것이다.

이런 문맥에서 우리가 이 땅에서 집을 짓고, 가정을 이루고 살아간다는 것, 이 땅에 깃들이며 산다는 것은 무엇을 뜻하는가? 우선 그것은 하이데거가 인간의 근본적인 존재방식으로 제시하는 염려와 밀접한 관련이 있다. 앞에서 살펴본 바와 같이 염려라는 말은 우리말뿐만 아니라 독일어에서도 일상적으로는 부정적인 뉘앙스를 지니고 있다. 그것은 대개 근거가 있든 없든 우리가 자신이나 가족 또는 친구에 대해서 하게 되는 걱정이나 근심을 뜻하지만 하이데거는 이와는 조금 다른 의미로 사용한다. 그에게 염려는 우리가 마음을 써서 우리 곁에 존재하는 손안에 있음의 방식으로 존재하는 존재자들과 동반현존재들과 맺는 관계와 밀접한 관련이 있는 말이다

염려라는 단어의 이면에는 무언가에 관심을, 더 나아가서는 애정을 가지고 돌보며 그것을 위해 무언가를 마련하며 살아가는 인간 삶의 모든 모습이 담겨 있다. 그것을 하이데거는 우리의 소용을 위해 무언가를 마련하는 행위와 다른 인간들을 위해 마음 쓰고 돌보는 행위로 나눈다. 이를 위해 우리는 우리가 살아가는 공간을 마련(Ein-räumen)한다. 그런데 히로시 교수의 논문을 한글로 번역한 이는 독일어 동사 아인로이멘(einräumen)의 사전적 의미를 염두에 둔 듯 이기상 교수의 번역어 '공간마련' 말고 '허용'이라고 번역한 일본어 역본을 각주에 덧붙이고 있다. 물론 아인로이멘(einräumen)에 양보, 허용이란 의미가 있는 것은 사실이지만 하이데거가 이 단어를 사용하고 있는 문맥에서는 당연히 공간을 마련하는 행위라고 해석되어야 한다. 두덴 독어사전에서는 이 말의 의미가 '(어떤 것을 ~안에) 정돈하여 넣다, 어떤 공간 안에 거기에 걸맞은 무언가를 넣다'라고 소개되어 있다. 이것을 하이데거는 더욱 근원적인 의미로 해석하여 사용하고 있는 것이다.

그에게 공간 내줌이나 공간 마련은 이미 존재하고 있는 물리적 공간에
어떤 사물을 위치시키는 것이 아니라 인간현존재가 세계내부적인
존재자의 만남을 통해, 즉 그 존재자와 맺는 의미연관을 통해 비로소
공간을 창출해내는 것을 뜻한다.

　　　　　이렇게 마련하는 행위는 사실 우리가 이 세계 안에서
깃들이며 살아가는 행위 자체이기도 하다. 그래서 하이데거는 무언가를
짓는 행위를 바로 어디엔가 머무는, 거주하는 행위와 직결시킨다.
우리가 집을 짓는다는 것은 바로 우리가 어디에 어떻게 머물며 살아갈
것인가를 결정짓는 행위이다. 그래서 우리는 집이나 건물만이 아니라
우리의 인생도 설계한다. 결국 우리가 살며 지으며 깃들인다는 것은
단순한 물리적 공간이 아니라 우리의 삶의 모습 자체와 본질적으로
밀접한 관련을 지닌다. 히로시 교수도 이런 면에서는 근본적으로
하이데거와 같은 견해를 지니고 있다. 하지만 그는 근원적인 불안과
고독보다는 타자와의 연결, 만남에 우선 초점을 맞춘다. "타자와의 단절,
고립은 그 자체로 홈리스들의 마음에 상처를 주고 무력화시켜 자기
부정적인 감정을 불러일으킨다. 그 때문에 홈리스들에게 단지 물질적인
집을 주는 것만으로는 그들의 존재조건이 확보되지 않는다. [⋯] 단절된
타자와의 연결, 만남을 어떻게 만들어갈 것인가가 문제이다."[54]

　　　　　이러한 주장은 그가 인용한 아렌트에 대한 오해로부터
비롯된다. "테러의 외적 강제는 자유의 공간을 파괴함과 동시에 인간
사이의 관계 일체를 없애 버리고 만다. 다른 모든 사람들과 밀착되어
버리면서 다른 한편 각 개인들은 타인으로부터 격리되고 있다. [⋯]
테러의 목적에 들어맞는 자기 강제적인 사고가 현대인에게 미치는 큰
매력은, 현실 및 경험으로부터 자유로워진다는 것이다. 현대의 대중은

이 세계 안에서 진정 편안한(at home) 느낌을 갖지 못하면 못할수록 모든 것이 알려지고, 설명되고, 초인간적인 법칙에 의해 처음부터 결정되어 있는 바보들의 천국 혹은 지옥으로 보내져 버리기에 적당한 자격을 얻게 된다."[55]

여기서 아렌트가 말하는 전체주의 사회에서 나타나는 타인과의 단절은 하이데거가 말하는 불안으로부터의 도피를 통해 각 개인들이 전체주의 사회에 순응함으로써 나타나는 단절이다. 하이데거는 오히려 진정한 불안은 인간현존재가 세계 안에서 만나게 되는 모든 존재자들, 사물이나 도구, 애완동물뿐만이 아니라 자신의 동반현존재들과도 절연되어 "오롯이 홀로 (solus ipse)"[56] 설 때 일깨워진다고 말하고 있다. 자기 강제적인 사고의 매력이라고 아렌트가 말하는 '현실 및 경험으로부터 자유로워진다는 사실', 즉 현실로부터 도피한다는 것은 하이데거가 말하는 세상 사람들(das Man)에로의 도피와 다르지 않다. 세상 사람들이 하는 말을 따라 사는 것은 우리에게 편안함을 제공해준다. 그러한 편안함에서 벗어나게 되면 사람들은 두려움을 느끼고 다시 세상 사람들이 제공하는 익숙하고 편안한 세계로 돌아가려 한다. 하지만 하이데거가 말하는 불안은 그와는 반대로 타자와의 관계를 스스로 절연하고 오롯이 홀로 서는 것이다. 그래야만 진정한 자신의 존재, 타자, 더 나아가서는 세계와 자신의 관계의 의미에

54　「홈리스」, 102쪽.

55　Hannah Arendt,『전체주의의 기원 3』(全體主義の 起源 3), みすず書房, 1981, pp. 292-293,「홈리스」, 101쪽에서 재인용. (강조는 인용자의 것.)

56　SZ, p. 188;『존재와 시간』, 257쪽.

대해 자유롭게 사유하고 선택하고 행동할 수 있기 때문이다. 진정한
불안은 진정한 용기를 낳는다. 따라서 진정한 불안은 다른 인간들과의
진정한 관계를 가능하게 한다. 히로시 교수가 말하는 홈리스들에 대한
배제와 습격은 분명 전체주의 사회나 오늘날 우리 사회의 특징이라
할 수 있다. 하지만 그것은 불안의 결과가 아니다. 오히려 진정한
불안으로부터 도피함으로써 나타나는 결과다.

우리가 세계 '안에' 존재한다는 사실은 이미 우리가 그
안에 깃들이고 있음을, 살아가고 있음을 의미한다. 그것은 분명 단순히
물리적인 공간이 아니라 우리가 살아가는 삶의 모든 모습과 밀접하게
연결되어 있다. '세계 안에'라는 말은 물리적인 공간의 의미로는
도저히 파악될 수 없는 삶의 복잡다기한 의미연관을 내포하고 있다.
하이데거에게 세계는 단순히 나를 둘러싸고 있는 물리적 실체가 아니라
내가 그 안에 깃들어 살아가면서 마련하고 돌보는 모든 것들의 총체다.
인간에게 진정으로 필요한 거주의 권리는 바로 이러한 세계 안에
깃들이며 살아갈 수 있는 권리다. 커다란 집 안에서 물질적인 편안함을
누린다고 해서 이러한 권리가 항상 충족되지는 않는다. 노숙인들에게,
그리고 사실은 모든 인간에게 궁극적으로 필요한 주거의 권리는 이렇게
이 세상 속에서 깃들이고 살아가면서 자신을 둘러싼 세계에서 접하게
되는 모든 존재자들과 마련과 보살핌의 관계 속에서 살아갈 수 있는
권리다. 그리고 그것은 하이데거의 표현을 빌자면 불안을 향한 용기,
죽음 앞에서의 불안에 대한 용기(Mut zur Angst vor dem Tode)[57]를 필요로
한다.

히로시 교수도 자신의 글 마지막에 가서 이러한 불안의
의의를 인정하는 듯이 보인다. 하지만 그는 여전히 불안을 수동적으로

받아들여야 하는 어떤 것으로 파악하고 있다. 게다가 그는 불안의 의미를 이질적인 타자에 대한 관심을 불러일으키는 정도로만 축소하여 해석하고 있다. 우선 그의 말을 직접 들어보자. "홈리스들은 확실히 이 세상에서 거주 장소를 빼앗기고 항상 불안으로 내쫓기고 있는 존재다. 그러나 이러한 불안이 또 하나의 자유로운 자신과 또 하나의 자유로운 세계를 열 가능성도 감추고 있다. 불안을 안고 있는 것은 홈리스들만이 아니다. 그들을 기피하고 두려워하고 기피하는 '집에 사는 사람들'도 홈리스들에 대한 불안을 안고 있다. 이러한 불안이야말로 이질적인 타자에 대한 관심을 불러일으켜 단절된 사람들을 서로 만나도록 하는 호소가 된다."[58] 그는 하이데거의 여러 글을 인용하여 이러한 자신의 논지를 뒷받침하고 있다.

하지만 이것이야말로 하이데거 철학에 대한 전적인 오해에서 비롯된 잘못된 주장이다. 우선 하이데거에게 불안은 우리가 그리로 내쫓기고 있는 어떤 것이 아니라 오히려 그리로 향해 나아가는 용기를 가져야하는 어떤 것이다. 따라서 불안으로 내쫓긴다는 말은 하이데거 철학과는 아무 상관없는 말이다. 히로시 교수가 말하는 것은 하이데거에 따르면 전적으로 공포에 해당한다. 또 홈리스들에 대한 불안이라는 말도 하이데거에게서는 성립될 수 없는 용어다. 불안에는 아무런 구체적 대상이 없으며 따라서 무(無), 혹은 죽음만이 그 대상이 되기 때문이다. 홈리스들에 대한 불안이 아니라 공포를 지니고 있다고 해야 맞다.

57 SZ, p. 254; 같은 책, 340쪽.
58 「홈리스」, 116쪽.

물론 하이데거가 말하는 진정한 불안이 궁극적으로는 단절된 사람들을
서로 만나게 해주는 역할을 한다는 데는 이의의 여지가 없다.
하지만 그것은 불안을 향한 용기와 결단을 통해 간접적으로 나타나는
결과지 불안이 바로 이질적인 타자에 대한 관심을 불러일으키는
것은 아니다. 오히려 하이데거가 말하는 불안은 앞서 보았듯
타자로부터의 단절을 의미한다. 따라서 히로시 교수가 인용한
하이데거의 글들은 모두 그가 주장하는 것과는 정반대의 의미를
지니고 있다. 그렇다면 그가 홈리스들과 집에 사는 사람들이 만날 수
있는 가능성에 대해 한 다음과 같은 말도 사실은─적어도 하이데거
철학의 토대 위에서는─전혀 근거 없는 궤변이 되고 만다. "불안이
세계 내에 있는 우리들을 서로 끌어당기도록 관심을 불러일으키고,
또 하나의 자유로운 존재, 자유로운 공간을 만들어낼 가능성을 여는
것이다. 집에 사는 사람들은 홈리스들에게 위화감을 갖고 있으면서도
마음이 쓰여 불안해하며 그들을 만나러 간다."[59] 집에 사는 사람들이
결국 불안으로 인해 마음이 쓰여 어쩔 수 없이 홈리스들을 만나러
간다는 이 말은 하이데거가 말하는 불안과 염려에 대한 완전한
오해에서 비롯된 말이다.

　　　　그가 결론으로 내세우고 있는, 집에 사는 사람들과 만날
수 있는 공간 만들기, 만나는 방법을 바꾸기, 이것에 의해 또 하나의
세계를 만들 가능성을 여는 일은 물론 긍정적으로 평가받을 만하다.
그리고 '거주한다는 것은 무엇인가'에 대해 항상 계속 묻지 않으면 안
된다는 말도 하이데거 철학의 근본 입장과 일치한다고 볼 수 있다.
하이데거도 깃들임의 충만한 본질을 구현하기 위한 조건으로 "깃들임을
위해 사유하기(für das Wohnen denken)"[60]를 제시하고 있다. 하지만 이러한

결론을 이끌어내기 위해 원용한 하이데거 철학의 근본 개념인 불안과
염려를 히로시 교수는 철저하게 오해하고 있다. 그가 주거의 권리에
대한 더욱 본질적인 이해에는 다가가지 못하고 있는 이유가 여기에
있다.

지금껏 살펴본 논의에 따르자면 인간의 주거권은 이 세상
속에 깃들여 살아가면서 모든 존재자들과 마련과 보살핌의 관계 속에서
살아갈 수 있는 권리다. 단순히 물리적인 주거공간의 확보만 가지고는
인간현존재가 절대로 그 본래의 임무를 다할 수 없다. 인간의 문명과
자연 사이의 관계, 인간들 상호간의 관계, 인간이 만들어낸 문명의
이기들과 인간과의 관계 등 다양한 관계가 고려되면서 모두가 함께 그
안에 깃들일 수 있는 공간이 마련되어야 하는 것이다. 누군가가 이러한
지음과 깃들임에서 소외당한다면 이들을 제외하고 마련해내는 공간은
그 온전한 의미를 지니지 못하게 된다.

그런데 오늘날 도시 공간은 이러한 소외를 더욱 확대하는
수많은 요인들로 가득 차 있다. 그 궁극적 원인은 이 글 앞머리에서
밝힌 바와 같이 주거공간을 철저하게 수학적 · 물리학적으로 규정하는
사고방식에 있다. 사실 도시 공간에서 발생하는 노숙인의 문제는
엄밀하게 말하면 돈의 문제도 아니고 주택이 부족해서 생긴 것도
아니다. "본래의 깃들임의 위기는 주택이 부족하다는 사실에 있지 않다.
[…] 본래의 깃들임의 위기는 인간들이 언제나 깃들임의 본질을 다시
찾아야 한다는 사실, 그들이 깃들이기를 이제 막 배워야 한다는 사실에

---

59 「홈리스」, 같은 글, 116-117쪽.

60 BWD, p. 156; 『강연과 논문』, 209쪽.

있다."[61] 그렇다면 이 위기는 인간이 존재하는 한 언제나 맞닥뜨릴
수밖에 없는 것이다.

문제는 이러한 위기를 위기라고 깨닫지 못하는 데 있다.
한치 앞의 이익에 눈이 어두워 오로지 자신이 깃들일 공간만을
마련하며 그 공간을 수적으로, 궁극적으로는 돈의 가치로만 계산하는
마음가짐으로는 참된 지음과 깃들임의 의미를 깨달을 수가 없다.
그렇게 된다면 노숙인의 문제뿐 아니라 우리 앞에 산적해 있는 도시
공간과 관련된 수많은 문제들의 해결은 불가능하다. 그렇다면 이
문제의 해결책은 무엇인가? 진정한 불안을 향한 용기를 가지고 실제로
그 불안의 정서를 받아가지는 것이다. 이를 통해서만 진정한 깃들임과
지음의 의미에 대해 생각할 수 있는 여유가 생겨나기 때문이다. 그리고
바로 이렇게 생긴 여유를 활용하여 깃들임을 위해 끊임없이 사유하는
일, 이것이야말로 우리를 둘러싼 수많은 도시 공간의 문제들을 해결해
나갈 수 있는 첫걸음일 것이다.

---

61 Ibid; 같은 책, 208쪽.

참고문헌

국내문헌

- A. 까뮈 지음, 이정림 옮김, 『시지프의 신화』, 범우사, 1986(1977)

- G.W.F. 헤겔 지음, 임석진 옮김, 『대논리학 I, II』, 지학사, 1982

- G.W.F. 헤겔 지음, 임석진 옮김, 『정신현상학 I』, 한길사 2005

- G.W.F. 헤겔 지음, 두행숙 옮김, 『헤겔 미학 I』, 나남출판, 1996

- Th.W. 아도르노/M. 호르크하이머 지음, 김유동 옮김, 『계몽의 변증법』, 문학과 지성사, 2001

- 테오도르 아도르노 지음, 홍승용 옮김, 『미학이론』, 문학과지성사, 1997(1984)

- 강혁, 「근대화의 충격과 이 땅에서의 거주와 건립」, 경성대학교, 『경성대학교 인문학 논총』, 제10집 제1호 2008, pp. 1~15

- 기형도, 『입 속의 검은 잎』, 문학과 지성사 1991(1989)

- 김경호/최주영, 「하이데거의 거주함의 의미와 Alberto Perez-Gomez의 근대건축비평에 관한 연구」, 지역사회발전학회, 『지역사회발전학회논문집』, 제31집 제3호(통권 64호) 2006, pp. 11-20

- 김소연, 「미적, 미 외적 현상으로서의 키치, 그 가치평가를 위한 소론」, 『미학예술학 연구』 vol. 3/4, 1994,

- 김수진, 「키치, 유치해도 네가 좋아!」, 방통대학보, 2010-10-15

- 김홍탁, 「광고는 예술작품의 영향을 키치로 양식화한다」, 『미술세계』 통권 301호 2009.12, pp. 74~77

- 르네 데카르트 지음, 이현복 옮김, 『방법서설: 정신지도를 위한 규칙들』, 문예출판사, 1997

- 르네 데카르트 지음, 이현복 옮김, 『성찰』, 문예출판사, 1997

- 르네 데카르트 지음, 원석영 옮김, 『철학의 원리』, 아카넷, 2002

- 마르틴 하이데거 지음, 이기상, 신상희, 박찬국 옮김, 『강연과 논문』, 이학사, 2008

- 마르틴 하이데거 지음, 이기상 옮김, 『동일성과 차이』, 민음사, 2000

- 마르틴 하이데거 지음, 권순홍 옮김, 『사유란 무엇인가』, 도서출판 길, 2005

- 마르틴 하이데거 지음, 신상희, 문동규 옮김, 『사유의 사태로』, 길, 2008

- 마르틴 하이데거 지음, 신상희 옮김, 『숲길』, 나남출판, 2008

- 마르틴 하이데거 지음, 신상희 옮김, 『언어로의 도상에서』, 나남출판, 2012

- 마르틴 하이데거 지음, 이기상 옮김, 『존재와 시간』, 까치, 2006(1998)

- 마르틴 하이데거 지음, 이선일 옮김, 『칸트와 형이상학의 문제』, 한길사, 2001

- 마르틴 하이데거 지음, 이기상, 강태성 옮김, 『형이상학의 근본개념들: 세계-유한성-고독』, 까치, 2003(2001)

- 마르틴 하이데거 지음, 이기상 옮김, 『형이상학의 근본문제들』, 문예출판사, 1998(1994)

- 마르틴 하이데거 지음, 최상욱 옮김,『횔덜린의 송가 〈이스터〉』, 동문선, 2005

- 밀란 쿤데라 지음, 이재룡 옮김,『참을 수 없는 존재의 가벼움』, 민음사, 1999

- 변태호,「건축에 있어서 본질과 존재를 위한 소나타 - 루이스칸과 하이데거의 건축에 대한 사색」,
  대한건축학회,『대한건축학회 논문집』, 제10권 제7호 1994, pp. 109~118

- 사사누마 히로시 지음, 김영수 옮김,「홈리스, 또는 세계의 상실」,『부커진(Bookagazine) R』1.5호,
  연구공간 수유+너머, 도서출판 그린비, 2008

- 아리스토텔레스 지음, 김진성 옮김,『형이상학』, 이제이북스, 2007

- 아브라함 몰르 지음, 염광현 옮김,『키치란 무엇인가?』, 시각과 언어, 1995(1994)

- 안성찬,『숭고의 미학: 파괴와 혁신의 문화적 동력』, 유로서적 2004

- 에드먼드 버크 지음, 김동훈 옮김,『숭고와 아름다움의 이념의 기원에 대한 철학적 탐구』, 마티 2006

- 움베르토 에코 지음, 조형준 옮김,『스누피에게도 철학은 있다』, 새물결, 2005

- 윤병렬,「'거주함'의 철학적 지평 - 하이데거의 사유와 고구려의 고분 벽화를 중심으로 -」,
  한국하이데거학회,『존재론 연구』, 제11집 2005, pp. 5~35.

- 윤병렬,「플라톤과 하이데거 및 고구려의 고분 벽화가 표명한 '사방'으로서의 코스모스」,
  한국하이데거학회,『존재론 연구』, 제10집 2004, pp. 5~37

- 이승헌/이동헌,「건축에서 지역성의 탈은폐-하이데거의 "열린 터"(the Open)와 "틈새내기"(Rift-
  design) 사유를 바탕으로-」, 대한건축학회,『대한건축학회 논문집』, 제19권 제12호 (통권 179호) 2003,
  pp. 181~188

- 이종관,「공간·시적·건축·프라하의 비밀」, 한국현상학회,『철학과 현상학 연구』, 제18집 2001, pp.
  321~355

- 이종관,「시적 도시를 향한 현상학적 시도」, 한국현상학회,『철학과 현상학 연구』, 제23집 2004, pp.
  201~228

-임마누엘 칸트 지음, 백종현 옮김,『순수이성비판』, 아카넷, 2009

-임마누엘 칸트 지음, 백종현 옮김,『판단력비판』, 아카넷, 2008/9(2006)

-자크 데리다 지음, 김성도 옮김,『그라마톨로지』, 2010

-장 뤽 낭시 외 지음, 김예령 옮김,『숭고에 대하여』, 문학과지성사, 2005

- 조중걸 지음,『키치, 우리들의 행복한 세계』, 프로네시스, 2007

- 졸고,「행복한 시지푸스와 마지막 삶의 그리움 - 하이데거 예술철학 소고」, 독일어문화권연구 제 15집,
  독일어문화권연구소 2006, pp. 338-343

- 졸고,「지나치며 넘어가는 철학함 - 하이데거 사유 내에서 전치사 über가 지니는 방법론적 의의」,
  철학과 현상학연구 제 32집, 한국현상학회 2007, pp. 135-165

- 졸고, 「불안, 권태 그리고 숭고 - 하이데거 사유의 내밀한 빈터에서」, 『미학』 제 55집 (2008년 가을호),
  pp. 39-79

- 진중권 지음, 『호모 코레아니쿠스』, 웅진지식하우스, 2007

- 최명진, 「따라 해봐! 재미있는 키치 스타일」, 『중부일보』, 2010-08-30

- 클레멘트 그린버그 지음, 조주연 옮김, 『예술과 문화』, 경성대학교 출판부, 2004

- 한상렬, 「키치적 사고와 문학적 '낯설게 하기'」, 『수필세계』, 2004년 가을 호

- 헤르만 딜스 엮음, 김인곤 외 옮김, 『소크라테스 이전 철학자들의 단편 선집』, 아카넷, 2005

- 호메로스 지음, 천병희 옮김, 『일리아스』, 숲, 2007

해외문헌

- Heidegger, Martin: *Der Satz vom Grund*, Neske, 1971(1957)

- Heidegger, Martin: *Die Kunst und der Raum*, Vittorio Klostermann, 2007

- Heidegger, Martin: *Holzwege*, Vittorio Klostermann, 1980(1950)

- Heidegger, Martin: *Identität und Differenz*, GA11, Neske, 1978(1957)

- Heidegger, Martin: *Sein und Zeit*, Max Niemeyer, 1976(1927)

- Heidegger, Martin: *Was heißt Denken?*, Max Niemeyer, 1971(1954)

- Heidegger, Martin: *Frühe Schriften*, Gesamtausgabe (이하 GA) 1, Vittorio Klostermann, 1978

- Heidegger, Martin: *Sein und Zeit*, GA 2, Vittorio Klostermann, 1977

- Heidegger, Martin: *Kant und das Problem der Metaphysik*, GA 3, Vittorio Klostermann,
  1991(1929)

- Heidegger, Martin: *Erläuterungen zu Hölderlins Dichtung*, GA 4, Vittorio Klostermann, 1981

- Heidegger, Martin: *Holzwege*, GA 5, Vittorio Klostermann, 1977(1949/50)

- Heidegger, Martin: Der Ursprung des Kunstwerkes in: *Holzwege*, GA 5, Vittorio Klostermann,
  1977

- Heidegger, Martin: *Vorträge und Aufsätze*(이하 VA), GA 7, Neske, 1978(1954)

- Heidegger, Martin: Bauen Wohnen Denken in: Vorträge und Aufsätze, pp. 139-156

- Heidegger, Martin: Das Ding in: VA, GA 7, Neske, 1978(1954), pp. 157-179

- Heidegger, Martin: *Was heißt Denken?*, GA 8, Max Niemeyer, 1971

- Heidegger, Martin: *Unterwegs zur Sprache* (이하 US), GA 12, Vittorio Klostermann, 1985 (Neske,
  1959)

- Heidegger, Martin: Die Sprache im Gedicht in: US, GA 12, Vittorio Klostermann, 1985(1959), pp. 31-78

- Heidegger, Martin: *Zur Sache des Denkens*, GA 14, Max Niemeyer, 1976(1969)

- Heidegger, Martin: *Sophistes*, GA 19, Vittorio Klostermann, 1992

- Heidegger, Martin: *Grundprobleme der Phänomenologie*, GA 24, Vittorio Klostermann, 1975

- Heidegger, Martin: *Die Grundbegriffe der Metaphysik: Welt – Endlichkeit – Einsamkeit*, GA 29/30, Vittorio Klostermann, 1983

- Heidegger, Martin: *Aristoteles, Metaphysik 1–3: von Wesen und Wirklichkeit der Kraft*, GA 33, Vittorio Klostermann, 1981

- Heidegger, Martin: *Hölderlins 〉Germanien〈 und Der 〉Rhein〈*, GA 39, Vittorio Klostermann, 1980

- Heidegger, Martin: *Einführung in die Metaphysik*, GA 40, Vittorio Klostermann, 1983 (1953)

- Heidegger, Martin: *Die Frage nach dem Ding*, GA 41, Vittorio Klostermann, 1984(1962)

- Heidegger, Martin: *Nietzsche: Wille zur Macht als Kunst*, GA 43, Vittorio Klostermann, 1985

- Heidegger, Martin: *Grundfragen der Philosophie: Ausgewählte Probleme der Logik*, GA 45, Vittorio Klostermann, 1984

- Heidegger, Martin: *Hölderlins Hymne 〉Andenken〈*, GA 52, Vittorio Klostermann, 1982

- Heidegger, Martin: *Hölderlins Hymne 〉Der Ister〈*, GA 53, Vittorio Klostermann, 1984

- Heidegger, Martin: *Parmenides*, GA Band 54, Vittorio Klostermann, 1982

- Heidegger, Martin: *Heraklit*, GA 55, Vittorio Klostermann, 1979

- Heidegger, Martin: *Phänomenologie der Anschauung und des Ausdruckes*, GA 59, Vittorio Klostermann, 1993

- Heidegger, Martin: *Beiträge zur Philosophie*, GA 65, Vittorio Klostermann, 1989

- Heidegger, Martin: *Besinnung*, GA 66, Vittorio Klostermann, 1997

- Heidegger, Martin: *Metaphysik und Nihilismus*, GA 67, Vittorio Klostermann, 1999

- Adorno, Theodor/Horkheimer, Max: *Dialektik der Aufklärung*, Fischer, 1998(1969)

- Adorno, Theodor: *Ästhetische Theorie* in: Gesammelte Schriften Band 7, Wissenschaftliche Buchgesellschaft, 1998(1970)

- Arendt, Hannah: *The Origins of Totalitarianism*, The World Publishing Company, 1958(1951)

- Aristotle, *Metaphysica*

- Aristotle, *Physica*

- St. Augustinus: *De vera religione*

- Benjamin, Walter: *Das Kunstwerk im Zeitalter seiner technischen Reproduzierbarkeit* in: Gesammelte

Schriften Band 1-2, Suhrkamp, 1991

- Derrida, Jacques: *De la Grammatologie*, les éditions de minuit, 1967

- Descartes, René: *Œuvres philosophiques de Descartes*, Presses Mécaniques, 1838

- Descartes, René: *Meditationes de prima philosophia* in: Œuvres de Descartes publiées par Charles Adam & Paul Tennery, 1964

- Dettmar, Ute/Küpper, Thomas: *Kitsch: Texte und Theorien*, Reclam, 2007

- Eco, Umberto: *Apokalyptiker und Integrierte*, Fischer, 1989

- Friedländer, Saul: *Kitsch und Tod: Der Widerschein des Nazismus*, Fischer, 2007

- Greenberg, Clement: *Art et Culture*, Macula, 1988

- Hegel, G.W.F.: *Jenaer kritische Schriften*, Gesammelte Werke Band 4, Felix Meiner, 1968

- Hegel, G.W.F.: *Phänomenologie des Geistes*, Werke in 20 Bänden (이하 Werke) Band 3, Suhrkamp, 1986

- Hegel, G.W.F.: *Wissenschaft der Logik I*, Werke 5, Suhrkamp, 1986

- Hegel, G.W.F.: *Wissenschaft der Logik II*, Werke 6, Suhrkamp, 1986

- Hegel, G.W.F.: *Vorlesungen über die Ästhetik I*, Werke 13, Suhrkamp, 1986

- Homer, *Iliad*, trans, by Theodor Alois Buckley, 1860

- Kant, Immanuel: *Kritik der reinen Vernunft*, Felix Meiner, 1956(1781/1787)

- Kant, Immanuel: *Kritik der Urteilskraft*, Felix Meiner, 1974(1790)

- Kant, Immanuel: *Was heißt: Sich im Denken orientieren?* (1786) in: Kant's gesammelte Schriften (Akad. Ausgabe) Bd. VIII, 1923

- Killy, Walther: *Deutscher Kitsch*, Vandenhoeck & Rupprecht, 1978(1962)

- Kundera, Milan: *Die unerträgliche Leichtigkeit des Seins*, Hanser, 1988

- Lacoue-Labarthe, Philippe: La vérité' sublime in: *Du Sublime*, Belin, 1998

- Ladkin, D.: When Deontology and Utilitarianism Aren't Enough: How Heidegger's Notion of "Dwelling" Might Help Organisational Leaders Resolve Ethical Issues in: *Journal of Business Ethics*, Vol. 65, No. 1 (Apr., 2006), pp. 87-98

- Lyotard, Jean-François: *Leçon sur l'Analytique du Sublime*, Galilée, 1991

- Nancy, Jean Luc: L'offrande sublime in: *Du Sublime*, Belin, 1998

- Meljac, Eric Paul: The Poetics of Dwelling: A Consideration of Heidegger, Kafka, and Michael K., *Journal of Modern Literature*, Vol. 32, No. 1 (Fall, 2008), pp. 69-76

- Moles, Abraham A.: *Psychologie des Kitsches*, Hanser, 1972

- Newton, Isaac: *Newton's Principia*, Macmillan & Co., 1871

- Platon: Theätet, *Platonis Opera*, Hg. J. Burnet, Bd. 1, 1900

- Pöggeler, Otto: *Bild und Technik: Heidegger, Klee und die Moderne Kunst*, Wilhelm Fink, 2002

- Pöggeler, Otto: Destruktion und Augenblick in: *Destruktion und Übersetzung. Zu den Aufgaben von Philosophiegeschichte nach Martin Heidegger*, Weinheim (VCH Acta humaniora), 1989

- Richardson, W. J.: *Heidegger: Through Phenomenology to Thought*, Nijhoff, 1963

- Rosiek, Jan: *Maintaining the Sublime – Heidegger and Adorno*, Peter Lang, 2000

- Shapiro, Gary: From the Sublime to the Political: Some Historical Notes in: *New Literary History*, Vol. 16, No. 2, The Sublime and the Beautiful: Reconsiderations. (Winter, 1985), pp. 213–235

- Solomon, Robert: On Kitsch and Sentimentality in: *The Journal of Aesthetics and Art Criticism*, Vol. 49, No. 1 (Winter 1991), pp. 1–14

- Swann, Karen: The Sublime and the Vulgar in: *College English*, Vol. 52, No. 1. (Jan., 1990), pp. 7–20

- Thuller, Gabrele: *Wie erkenne ich? Kunst und Kitsch*, Belser, 2006

- Virno, Paolo: *Miracle, virtuosité et déjà vu: Trois essais sur l'idée de « monde »*, traduit de l'italien par Michel Valensi, L'Éclat, 1996

찾아보기 – 인명

가다머, 한스-게오르크: 74, 198
게이츠, 빌 – 44
고흐, 빈센트 반 – 145, 155, 156, 157, 161, 164, 195, 196, 197, 198
　　〈구두 정물화〉 – 143
　　〈추수하는 농부와 태양이 있는 밀밭〉 – 141
그린버그, 클레멘트 – 205, 206
기형도 – 168
김지하
　　「새」 – 140

낭시, 장 뤽
　　「숭고한 봉헌」 – 170
뉴턴, 아이자크 – 40, 68, 244~246
니체, 프리드리히 – 35, 104, 106, 107, 112, 125, 126, 128, 131
　　『차라투스트라는 이렇게 말했다』 – 102

데리다, 자크 – 34, 35, 75, 115, 164, 165, 198, 199
　　『그라마톨로지』 – 115
데카르트, 르네 – 40, 60, 65~70, 72, 73, 80, 81, 104, 110, 112, 115, 131, 228, 229, 230, 249, 252, 262
　　『방법서설』 – 107, 109
　　『인간 정신의 지도를 위한 규칙들』 – 59
　　『철학의 원리』 – 59, 108, 109, 111
도스토예프스키, 표도르 미하일로비치 – 25, 61
　　『카라마조프가의 형제들』 – 60
들뢰즈, 질 – 34, 199
딕스, 오토
　　〈전쟁 제단화〉 – 103

라이프니츠, 고트프리트 빌헬름 – 110, 131
라캉, 자크 – 34, 74
레비나스, 엠마뉘엘 – 34, 74

로티, 리차드 – 74
롱기누스 – 170
뢰비트, 카를 – 74
리오타르, 프랑수아 – 74, 171, 190, 198, 199
리쾨르, 폴 – 74
릴케, 라이너 마리아 – 197, 198
마르쿠제, 허버트 – 74
마르크스, 카를 – 44, 45
말레비치, 카지미르 – 170
메를로퐁티, 모리스 – 34, 74
몰르, 아브라함 – 210
　　『키치의 현상학』 – 208, 209

버핏, 워렌 – 44
베이컨, 프란시스 – 170
비르노, 파올로 – 179, 183, 188
비트겐슈타인, 루드비히 – 4
　　『논리철학 논고』 – 34

사르트르, 장 폴 – 34, 74
사비나 – 212, 215~218, 220, 222, 224, 225, 233, 239
샤피로, 마이어 – 163, 165
세잔느, 폴 – 197, 198
셸링, 프리드리히 빌헬름 요제프 – 131
소크라테스 – 37, 38, 39, 41, 53, 55, 134
소포클레스
　　『콜로누스의 오이디푸스』 – 28
소피스트 – 38, 132
슈투크, 프란츠 폰
　　〈시지푸스〉 – 19
슬로터다이크, 페터 – 74
시지푸스 – 18, 20~30, 138, 140, 142, 185~188

아감벤, 조르지오 – 74
아낙시만드로스 – 131, 134

아도르노, 테오도르 비젠그룬트 - 205, 206,
208, 237, 239
아렌트, 한나 - 74, 280
　　『전체주의의 기원』 - 281
아리스토텔레스 - 22, 42, 46~49, 52, 53, 73,
76, 84, 104, 105, 109, 115, 131, 134, 153, 163,
170, 174, 181, 182, 246, 268
　　『형이상학』 - 43, 75, 77
　　『해석에 관하여』 - 47
　　『자연학』 - 246
　　『정치학』 - 268
아우구스티누스 - 52, 62, 63
　　『고백록』 - 48
　　『참된 종교에 관하여』 - 168
아인슈타인, 알버트 (이름 수정) - 41
아퀴나스, 토마스 - 50~52, 62
　　『진리에 관한 제문제 해설』 - 48
안성찬
　　『숭고의 미학』 - 171
안티고네 - 28
에코, 움베르토 - 206, 208, 237, 239

조중걸 - 240, 205
지젝, 슬라보예 - 74
진중권 - 204, 205

칠리다, 에두아르도 - 198, 199, 201, 247
　　〈대화를 통한 관용〉 - 243
　　〈수평선에의 찬미〉 - 12

카뮈, 알베르 - 24, 26, 30
　　『시지프의 신화』 - 18, 21, 27, 29, 31
카잔차키스, 니코스 - 100
　　『전쟁과 신부』 - 32, 98
칸트, 임마누엘 - 58, 60, 61, 63, 64, 66~73,
81, 99, 104, 111, 112, 115, 125~127, 131,

134~137, 153, 162, 171, 175, 176, 179,
180~184, 189, 190, 260
　　『순수이성비판』 - 66, 67, 69, 71,
　　111~113, 185, 189, 191
　　『판단력비판』 - 289
쿤데라, 밀란 - 207, 208, 212, 213, 217, 218,
220~224, 232, 237~239
　　『참을 수 없는 존재의 가벼움』 - 207, 212,
　　213, 215, 217, 219, 221, 223, 233, 239
클레, 파울 - 165, 192, 193, 197, 198
　　〈죽음과 불〉 - 33, 191
　　〈한 창문에서 성녀가〉 - 169

테레사 - 212~214, 220, 222, 224, 225, 239
테오그니스 - 22
토마스 - 212, 213, 214, 215, 220, 222, 233,
239
톨스토이, 레오
　　『안나 카레니나』 - 214
트라클, 게오르크 - 159, 197, 198
티치아노
　　〈시지푸스〉 - 3

파르메니데스 - 39~42, 53, 131, 134
파리아스, 빅토르 - 34, 35
푸코, 미셸 - 34, 35, 74, 198
프란츠 - 212, 215, 220
프로타고라스 - 38, 63
플라톤 - 39, 42, 49, 53, 62, 73, 75, 104, 105,
109, 125, 126, 129, 131, 132, 134, 142, 170,
174, 181, 182, 247
　　『국가』 - 268
플로티누스 - 62
피카소, 파블로 - 165, 197

하버마스, 위르겐 - 74

하이데거, 마르틴 – 4, 5, 6, 7, 30, 31, 34~36, 46 ,47 ,49, 50, 52~56, 62~65, 67~85, 87~90, 92, 95, 95, 98, 99, 104~138, 142, 144~165, 168, 172~177, 179~183, 185~190, 192~201, 207~209, 226~230, 234~239, 242, 246~255, 257~259, 261, 263, 264 ,267~270, 273~276, 279~285

    『사물에 관한 물음』 – 67, 136

    『숲길』 – 6, 67, 131, 133, 149, 151, 159, 173, 195, 197

    『시간과 존재』 – 192

    「아낙시만드로스의 금언」 – 131

    「예술과 공간」 – 247, 248, 263

    「예술작품의 근원」 – 145, 146, 148, 149, 152, 152, 161, 163, 173

    『존재에 관한 칸트의 테제』 – 136

    『존재와 시간』 – 4, 34, 49, 53, 55, 65, 67, 71, 74, 75, 77, 79, 81, 83, 85, 109, 114, 115, 117, 119, 122, 123, 127, 129, 135, 139, 153, 154, 156, 158, 176, 177, 181, 196, 207, 227, 228, 229, 251, 253, 261, 275, 281

    「짓기 깃들이기 사유하기」 – 264

    『칸트와 형이상학의 문제』 – 67, 127, 134, 135, 288

    『횔덜린의 송가 이스터』 – 267

하일리거, 베른하르트 – 198, 199

헤겔, 게오르크 빌헬름 프리드리히 – 35, 72, 73, 81, 111, 112, 122~124, 131, 163, 172, 173, 185, 200, 201

헤라클레이토스 – 39, 53, 131, 133, 134

호메로스 – 269

    『일리아스』 – 21, 22

횔덜린, 프리드리히 – 174, 197, 198

후설, 에드문트 – 78, 117, 131

찾아보기 – 용어

가벼움 – 214, 215, 218, 219, 220, 222, 233

감각 – 40, 51, 60, 70~72, 129, 153, 172, 175, 244

감관 – 152, 153, 176

감성 – 215, 218

감정 – 162, 175, 179, 180~185, 188~190, 206, 214, 275

    감정의 독재 – 215, 218

    고양된 감정 – 181, 189

개념적 일반화 – 75

개별자 – 75, 76, 149

개별화 – 193

거기 Da – 80, 86, 176

결단 – 25~27, 30, 57, 93, 96, 92, 95, 98, 137, 138, 178, 180, 233~240, 260, 266

    앞서 달려가 보는 결단 – 98

경탄 Erstaunen – 181, 188

곁에-있음 – 87, 90, 97, 114, 259

고독 – 144, 158, 183, 186, 276, 280, 288

공간

    거리-없앰 Ent-fernung – 256~263, 267

    공간-마련 Ein-räumen – 242, 250, 251, 258, 260, 261, 263, 266, 267, 271, 279, 280, 282, 285, 286

    물리적 공간 – 8, 245, 248, 249, 251~253, 256~258, 262, 264, 266, 269~271, 280, 282, 285

    방향잡음 Ausrichtung – 256, 257, 259~263

    빈 공간 – 248~250, 264

    상대 공간 – 244, 245

    수학적 공간 – 70, 184, 251~253, 256, 262, 285

    오르트 Ort – 248

    장소 – 80, 244, 246~251, 260, 261, 263, 264, 267, 270, 272, 275

절대 공간 – 244, 245, 285
공동세계 – 227
공포 – 85~87, 98, 176, 224, 236, 240, 274,
275, 278, 283
과학적 방법 – 67, 106, 107, 109, 112, 113, 120
관념론 – 45
관조 θεωρία – 84
구두 – 142~145, 155~158, 161, 164, 195, 196
구역 Gegend – 204, 210, 251~253, 255, 256,
258~263
권태 – 7, 16, 26, 168, 172, 175, 176, 179,
183~189, 193, 198
　　깊은 권태 – 183, 185~188
규정적 진술 Aussage – 197
근거에 대한 명제 – 121
근본개념 – 110, 118, 183, 185, 195
기분 – 84, 85
　　근본기분 – 94, 175, 183
기초존재론 – 79, 81, 82
기획투사 – 56
깃들임 – 242, 263, 266, 267, 284~286

나쁜 원 circulus vitiosus – 146
논리적 추상화 – 75, 77
넘어감 – 124, 125, 128, 129, 138
노숙인 – 7, 246, 271, 272, 273, 278, 282,
285, 286
놀라움 θαυμάζειν – 181, 182, 188, 196
눈앞에 있음 – 68~73, 82, 126, 127, 157, 159,
160, 174, 226, 227, 251, 255, 270

다른 방식으로 말하기 Sage – 75, 196, 197
다양성 – 138, 152, 153
대지 – 27, 142, 144, 152, 154, 156, 158, 160,
161

대지와 세계의 투쟁 – 196
더불어 존재함 Mitsein – 90, 92, 227
던져져 있음 – 57, 58, 114
도구 – 6, 62, 71, 83, 106, 144, 153~158, 161,
195, 226, 227, 249, 251, 252, 260, 281
도시 공간 – 7, 17, 242, 245~247, 263, 266,
270~272, 285, 286
도약 – 124, 125, 128
동반현존재 – 71, 82, 83, 88~92, 226, 227,
266, 279, 281
동정심 – 214
똥에 대한 절대적 부정 – 223
되돌림/귀속시킴 restitution – 164

레렌 leeren – 250
레젠 lesen – 250
로고스 – 53, 54, 115
로덴 roden – 250
로이멘 räumen – 250, 279

마련 – 71, 83, 87~94, 97, 99, 109, 114, 137,
180, 198, 229, 233, 242, 250, 251, 258, 260,
261, 263, 266, 267, 271, 279, 280, 282, 285,
286
망치 – 83, 226
모방 (미메시스) – 162, 163, 165
무거움 – 51, 212, 214, 215, 218~222, 233, 239
무한 – 27, 80, 138, 180, 184, 189, 190
　　무한회귀 – 183
　　무한진전 – 185
문화산업 – 206
물리적 공간 – 80, 245, 248, 249, 256, 262
물 자체 – 61, 72
밀랍(에 관한 가상적 사유 실험) – 40, 70

방법(론) - 6, 53, 59, 61, 106, 107, 109,
110~113, 116, 117, 120 ,122, 150, 165, 185,
198
    메토도스 - 106
    방법론적 회의 - 59, 110
빠져 있음 - 230, 233, 237
배려 - 71, 88~90, 97, 215
번역 - 4, 21, 48, 51, 54, 67, 88, 124, 130~135,
137, 138, 145, 149, 152, 154, 157, 186, 201,
221, 253, 279
    임시변통 - 133
범주 - 7, 35, 60, 85, 121, 126, 162, 235
보완 - 45, 135, 136, 171
보편자 - 79
보편적 유대감 - 218~220
본래성 - 180
본래적 결단 - 239, 240
본질(essentia) - 84
부정신학 - 61
부정적 즐거움 - 181, 182, 218
부정적 현시 - 190
부조리 - 6, 24~26, 29~31
불안
    …앞에서의 불안 - 177, 178, 282
    …때문에의 불안 - 177
불편함 - 181
비 진리 - 99, 162, 194, 195

사람들 Das Man - 121, 207, 232, 281
사물의 사물성 - 15, 150~154, 156, 158, 160
사유(행위) - 50, 66, 158, 250, 263, 280
사유하는 존재자 - 68, 70, 109, 124
사태 그 자체 - 112
상징 - 23, 47, 142, 150~152, 222
선입견 - 110, 116, 131, 132

선취 - 91, 118, 119, 137
섬뜩함 - 86, 92, 178, 181, 276, 278
세계
    의미지평의 총체 - 56
    생활세계 - 78
    세계 내 존재 - 56, 71, 72, 83, 85, 86, 92,
    97, 17~178, 182, 183, 196, 227, 233, 251,
    257, 261, 263
    세계 내적 존재자 - 56, 85
    세계화/혹성화 Planetarismus - 105
속성 - 42, 43, 48, 51, 61, 70, 73, 75, 76, 83,
88, 92, 116, 124, 152, 164, 209, 217, 255, 256
순수오성 개념 - 60
순수형상 - 62
술어 - 66
숭고
    수학적 숭고 - 175, 179, 180, 183, 184,
    189, 198
    역학적 숭고 - 175, 179, 180, 189
    예술의 운명 - 170
    숭고와 키치의 변증법 - 7, 16, 207, 225,
    237, 240
선함
    욕구능력 - 51, 52
손안에 있음 - 71, 82, 83, 88~90, 92, 126, 153,
154, 160, 174, 177, 226, 227, 251, 252, 254,
255, 256, 258, 259, 279
시간(성) - 114, 115, 117, 187
시작
    始作 Anfang - 127, 139
    詩作 Dichtung - 196
신
    신들의 프롤레타리아 - 26
    존재론적 신존재 증명 - 59, 66
신뢰성 - 156, 161

실존
  실존의 진리 - 56, 57, 220
  실존범주 - 85, 121, 235
실체 - 60, 64, 65, 67, 70, 72, 77, 80, 84, 152,
153, 223, 244, 249, 252, 62, 275, 282
  제1실체 - 59
  제2실체 - 59
  사유하는 실체 - 59, 60, 65, 67, 70, 72, 80
  연장을 가진 실체res extensa - 70, 249,
  262
심연 - 7, 25, 142, 160, 175, 196
수용자(의 태도) - 208, 209, 212
시간 죽이기 - 184, 187

아름다움 - 162, 165, 170~174, 176, 215, 216
  진리의 현현 - 163
아방가르드 - 172, 205~208, 239
알레고리 - 150, 152
여유 ρᾳστώνη - 84
여유 Weile1 - 88
역사적 사려 - 116, 117, 150
역운 - 127
연역 - 78, 122, 148
열어 세움aufstellen - 161
염려 - 84, 88, 90, 92, 96, 97, 279, 284, 285
예술
  예술정의 불가론 - 146
  예술정의 무용론 - 146
  예술제도론 - 146
  예술작품 - 142, 145~152, 154, 158~163,
  165, 173, 193~196, 204, 205, 208, 209,
  212, 213, 237
  예술가 - 146~149, 170, 194, 197, 199,
  212, 213
  예술의 종언 - 172, 173

예술의 자살 - 170, 172, 173
존재자의 진리의 작품 속으로의 정립 -
194
오성 - 40, 49, 70, 72, 108
  순수오성 - 60
용기 - 4, 7, 30, 87, 92, 94, 96, 99, 100, 137,
138, 180, 200, 230, 235, 236, 237, 240, 244,
250, 275, 282~286
유 類 - 75
유물론 - 43~45
유비 - 61, 76~78
유심론 - 43, 45
유한성 - 183, 186, 187, 189
이성 - 6, 9, 51, 54, 60, 61, 65, 66, 67, 69, 71,
83, 99, 111, 112, 113, 175, 179, 180, 184, 185,
189, 191, 217, 218
이웃 - 245, 266, 267, 268, 270~272
이카루스 - 185
인간실존의 본질적 조건 - 238, 239
일자 一者 - 62
일상
  일상으로의 도피 - 94
  일상성 - 122, 156, 226~231, 234, 235,
  237, 238, 240
  평균적 일상성 - 226~231, 234, 235, 237,
  238, 240

자기 강제적인 사고 - 280, 280
자기를 앞질러 있음 - 87, 91, 92, 96
자아 - 72, 81, 127, 223, 228
  선험적 자아 - 60, 62, 63
  초월(론)적 자아 - 60, 69, 111, 115, 126
자본주의적 세계관 - 44
자유 - 32, 34, 44, 86, 97~100, 164, 173, 180,
213, 214, 220, 232, 280~284

…를 위한 자유함 propensio in… - 178
섬뜩한 자유 - 25
저항 (형이상학적) - 29, 205, 206, 216, 218, 273
전체주의적 억압 - 219
정립 - 66~68, 113, 123, 152, 155, 162, 163, 194
정서 - 85~87, 92, 97, 176, 178, 184, 237, 274, 275, 278, 286
정신과 육체 - 68
제일철학 - 42, 43, 59
존재
　　기초존재론 - 79, 81, 82
　　눈앞에 있음 - 68, 69, 70~73, 82, 126, 127, 157, 159, 160, 174, 226, 227, 251, 255, 270
　　(수학적·자연과학적) 규정가능성 - 73
　　동일시 가능성 - 73
　　손안에 있음 - 71, 82, 83, 88, 89, 90, 92, 126, 153, 154, 160, 174, 177, 226, 227, 251, 252, 254~256, 258, 259, 279
　　실존 - 56, 57, 69, 82~84, 114, 117, 119, 121, 122, 126, 127, 158, 174, 189, 200, 220~222, 227, 234, 235, 237~239, 256, 276
　　에세 esse - 50
　　에이나이 εἶναι - 50
　　엔스 ens - 50
　　온 ὄν - 50
　　존재가능성 - 80, 86, 89, 95, 180
　　존재론 - 5, 6, 7, 42, 59, 62, 66, 68, 69, 72, 73, 76, 77, 79~82, 85, 115, 116, 122, 124, 126, 128, 132, 148, 158, 162, 164, 172, 174, 175, 179, 189, 190, 194, 198, 202, 205~207, 210, 212, 229, 237, 238

존재론적 차이 - 66, 72, 76, 122, 124, 126, 128, 162, 175, 189, 194
존재망각/존재의 망각 - 53, 68, 73, 75, 81, 109, 114, 127
존재유비 - 76~78
존재의미 - 50, 66, 70~72, 77~83, 86, 87, 89, 95, 198, 226, 227, 230, 234~236
존재이해 - 78, 79, 82, 116, 120, 156, 229~232
일상적/평균적 존재이해 - 78, 79, 82, 116, 156, 229~232
존재자/존재자 그 자체 - 43, 46, 52, 56, 59, 60, 66~68, 71, 75, 77~81, 83, 85, 86, 92, 97, 114, 120, 122, 123, 125~129, 133, 138, 159, 161, 162, 165, 176~178, 182, 183, 194, 195, 230, 236, 237, 249, 253, 276, 280
존재지평 - 83
존재신론 - 56, 62
주거 - 7, 246, 271, 272, 274, 278, 285
주체 - 63~73, 83, 112, 114, 165, 189, 232
　　사유하는 주체 - 58~60, 65, 68~70, 72, 80, 110, 115
　　초월론적 주체 - 60, 61, 67, 69, 70
　　근대의 주체개념 - 64, 65, 69, 70, 72
죽음 - 21, 30, 32, 33, 51, 100, 144, 168, 183, 189, 191~193, 199, 200, 223~225, 235~238, 240, 277, 278, 283
　　모든 관계로부터의 절연성 - 178
　　죽음 앞에서의 불안을 향한 용기 - 282
　　죽음으로 미리 달려가 봄 - 96
　　죽음을 향한 자유 - 98, 99
　　죽음을 향한 존재 - 32, 92, 95~99, 117, 158, 180, 193, 196, 236
　　타인의 죽음 - 93, 94

지나침
　　지나친 해석 - 124, 130, 134~137, 165
지속적인 미완결성 - 93
지혜 - 21~24, 29, 36~38, 43, 222, 230~232
직관 - 71, 117
진리 - 6, 30~32, 37~40, 42, 43, 47~58, 63,
64, 73, 79, 80, 99, 106, 107, 110, 112, 123,
127, 129, 142, 154~156, 159, 161~165, 168,
172, 173, 194, 195, 197, 220, 230, 240
　　란타노 λανθάνω - 54
　　레테 λήθη - 54, 162
　　사태와 인식의 일치 - 47~49, 51, 52, 163,
　　164
　　알레테이아 ἀλήθεια - 54, 162
　　열어 밝혀져 있음 - 56~58
　　욕구능력 - 51, 52
　　은폐되어 있지 않음 - 49, 52, 162, 163
　　인식능력 - 51, 52, 190
　　진리의 작품 속으로의 정립 - 152, 155,
　　194
　　호모이오마타 ὁμοιώματα - 48
질량불변의 법칙 - 40
질료 - 62, 152, 153, 160

처해 있음 - 85
초월(론)적 방법론 - 111, 112
초월적 원리론 - 112
초인 - 102, 128, 222, 281
추상 - 75~77, 165, 172, 197
친숙함 - 256

코스모스 - 45, 247
코페르니쿠스적 전향 - 63, 64
키치 - 7, 204~225, 230, 232~234, 236~240
　　소비에트 키치 - 215, 216

존재론적 키치 - 202, 205~207, 210, 212,
237, 238
　　키치의 현상학 - 208, 209
　　키치 인간 - 208
　　죽음을 은폐하는 바람막이 - 224

탈존 - 82, 84, 114
틈새 Riss - 142, 144, 196, 247

파시즘 - 35, 219
팝아트 - 206, 207
팬시상품 - 211, 218, 238
펠라고스 πέλαγος - 269
펠라스 πέλας - 270
펠레인 πέλειν - 269
편치 않음 - 276
폴로스 πόλος - 268, 269
폴리스 πόλις - 242, 267~270
폴리테이아 πολιτεία - 242
표상 - 55, 69, 72, 110, 126, 204
표현 - 76, 113, 119, 120, 146, 156, 158~160,
162, 165, 175, 181, 190, 192, 193, 195, 196,
204, 221, 250, 257, 264, 282
　　표현할 수 없는 것의 표현 - 190
프라하의 봄 - 212

하이마트 Heimat - 296
한가함 διαγωγή - 84
항아리 - 249, 250
해석학 - 4
　　해석학적 순환 - 116, 119~125, 128, 129,
　　134, 138, 150, 156, 185
　　나선형 구조 - 121, 185
행복 - 5, 7, 18, 20, 21, 27~30, 44, 138, 140,

142, 166, 186~188, 204, 205, 213, 215, 216,
222, 239, 240, 277
현사실성 – 122
현상 Erscheinung – 72, 118, 122
현상학 – 67, 72, 77, 78, 81, 113~119, 122~125,
127~129, 131, 133, 135, 137, 138, 150, 201,
208, 209, 247
현상학적 해체 – 113~119, 122~125, 128, 129,
131, 133, 135, 137, 138, 150
　　은폐된 의미계기들의 철학적 해명 – 118
현성 wesen, Wesung – 147, 162
현전 – 129, 269, 270
현존재 – 56~58, 65, 69, 70, 71, 79~98, 114,
115, 117, 119, 120, 122, 126, 138, 158~160,
173, 175~178, 180~183, 186~188, 196, 226,
227, 233, 235, 237, 239, 240, 251, 255~263,
266, 270, 279, 280, 281, 285
　　현존재의 실존적 분석론 – 82, 83
형상 – 62, 152, 153, 165, 248, 249
형이상학 – 6, 8, 9, 39, 43, 67, 75, 82, 104~106,
112, 124~131, 134~138, 145, 149, 151, 152,
183, 185, 187, 190, 196~199
　　형이상학의 극복 – 104, 106, 124, 125,
　　127~129, 134, 137, 174, 198
형제복지원 사건 – 272, 273
홈리스 – 271, 273, 275, 280~285

행복한 시지푸스의 사색
하이데거 존재론과 예술철학

김동훈 지음

초판 1쇄 인쇄 2012년 10월 1일
초판 1쇄 발행 2012년 10월 5일

발행처: 도서출판 마티
출판등록: 2005년 4월 13일
등록번호: 제2005-22호
발행인: 정희경
편집장: 박정현
편집: 이창연, 강소영
마케팅: 김영란
디자인: 땡스북스 스튜디오

주소: 서울시 마포구 서교동 481-13번지 2층 (121-839)
전화: (02) 333-3110
팩스: (02) 333-3169
이메일: matibook@naver.com
블로그: http://blog.naver.com/matibook
트위터: http://twitter.com/matibook

ISBN 978-89-92053-66-2 (93160)

값 18,000원